多重知能
MI理論を応用した新英語指導法

■■■■■

個性を尊重し
理解を深めあう
協同学習

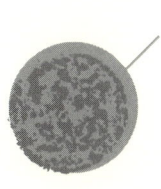

林 桂子
Hayashi Keiko

くろしお出版

目　次

Find Someone Who vii
刊行に寄せて ix

序　章 1
  0.1　日本の英語教育の現状と問題点 1
  0.2　個性を生かした多重知能理論(MI 理論)と英語・外国語指導法 3
  0.3　本書の目的と構成 4

第 1 編　理論編

第 1 章　英語教育と学習者の興味・関心 7
  1.1　日本の英語教育改革に必要なこと 7
  1.2　英語学習に対する興味・関心と理解 8
  1.3　韓国の興味・自信・関心 14
  1.4　ヨーロッパの学習者の動機・興味・関心 16
  1.5　4 技能の統合的育成 21
  1.6　英語での授業 23
  1.7　まとめ 24

第 2 章　多重知能 (MI) 理論の概観 (Multiple Intelligences) 27
  2.1　MI 理論の定義と基準 27
  2.2　8 つの知能の特徴 31
  2.3　MI は遺伝か，環境か？ 34
  2.4　MI 学習法に基づく理解のための指導 34
  2.5　まとめ 35

第 3 章　外国語学習における言語適性と MI 37
  3.1　外国語学習における言語適性と IQ 37
  3.2　学習スタイルと MI 理論 40
  3.3　学習方略と MI 理論 43
  3.4　BICS と CALP 44
  3.5　情動(感情)的要因と親子言語相互交渉 46
  3.6　外国語学習と情動 47
  3.7　まとめ 49

第4章　人間の脳と外国語学習 ... 51
- 4.1　人間の脳の働きと4つのスキル ... 51
- 4.2　記憶と脳の働き ... 54
- 4.3　情動と脳の働き ... 58
- 4.4　文法とブローカ野の機能 ... 60
- 4.5　左脳と言語中枢 ... 62
- 4.6　文の理解とウェルニッケ野の機能 ... 62
- 4.7　まとめ ... 64

第5章　英語・外国語教授法の変遷と文法指導―ディベート活動の効果― ... 67
- 5.1　英語・外国語教授法の変遷と動向 ... 67
- 5.2　文法指導の役割 ... 73
- 5.3　文法の指導法 ... 75
- 5.4　まとめ ... 77

第6章　MI理論と英語・外国語指導法―小学校から大学まで― ... 81
- 6.1　英語・外国語教授法におけるMI理論の発展 ... 81
- 6.2　得意な知能を知る方法 ... 82
- 6.3　MI理論を生かした外国語指導の事例 ... 83
- 6.4　MIと結びつく職業と英語・外国語活動 ... 85
- 6.5　MI理論と心の構成 ... 89
- 6.6　MI理論を生かしたケイガン&ケイガンの英語指導法 ... 90
- 6.7　MI指導が教育上重要な理由 ... 92
- 6.8　まとめ ... 94

第7章　理解のための外国語学習・指導の7つの原理 ... 95
- 7.1　理解とは何か ... 95
- 7.2　コミュニケーションとは何か ... 96
- 7.3　理解のための入口と英語・外国語指導 ... 97
- 7.4　理解のための指導の基本的要素 ... 99
- 7.5　言語獲得理論とMI理論 ... 101
- 7.6　理解のための外国語学習・指導のための7つの原理 ... 102
- 7.7　MI理論と協同学習 ... 104
- 7.8　まとめ ... 105

第 2 編　実践編

第 1 章　MI 理論の観点からみる教育目標と語彙指導 109
- 1.1　「個性化教育」とは何か―学習指導要領における教育目標と MI 理論の相違 109
- 1.2　外国語としての英語指導語彙数の国際比較 113
- 1.3　語彙数と 4 技能の関連性 114
- 1.4　外国語としての英語語彙学習と指導法 115
- 1.5　まとめ 119

第 2 章　リーディング・読解のための指導法 121
- 2.1　リーディングの目的と指導法 121
- 2.2　リーディングにおける理解のための学習方略の指導 125
- 2.3　MI と五感を用いた読解のためのトピック重視の実践例 127
- 2.4　MI 使用と協同学習についての学習者の反応 130
- 2.5　MI 理論に基づくリーディング教材 131
- 2.6　言語的知能・音楽的知能・視覚・空間的知能とリーディング教材 134
- 2.7　まとめ 135

第 3 章　ライティングのための指導法 137
- 3.1　ライティング指導における課題と問題点 137
- 3.2　リーディングがライティングに与える影響 137
- 3.3　パラグラフ・ライティング 139
- 3.4　プロセス・ライティング 140
- 3.5　フィードバック・添削指導 141
  - 3.5.1　文法修正に効果はあるか，ないか？ 141
  - 3.5.2　なぜ文法修正に効果がないのか？ 142
- 3.6　文単位の和文英訳とパラグラフ・ライティング 144
- 3.7　正確さと流暢さ 144
- 3.8　語彙の豊富さ 145
- 3.9　ライティング指導における課題と問題点 145
- 3.10　MI・8 つの知能とライティング活動 146
- 3.11　MI 理論に基づくディベートからライティングへ 148
- 3.12　学習者に対する評価とポートフォリオの導入 148
- 3.13　まとめ 152

第4章 リーディングとライティングの統合的指導法 155
- 4.1 リーディングとライティングの関連性 155
- 4.2 リーディングとライティングの実践例 156
- 4.3 リーディングとライティングの調査結果と考察 158
- 4.4 ルーブリックを用いたライティングからリーディングへの学習者の反応 ... 166
- 4.5 まとめ 167

第5章 MI理論と4技能の統合的指導法 169
- 5.1 理解と統合的指導の必要性 169
- 5.2 理解のための統合的指導の目標設定 169
- 5.3 7つの原理に基づく統合的指導とグループ活動の問題点 173
- 5.4 7つの原理に基づく統合的活動とディベートの効果 174
- 5.5 ディベート活動に対する学習者への評価 179
- 5.6 まとめ 180

第6章 MIを生かした協同学習と統合的指導法 183
- 6.1 MIを生かした指導法 183
- 6.2 MI理論に基づく協同学習の心得 183
- 6.3 言語的知能と4技能の統合的活動 186
- 6.4 論理・数学的知能とリーディング活動 187
- 6.5 論理・数学的知能，視覚・空間的知能，博物的知能の組み合わせと4技能の統合的活動 189
- 6.6 音楽的知能・身体運動的知能とリスニング＆スピーキング活動 193
- 6.7 博物的知能・視覚空間的知能と英語教材 196
- 6.8 対人的知能と内省的知能の英語教材 198
- 6.9 まとめ 200

参考文献 201
索引 211
あとがき 212

Find Someone Who ...

ID   Name

[I.] Get out of your seat and find the classmate who fits each description. When you find someone who fits a description, ask him or her a question. Have him or her sign, or write his or her name next to the description, and put a check in the ( ). Try to find a different classmate for each question. When you are all done, help classmates find each other.

1. ( ) Can sing well. What do you sing?
2. ( ) Likes working together in group projects. Can you benefit from interactions with others?
3. ( ) Wants to be a musician. What musical instrument can you play?
4. ( ) Likes to play a sport. What's your favorite sport?
5. ( ) Likes to dance. When and where do you dance?
6. ( ) Likes to work with his or her computer. How did you learn to use the computer?
7. ( ) Likes art appreciation. Do you think about elements of art like color contrasts?
8. ( ) Wants to be a politician. Who is your favorite politician?
9. ( ) Likes math. Why do you like math?
10. ( ) Likes listening and speaking in English. Do you like reading in English?
11. ( ) Likes reading and writing in English. Do you think about word meaning?
12. ( ) Always reflects your attitude and expression on what you did. Why do you like to do so?
13. ( ) Likes categorizing, analyzing, and applying. What things do you like to think about?
14. ( ) Likes to draw. What do you draw?
15. ( ) Wants to be an architectural engineer. What architecture do you like to design?
16. ( ) Likes music appreciation. Who is your favorite musician?
17. ( ) Wants to be an athlete/a sportsman. What sports can you play?
18. ( ) Wants to be a natural scientist. Do you want to be a zoologist or a botanist?
19. ( ) Likes to talk with people. Do you like to be a salesperson?
20. ( ) Likes animal husbandry/care. What animal do you like best?
21. ( ) Knows oneself about his or her strengths and weaknesses. What's your strength?

[II.] 自分が最も得意とする科目は何ですか。前の( )に○印を入れてください。また，その科目で，優れているものは何ですか。後の( )の中のものを○で囲んでください。

( ) 英語(読む，書く，話す，聞く，文章構成，文法の規則性，語彙の暗記)
( ) 国語(読む，書く，話す，聞く，文章構成，漢字，詩)
( ) 数学(理論，分類，分析，推論，計算，幾何，代数，コンピューター，問題解決)
( ) 音楽(歌，リズム，作詞，楽器演奏，音楽鑑賞)
( ) 絵画・建築(絵を描く，デザイン，建築設計，絵画鑑賞，建物)
( ) 体操(運動競技，ダンス，キャンピング，山登り，スポーツ鑑賞)
( ) 理科・生物(自然科学，動物を飼う，植物を育てる，自然科学，気象現象)
( ) 社会・対人関係(人と対話，グループ活動，ディベート，ゲーム)
( ) 心理学(自己認識，感情抑制，責任感，向上心，自己反省)

[III.] 将来どんな職業につきたいですか。(　　　　　　　　　　　　　　)

(I は Kagan & Kagan, 1998, pp.8.53.－8.55 参照，林桂子作成)

刊行に寄せて

　本書は，多重知能（MI）理論を応用した日本の英語指導法の理論と実践を取り扱っています。本書の刊行に際して，MI理論の提唱者，Howard Gardner（ハワード・ガードナー）先生より，次のようなメッセージを賜りました。

　I now understand that MI can be useful in teaching foreign languages. I have now come to the conclusion that there are no 'approved' or 'disapproved' ways of using MI to teach languages, or, indeed, anything else. MI is a theory of how the mind developed over time and is organized today. Like other theories, it can be used properly in many ways by different authorities, including teachers. A language can be used as a natural accompaniment to almost any activity. So you can introduce appropriate use of language while the person is making music, playing a game, engaged in commerce, watching a movie, etc. In that way language use is enhanced by activities that involve one or more intelligences. One of the most challenging aspects of learning a language, particularly as an older person, is understanding structures that do not exist in your native language. For example, English is not marked for cases, while most other Indo-European languages are. MI approaches can be useful in conveying to a person the idea of a case, and how to express it in a new language. That is because any concept can be captured in a number of ways—in words, in diagrams, in examples, through dramatic enactment, through bodily motion etc. I think that this aspect of language learning is particularly susceptible to imaginative MI uses. I write a good deal about this in chapters 7-9 of my book THE DISCIPLINED MIND.

Howard Gardner
April 2, 2010

　人にはIQだけでなく，多重知能が潜在的に備わっているとするMI理論は，海外の学校や実業界のさまざまな分野で使われていますが，日本の学校教育や英語教育界では，認識を深められないまま，ほとんど使われていないようです。上記のメッセージにおいて，Gardner先生は，現在の自分の理解ではMI理論が外国語指導に応用できるとされています。MI理論は，人間の心がどのように発

達してきたのか，今日においてそれがいかに系統立てられるかを取り扱うものであり，さまざまな分野で活用できます。MI を外国語指導に使うためのさまざまな具体的方法も提案されています。

　Gardner 先生には，上記のメッセージの他に，多くの質問にも明快にお答えいただきました。さらに，MI 理論については，Howard Gardner 著 *Intelligence Reframed: Multiple Intelligences for the 21st Century* の訳者である関西大学教授の松村暢隆先生より温かいご指導を賜りました。また，MI 理論の実践に関しては，Spencer Kagan 先生ならびに Rob Jutras 先生には，数回にわたり，ワークショップでご指導を賜りました。先生方には厚く御礼申し上げます。

　2009（平成 21）年に，和歌山大学教育学部附属小学校の「教育研究発表会」に英語活動助言者として参加した際に，偶然にも，Gardner 先生を東京大学へ講師として招聘された東京大学大学院教授の佐藤学先生が同小学校の「学びの質の高まりを目指して」の指導教官であることを知りました。佐藤先生は『質の高い学びを創る授業改革への挑戦―新学習指導要領を超えて』（2009）の中で，「新学習指導要領は，学力問題，特に PISA 調査による国際ランキング競争とマスメディアによる危機宣伝に振り回され，一面的な対応しか示していない」（p.12）ことを指摘され，協同的な学びを強調しておられます。同書の中で，同小学校校長の松浦善満先生が，Lev. S. Vygotsky（1896 - 1934）の「発達の最近接領域」を取り上げ，協同学習の重要性について指摘しておられます。協同学習は，ことばの理解と 4 技能の向上には欠かせない指導法です。外国語教育に MI 理論を導入することは，人の多様性を認め，尊重し，協同学習によって深い理解とコミュニケーションの質を高めることになります。

　本書の構想にあたり，関西外国語大学名誉教授の藤井健夫先生には，脳科学の分野他，多くの資料をご提供いただきました。関西大学教授の奥田隆一先生には，資料の提供と励ましを頂戴しました。また，刊行に際して，くろしお出版編集部の斉藤章明さんにはすべての原稿にお目通しいただき，多大なるご尽力を賜りました。なお，「多重知能理論を応用した外国語指導法」の研究については，平成 17 - 18 年度科学研究費補助金（萌芽研究）（課題番号 17652063）を受けております。以上の方々に心より感謝申し上げます。

2011 年 8 月
林　桂子

序　章

0.1　日本の英語教育の現状と問題点

　本書は，日本の画一的な英語教育の現状を省みて，MI 理論の観点から個性に応じた学習者中心の英語教育法について理論から実践へと考察していくことを目的としています。MI 理論とは，すべての人間に 8 つの知能（言語的知能，論理・数学的知能，視覚・空間的知能，音楽的知能，身体運動的知能，博物的知能，対人的知能，内省的知能）が潜在的に備わっているとするもので，心理学者であるハーバード大学教育学大学院教授でプロジェクト・ゼロ運営委員長の Howard Gardner によって提唱されました。1983 年に 7 つの知能，1999 年に 8 つの知能が紹介されています。それぞれの知能は，自然に発生するというものではなく，生得的なものと文化的・社会的経験の相互作用によって，強くもなり弱くもなるということです。Gardner が MI 理論を提唱した背景には，アメリカでは，大学や大学院入試に伝統的な IQ テスト（Intelligence Quotient, 知能指数）に関連する適性検査が頻繁に用いられているという問題があります。IQ は，言語的・論理・数学的な能力に重点がおかれていますが，芸術的および創造的な音楽的知能や博物的知能などの多面性を認めていないこと，遺伝性による影響を強調していることなどの問題があります。一方の MI は，ある特定の文化的状況の中で価値ある問題を解決したり，成果を創造したりする能力であるとされています。1 つ 1 つの知能は，心のモジュール性を示しており相互に独立していますが，組み合わせて（amalgam）働いています。例えば，建築家は建築のデザインを考えるにあたって空間的知能を必要としますが，同時に空間の計算にあたって，数学的知能も必要とします。したがって，MI 理論を英語教育に応用することは，学習者の得意な知能を生かし，不得意なあるいは弱い知能を繰り返し使うことによって強くする学習者中心の統合的指導を行うことであり，理解，思考，問題処理能力を高める指導を目指すことです。

　日本人の英語学習の目的は何でしょうか。学習の目的やその効果は人の得意とする知能や個性によって異なるはずですが，学校では中学校から文部科学省で定められた外国語教育の目標に応じて一斉に指導されています。教育目標は時代の流れとともに変化しています。半世紀前（昭和 33 年，1958）に定められた英語教育の目標は，「系統学習」で能力・適性・進路等に応じた個性化教育が行

われており，指導語数は4900語でした。しかしながら，1980年代には受験戦争の激化や能力主義がもたらされ，「詰め込み教育」の反動で「落ちこぼれ」が増えました。2002年には，「個性化教育」は本格的な「ゆとり教育」に向けられ，学習内容も大幅に減少しました。しかし，学習者の興味・関心や習熟の程度の個人差は指摘されながらも，学習者全員が同じ目標や到達度に向かうための画一的な英語指導が実施されているのが現状です。その結果として，学力差が拡大しています。そこではMI理論に基づく「個性を生かす指導」と相反する問題が生じています。教室で一様に指導しても，それがすべての学習者に対して同じ結果をもたらすとは限らないのです。幼少の頃よりの文化的背景や個人・家族の価値観によって得意な知能は異なり，興味・関心も異なるはずです。

コミュニケーション能力の育成を目指して，文部科学省は2002年には「『英語が使える日本人』の育成のための戦略構想」を作成し，中学・高校の教員および学習者に対してTOEFL, TOEIC, 英検の数値による達成目標を掲げました。それ以来，日本では英語指導といえばTOEIC, 英語力といえばTOEICで，TOEIC一辺倒の世界になったようです。その結果，「英語力は向上した」となるどころか，逆に最近では日本人学習者の英語力低下が叫ばれるようになり，大学では「リメディアル教育」という学習支援センターまで設けられるようになりました。学習者の間では，日本国内では日本語で通じるため英語を学ぶ必要はないとする考え方が当然のようにある一方で，学業成績については1点という点数にも拘ります。なぜこのような現象が起こっているのでしょうか。

日本での英語学習の目的は，大学受験においては偏差値という点数化のもとに有名国公私立大学の受験戦争に打ち勝つことであり，大学に入れば，「学校のカリキュラムだから」という理由が多くなっています。TOEFLやTOEIC, 学業成績という点数化に拘りながらもTOEFLは世界の中で下位に位置しています。また，TOEICのIP(学校)テストの平均点も，過去5年間(2006-2010)上昇傾向にはありません。受験者数のみが増加しています。英語指導や学習には明確な目的もなく，ただ点数主義に満ちた画一的な英語教育が行われている……それが今日の日本の英語教育の現状です。

スイス，スウェーデン，オランダなど欧州の大学では，日本のような受験制度がなく，高校の成績をもとに，自分の将来の職業を目的として，得意な分野を生かす大学を選ぶことができます。TOEFLランキングで世界一のオランダでは，

TOEFL を英語の時間に教えることはなく，実際に受験する必要があるときのみ，学習者が参考書を買って勉強します。その結果が高得点につながっています。

一般的なテストの結果だけで学力低下を叫び競争を煽る前に，学習者の個性，経験，興味，適性，ニーズ，将来の職業などを考慮し，環境に応じて他者を理解する「人格形成」を根底とした教育理念に基づく協同学習による英語教育のあり方こそ，学力向上の基盤となるのではないでしょうか。

0.2　個性を生かした多重知能理論(MI 理論)と英語・外国語指導法

MI 理論を外国語指導に応用している研究は少なく，殊に，日本の EFL 言語環境では皆無に等しい状態にあります。しかしながら，個人の得意な知能を生かし，協同学習による統合的指導に重点をおいた MI 理論こそ，現在の日本の外国語教育にもっとも必要な理論であると考えます。したがって，本書では，MI 理論を応用した英語・外国語教育法の理論から実践を取り扱うことにします。

言語能力に関して，Cummins(1980) が提唱した BICS(Basic Interpersonal Communicative Skills) と CALP(Cognitive Academic Language Proficiency)についての概念は，今も多くの研究者によって取り上げられています。BICS は，話しことばなどの自然なコミュニケーション能力と関連しており，CALP は，文法や語彙指導を中心とした書きことばに焦点をあてた意識的な学習と関連します。日本の EFL 言語環境においては，コミュニケーションより文法・読解指導が大切であり，BICS より CALP が好ましいとする教育者は多くいます。しかしながら，複雑な文法規則が理解できず英語学習が嫌いな学習者でも，英会話はしたいと望んでいる場合は多くあります。そうした学習者には，コミュニケーションの基礎を養う BICS から認知発達の伴う CALP へと発展させることもできます。認知発達の側面において，論理・数学的知能の強い学習者は文法規則の分析や文章構成などを得意とし，コミュニケーションの側面においては，社会的・対人的知能の強い学習者は分からないことは人に聞き，相互作用によって英語力を伸ばします。

Gardner によって提唱された MI 学習法は，トピック重視あるいは内容重視の指導法に重点をおき，教科横断型英語教育法を実践することにより，教科の語彙知識も広がり，背景的知識を用いて意味を把握することもでき，分析力や推測力を高めることも期待できます。コミュニケーション能力の育成には，社

会的に重要で学習者の興味に応じたトピックを選び，理解度と問題解決能力を高めるディベートなどの統合的指導法による協同学習が必要となります。

0.3 本書の目的と構成

本書は，コミュニケーション能力の育成を目的とする英語教育において，TOEICやTOEFL一辺倒の画一的な指導ではなく，学習者の興味・関心，理解，知能などの個人的特性やニーズを生かしたMI理論の観点から協同学習による統合的指導法について理論から実践的指導法を紹介することを目的とします。

本書の構成は，第1編理論編と第2編実践編の2編からなります。第1編第1章および第2章では，外国語教育政策の視点から「英語教育と学習者の興味・関心」「MI理論の概観」を取り扱い，MI理論を日本の英語教育へ応用する可能性を考察します。第3章では，多重知能と英語教育の視点から，学習者の個人差に焦点をおき「IQ，言語適性，学習スタイル，学習方略，情動」を考察します。第4章から第6章までは，多重知能と英語教育を目指して，「人間の脳の働き」「英語指導法の変遷」「理解のための外国語学習・指導の7つの原理」について理論的考察を行います。第2編実践編は，MI理論を応用した統合的指導法を目指して，第1章「MI理論の観点からみる教育目標と語彙指導」，第2章から第5章までは，「リーディング，ライティング，および4技能の統合的活動」でスキルの指導法，実践例，実践報告，最後に第6章では，「MI理論を生かした協同学習と統合的指導」で実践例を提示します。実践例については，小学校から大学までの英語指導の実践や実践的研究にご使用いただけるように構成しております。

本書の理論および実践についての考察方法は，外国語教育政策については，スイス，オランダ，スウェーデンなどヨーロッパ各地の教育省および学校を訪問して入手した資料に基づいています。また，MI理論についてはGardnerが主催するハーバード大学教育学大学院「プロジェクト・ゼロ」での数年間にわたる遠距離学習とセミナー参加，およびKagan & Kaganセミナーへの参加を通して学び検討しています。その成果については，国際応用言語学会，大学英語教育学会（JACET）などで発表しております。本書は，小・中・高・大学・大学院の英語教授法の一編として参考にしていただき，諸説の誤り・ご意見等を賜りますれば，幸甚に存じます。

第1編
理論編

英語教育と学習者の興味・関心

1.1 日本の英語教育改革に必要なこと

　文部科学省(2009c)は，2009年度に16億2,400万円の予算を投じて「英語教育改革総合プラン」を作成しました。その主な内容は，(1)英語教育の低年齢化を推進する，(2)『英語ノート』を配布する，(3)教員資質を向上させる，(4)英語学習に興味・関心を持つ児童・生徒の割合を80%以上，理解・習熟度について60%以上にまで引き上げる，ということを目指したものでした。しかし，政権交代によって，行政刷新会議でその改革総合プランはあっけなく廃止されました。「教員免許更新制」も2011年度の講習をもって廃止されます。「日本の英語教育改革」に関して，「英語教育リレーコラム」に，渡邊(2004)は，(1)英語教員自身が英語を使える日本人であること，および(2)小学校から英語教育を始めることを挙げています。教員資質の向上のためには，画一化した教育ではなく，学習者を顧みて，それぞれの興味・関心および理解の向上に向けて，個々の能力やニーズにあった学習環境の提供および指導法の影響を考える必要があるのではないでしょうか。本章では，まずは日本の英語教育改革について述べ，次に，日本と世界の英語学習者の興味・関心についての比較，「4技能の統合的育成」と「英語で授業」を扱うことにします。

　序章で述べたように，現在の日本の英語教育といえば，「TOEIC！」と指導者が一斉に声を上げるほど，教材からテストに至るまでTOEIC中心の指導が行われています。1998年にTOEIC受験者は累計500万人，2002年には1,000万人を突破しました。企業からの受験者も多数いますが，IP(学校)テストで学校団体の受験者も多くいます。2002年7月に文部科学省が『英語が使える日本人の育成』戦略構想を作成して，学習者および教員に対して数値目標を掲げて以来，ますます増加傾向にあります。指導者や学習者は，文科省が掲げた到達目標に近づくために，TOEICの点数を上げようと必死になっています。

　企業で働く社会人を対象としたTOEICの結果では，高卒・大卒に関係なく，英語学習経験が長い人ほど得点は高くなっています。因みに，2010年公式データ(国際ビジネスコミュニケーション協会，2011)では，10年以上の学習経験

のある人たちの平均が586点で4年以下の学習経験者の平均は351点です。IPテストでは，高校生の平均は410点，大学生の平均は444点です。2006-2010年までの合計平均スコアは570-574(公開テスト)，446-460(IPテスト)で毎年ほぼ同じ点数を維持しています。TOEIC重視の教育が行われているにもかかわらず，なぜ点数が向上しないのでしょうか。TOEICの問題には，学習者にとって馴染みのない，難しい語彙や内容が多く含まれています。問題の解き方の指導だけでは，高い点数は期待できないはずです。学習者の興味・関心は，トピックや得意な科目，言語適性，背景的知識によって異なります。

　教育改革には，学習者の個性や能力を生かすことも含めて，教育目標と受験制度の二極化の不合理性を解決することが必要だと思います。2008年度(平成21年3月)に公布された高校の新学習指導要領(文部科学省，2009b)では，グローバル化社会の進展に伴い，「積極的コミュニケーション能力の育成」「4技能の統合的育成」と「英語で授業」が強調されています。4技能のバランスがとれたコミュニケーション能力の育成が強調されてカリキュラムも変更され，入試問題ではリスニングも導入されていますが，二次試験では依然として訳読中心の読解問題が多く出題されています。つまり，教育目標と受験問題の間に乖離が起きているのです。それゆえに，「コミュニケーション能力の育成」「4技能の統合的育成」「英語で授業」に重点をおいた指導が難しくなります。

　さらに，教育改革で重要なことは，学習指導要領で掲げられている教育目標を明確にして，指導内容を充実させることではないでしょうか。「ゆとり教育」と「コミュニケーションを図ろうとする態度」が掲げられて以来，指導語数は50年前の半分に減少しました。教科書で使用される総語数や文章の長さも，他国と比べて日本は極端に少なくなっています(第2編実践編第1章参照)。語数の減少は，英語力低下の問題にも影響します。教育目標は，どのような理念のもとに教育を行う必要があるかを明確にすれば，指導者にとっても授業計画や指導法も明確に定まるのではないでしょうか。

1.2　英語学習に対する興味・関心と理解

　小学校で英語活動が実施されていない2003年に，国立教育政策研究所が中学・高校生を対象に英語の勉強についての意識調査を行っています。中学生16,000人を対象に行った調査結果を表1.1にまとめてみました。

「英語の勉強が好き」は，中学1年生で58.7%であったものが，3年生になると48.5%となります。「好き」が減少して，「好きではない」が上昇します。「英語の授業が分かる」かどうかの質問については，中学1年で「分かる」が53.3%であったものが，中学3年生になると44.9%に減少し，「分からない」が55.2%に増加しています。英語の勉強は，1年生から3年生へと学年を追うごとに「好きではない」が増加して，「分からない」も増加します。

表1.1 2003年度日本の中学生の英語学習についての意識調査(N=16,000) (%)

学年	英語の勉強が好き (%)		英語の授業が分かる (%)	
	好き*1	好きでない	分かる*2	分からない
1学年	58.7	40.7	53.3	46.7
2学年	51.2	48.3	46.4	53.6
3学年	48.5	51.5	44.9	55.2

*1 「どちらかといえば好き」を含む　　*2 「大体分かる」を含む

高校になると，英語の授業が「よく分かる」は7.5%，「だいたい分かる」は30.1%で，合計で37.6%となっています(国立教育政策研究所，2002；高校生30,000人対象)。授業内容が難しくなれば，「分かる」「理解する」という学習者数は減少して，英語学習に対する興味・関心は低下することになります。興味・関心を維持するためには，授業内容を理解することが大切です。

最近では，小学校から英語活動が実施されています。小学校でゲームや歌などを導入した英語活動を，70%の学習者は「楽しい」「面白い」と答えていますが，そうした英語学習への興味・関心は，中学校において持続可能でしょうか。2009年にBenesse教育研究開発センターが実施した調査では中学入学前の小学校英語学習との関連性も調査していますので，その調査結果を基に，中学校での英語学習の理解と興味・関心の関係について考察してみましょう。

調査は，中学2年生2,967名を対象に「英語への意識調査」を行ったものです。このうち2,713名(91.4%)が小学校および学習塾や英会話教室で英語学習を経験していますが，学校の授業以外に英語学習を経験している学習者は39.2%で，学校のみで経験している生徒は59.2%です。小学校英語活動における開始学年，頻度，内容に違いはありますが，小学校時代に経験した英語学習の内容は次の通りです。

「英語を聞くことや話すこと」を経験した学習者は65.6%,「アルファベットの読み書き」は63.8%,「発音の練習」は52.4%,「歌やダンス」は51.5%,「英単語の読み書き」は46.7%,「英語の文を読んだり,書いたりする活動」は37.3%,「文法の学習」は17.1%です。小学校での経験が,次のように中学校の学習意識に反映しています(表1.2)。

表1.2 中学2年生の小学校英語活動に対する意識調査 (N=2,713)

内容項目	%
内容が簡単だった	75.2
楽しかった	70.7
外国や英語に興味を持った	41.8
もっと早くから学校で英語を習いたかった	36.5
もっとたくさん英語を話したかった	30.4
もっとたくさん英語の文やアルファベットを書きたかった	30.2

小学校の英語は,「内容が簡単だった」「楽しかった」という生徒が,それぞれ75.2%,70.7%を占めています。しかしながら,「外国や英語に興味をもった」生徒は41.8%で,英語に対する関心度はやや低くなっています。「英語の文やアルファベットをもっと書きたかった」とする学習者もいます。これは,小学校での文や単語についての文字指導がほとんど行われていないことを示しています。こうした小学校の英語活動は,中学校での英語の授業の理解度にどのように影響しているのでしょうか。

表1.3 中学校の英語の授業の理解度 (N=2,967)

内容項目	%
ほとんど分かっている	14.7
70%くらい分かっている	25.9
半分くらい分かっている	32.8
30%くらい分かっている	17.1
ほとんど分かっていない	9.3
無回答・不明	0.3

表 1.3 で示しているように,「ほとんど分かっている」「70％くらい分かっている」生徒は,合計で 40.6％ です。つまり,中学 2 年生を対象にした調査（表 1.2）で,「小学校で習った英語は内容が簡単だった」と振り返った生徒が 75.2％ に達した一方で,中学 2 年生になった今も「ほとんどわかっている」「70％くらいわかっている」と答えた生徒は合わせて 40.6％ に減少しているのです。授業内容が分からなければ,英語学習に対する興味も喪失してしまいます。小学校から英語を導入していない 2003 年の調査結果では,「授業が分かる」という理解度は 2 学年で 46.4％,3 学年で 44.9％,つまりおよそ 4 割強ですので,小学校から実施されている「簡単な内容」で「楽しい」という英語活動が,中学校で「授業が分かる」という理解度を促進させることにはならないことになります。小学校での英語活動の効果は,ゲームや歌などの英語活動を導入するだけでなく,文字指導など中学校へと継続できる学習内容であるかどうかによっても異なるはずです。この問題を解決するためには,学習者がどのような点でつまずくかを見ていく必要があります。

まずは,英語学習についての得意・苦手意識から見てみましょう。表 1.4 で示しているように,英語学習を得意とする学習者は 37.5％ です。これは,先に述べた「授業が分かる」という理解度の 4 割にほぼ相当します。苦手とする学習者は 61.8％ になっています。つまり,6 割の学習者が英語の授業は分からないということです。

表 1.4　中学校での英語学習の得意・苦手意識　（N=2,967）

内容項目	％
とても得意	8.0
やや得意	29.5
やや苦手	32.5
とても苦手	29.3
無回答・不明	0.7

英語学習のどのような点で苦手意識をもち,つまずくのでしょうか。次の表 1.5 は,中学生のつまずきやすいポイントを示しています。

表1.5 中学生が英語学習につまずきやすいポイント (N=2,967)

内容項目	％
文法が難しい	78.6
英語のテストで思うような点がとれない	72.7
英語の文を書くのが難しい	72.0
英語を聞きとるのが難しい	65.8
単語を覚えるのが難しい	62.9
英語を話すのが難しい	59.6
英語に限らず自分からすすんで勉強する習慣がない	53.7
外国，異文化に興味がもてない	44.8
英語の文を音読するのが難しい	44.7
英語そのものが嫌い	43.9
英語に限らず，勉強する気持ちがわかない	43.0

　7割以上の学習者が，つまずきやすい点として「文法が難しい」「英語の文を書くのが難しい」を挙げています。小学校で英語を聞くことや話すことを学んでも，中学校では難しいと感じています。特に文法は，文字化された文の「読み書き」を通して学ぶことになりますので，小学校から英文の読み書きに慣れ親しむ習慣が身についていない場合には，中学校で新しいことをするときにつまずくことになり，やがて英語学習に対する興味も喪失することになります。こうした学習者に対して，どのように英語を指導することができるでしょうか。
　その指導法の1つとして，学習者の得意な科目を生かす方法があります。同じ調査対象者の好きな教科の第1位は，「保健体育」(53.5％)です。以下，次のような順序と割合になっています。「音楽」(40.2％)，「社会」(37.6％)，「美術」(36.1％)，「理科」(35.3％)，「家庭科・技術」(34.1％)，「数学」(32.8％)，「英語」(25.5％)，「国語」(25.0％)となっています。「体育」を中心に，「音楽」「美術」「理科」など，学習者が得意とする科目の内容を生かして，ジェスチャーやイメージを描いて英語の物語や単語を覚えることもできます。
　例えば，「体育」を生かした指導法について考えてみましょう。小学校では，「内容が簡単だった」「楽しかった」という理由の根底には，ゲームや歌という身体を動かす遊びの要素があります。多くの小学校では，Asher(1972)が提唱した全身反応教授法(Total Physical Response: TPR)によって，身体で言語を

自然に覚える指導法が導入されています。具体的な指示物を示されると覚えやすく，理解しやすい時期です。身体を動かし，ジェスチャーでイメージを描く方法は効果的であると考えられます。「音楽」は歌やメロディーを利用して英語の歌詞を覚えることもできます。「美術」や「理科」も実物や視覚・空間を利用して語彙を自然に覚えることもできますし，文章を作成することもできます。

　一方，年齢的に13-15歳になると，Piaget(1964)が提唱したように，抽象的なことを理解し，論理的に考えるという形式的操作(formal operation)ができる時期に達します。教科書という文字言語による長文読解の意味解釈，英文法の規則性については，文章力という言語的知能や論理・数学的知能が必要となってきます。「数学」や「国語」が得意でない学習者は，長文読解の意味解釈や英文法の規則性を把握することに困難性を感じて，英語学習に対する苦手意識が高まると考えられます。このような場合には，学習者にとって馴染みのあるトピックに興味をもたせて，簡単な英文を用いて理解を促進することができます。それはMI学習法に基づく理解のための指導法（第1編第2章を参照）の考え方にも匹敵します。つまり，学習者の得意な科目や馴染みのある課題から導入していく指導法を考える必要があります。

　もう1つは，中学校での英語学習の苦手意識を克服するための課題として，小学校英語活動における文字指導の導入が挙げられます。日本の小学校における英語活動で著しく阻害されているのは文字指導です。英語嫌いにさせないために文字指導を導入しないという現在の小学校英語教育のあり方は，子どもが幼いときより文字に対して抱く好奇心や文字を知る喜びを抑えていることになります。小学校英語活動の授業では，指導者による単語の発音をカタカナで書き留めている児童が多くいます。電車の中で母語を学んだ小学校1-2学年の児童が物語を読んで仲間と話し合っている姿を見ると，文字に対する好奇心が小学校低学年からあることが分かります。絵本を見て英語での表現の仕方を親に聞いている光景は至るところで見られます。動物・植物の名前，建物と道順，数字の数え方などを英語で言うことができれば満面の喜びを見せてくれます。後の章で述べますが，MI理論で用いられる生物学的・博物的知能，論理・数学的知能，視覚・空間的知能，身体運動的知能，音楽的知能はすでにこの頃には目覚めており，馴染みのあるものから文字言語によって語彙を自然に増やす

ことができます。ことばの学習は，毎日触れる物や出来事と結びついています。文字指導もなく，中学校から突然に抽象的な文法規則や単語を暗記させられると，苦手意識が当然の如く芽生えると考えられます。

次節では，他の国々で実施されている小学校英語活動と英語学習への興味・関心について見てみましょう。

1.3　韓国の興味・自信・関心

日本と同じ EFL(English as a Foreign Language)言語環境にある韓国においても，初等・中学校の英語教育の総括目標は，「興味と自信をもって基礎的な英語を理解して表現できる英語能力を養う」となっています。韓国の英語教育は成功しているという見方がある一方で，授業を受ける児童の立場からすると異なる側面もあります。TOEFL やその他の国際比較(東アジア高校英語教育調査)では，日本よりやや上位に位置していますが，児童の興味・関心は，日本と同じく学年を追うごとに低くなるという結果を示しています。

ソウル(Seoul)特別市教育庁から英語教育指定校とされたソウル金北初等学校(Seoul Kum book)の『英語教育先導学校運営結果報告書』(2004)によりますと，2002年3月から2004年2月まで英語指導を実施した結果，小学生3-6学年の興味度・自信度・関心度は，高学年ほど低学年に比べて低くなる様相を見せたということです。興味はあるが自信がない小学生の割合が約10%に達しています。

英語の聞く能力を学年別に調査した結果，開始時期が3学年の場合は83%，4学年は65%，5学年は60%，6学年は54%の児童が理解しました。学年を追うごとに理解度は低くなります。話す能力についても，3-6学年児童全体を対象に無学年制で認証制度を実施した結果，3学年では，その到達基準である9級以上に到達した児童は71%である反面，高学年になるにつれて話し方到達度は低くなり，6学年で，3-4学年と同じ水準にとどまっている児童は48%います(鄭，2005, pp. 221-227)。

このように，韓国の小学校でも学年を追うごとに学習者の聞く・話す能力が低下してきています。この低下の原因として，文字言語を除いた音声言語だけでは学習者は忘れてしまうということです。そこで，3学年からアルファベット識別指導，3学年の2学期から読み方，6学年には読み方と書き方を導入し，中学校の教育課程との差異を減らす方向に修正すべきだと指摘していま

す(鄭，2005，p.233)。小学校低学年からの文字指導の導入によって中学校との教育格差を減らす必要性を指摘しています。さらに，韓国の中学校での英語教育の問題点については，鄭[1]は，次のような点を指摘しています。

(1) 英語教諭の英語教育に対する理論と教授法・英語科教育課程・英語教材作成・英語能力評価等に関する知識が不十分である。
(2) 大部分の英語教諭の英語使用能力が流暢性の側面で限界があり，教室授業の相当部分が母語で行われている。
(3) クラスサイズは30-35名で，個別指導を実施するには難しい実情である。
(4) 学級全体および小規模グループ活動において，生徒個人またはグループ間のレベルによって活動を遂行するにあたり差異がある。
(5) 大学修学能力試験で読解力が非常に重要な役割を果たす。それが英語能力の正しい基準を定める妨害要因となっている。
(6) 英語母語話者の補助教諭(native speaker)が極めて少数である。英語母語話者がいる学校の方がチーム・ティーチング(team teaching)がよく行われている。
(7) 文化理解教育が相対的に疎かに扱われている。
(8) 生徒の両親の英語教育に対する過度な関心のために生徒たちの私教育(個人的にする教育)に対する依存度が高いのが実情である。

韓国の英語教育環境は，日本のEFL言語環境に類似しており，学習者が積極的に英語を使おうとしない限り，英語を使う機会はほとんどありません。英語指導環境においても，英語指導法に対する知識が不十分であること，クラスサイズが大きいこと，英語使用が極めて少ないこと，大学入試制度に翻弄されて，指導者も読解力の向上にばかり力を注いでいること，そして学習者は塾に頼る傾向にあることなど，韓国も日本とほとんど同じような問題を抱えています。殊に，クラスサイズはヨーロッパと雲泥の差があり，個人の特性に応じた指導ができないことは大変な問題です。それでも韓国が日本より英語力が高いのはなぜでしょうか。それは，教科書での指導語彙数や文章の長さなどと関連しています(第2編第1章参照)。そこで，ヨーロッパの学習者の興味・関心について見てみましょう。

1.4 ヨーロッパの学習者の動機・興味・関心

　ヨーロッパの言語環境は，ESL(English as a Second Language)に相当するので，日本の学習者とは比較の対象とはならないという日本人指導者は多くいます。しかし，ヨーロッパの言語環境から学ぶべきことはたくさんあります。ドイツやオーストリアでは，小学校や中学校で英語を学習している学習者や言語指導者であろうとも，英語で話すことができない人も多くいます。ドイツ語は，ゲルマン語の一種で英語にもっとも近い言語距離にありますが，英語学習には個人の努力が影響します。ヨーロッパの学習環境は，日本の言語環境と何が異なるでしょうか。

　日本とヨーロッパがもっとも異なる点は，前者はほぼ単一言語教育であるのに対し，後者では多言語教育が行われているということです。日本では，英語一辺倒と言われるほどに，英語教育のみに重点がおかれています。しかし，EU諸国においては，27か国のEU加盟国のもとで23言語が公用語として使われており，学校では，中等教育1学年から「母語＋2言語」の外国語学習が奨励されています。中等教育の指導者も2つの外国語の指導が求められています。それは，EUの統合によって，職業や教育を求めて移動するために言語が必要となることや，少数言語および地域言語憲章のもとにEU諸国の人たちが相互理解を目的としているからです。また，欧州評議会では，ヨーロッパ市民が複言語主義を維持し，生涯にわたって複数言語を学ぶことが奨励されています。

　ヨーロッパでは，欧州評議会(Council of Europe; 1949年設立，47か国加盟)を中心にCLT(Communicative Language Teaching)というコミュニケーション能力の育成を目的とした言語教授法も開発されています。オランダ，スウェーデン，スイス，フィンランドなどの教育省は，共通語となる英語教育に力を注いでいます。英語力の比較から始まり，小学校英語の開始時期，学習時間，学習者の英語学習に対する動機・興味・関心，英語指導者の英語使用の割合，メディア言語環境，宿題の割合などが検討されています(林，2005b; 2006b)。本章では日本の学習者の興味・関心および小学校英語活動について検討するために，ヨーロッパ7か国の実態調査の結果を述べることにします。

　表1.6は，ヨーロッパ7か国の中等教育の3学年合計12,000人を対象として英語3技能と文法テストの結果を示したものです。以下，表1.10までは，Bonnet et al.(2002)に基づき林桂子が作成したものです(林，2007c)。

表 1.6 ヨーロッパ 7 か国中等教育 3 学年の英語力 (100 満点) (N=12,000)[2]

国名	リーディング	リスニング	文法	ライティング	平均	学習時間	小学校開始学年
スウェーデン	86	72	64	55	69	480	1, 2, 3, 4
ノルウェー	82	73	66	56	69	428	1, 2
フィンランド	80	60	68	48	64	480	3
オランダ	**77**	**62**	**65**	**46**	**63**	**445**	**5**
デンマーク	78	65	54	46	61	510	2, 3
スペイン	64	38	59	23	46	450	3
フランス	57	31	48	15	38	432	3

　平均点を見ると，スウェーデンとノルウェーがもっとも高くなっています。特に，リーディング，リスニング，ライティングなどの能力が高いことは注目に値します。フィンランドでは，文法とリーディングを中心に指導しているようですが，ライティングはいずれの国においても低くなっています。指導においては，スウェーデンやノルウェーのように 4 技能のバランスのとれた統合的指導が大切だということを示しています。

　オランダは，TOEFL では世界ランキング 1 位を維持していますが，このたびの中等教育の英語力は第 4 位となりました。そこで，オランダの教育関係者の間では，初等教育での英語指導の成果が問題となっています。オランダでは初等教育における英語教育は 1985 年から実施されていますが，次のような問題点が原因で効果が上がっていないと指摘されています。(1)初等教育 7 学年（日本の小学校 5 学年）から週 1 回（地域によっては 2-3 回）しか実施されていない，(2)初等教育の教員は英語指導について専門的な指導を受けていない，(3)発音が完全でない，(4)良い教材がない，(5)リーディングおよびスピーキングの語彙が低下している，などです (de Bot, 2004)。[3]

　日本で 2011 年度から導入している小学校英語教育は，授業時間数が小学校 5 年から週 1 回で，指導者も十分な英語指導の訓練を受けていない状況にあるなど，オランダで失敗した初等教育における外国語教育政策のやり方と同じです。(もっとも，オランダのロッテルダムでは，こうした初等教育での外国語としての英語指導のあり方を省みて，初等教育 1 学年（4 歳）から発音やゲーム活動については英語母語話者を採用し，読み書きはオランダ語母語話者が指導

する体制をとり効果を上げています(林, 2010)。)

次に，ヨーロッパの中学生が英語学習に対して，好きか嫌いか，英語は重要であるかどうか，英語への関心度について見てみましょう。

表1.7　中等教育の学生の英語の好き嫌いと英語の重要性　（単位：%）

	英語が嫌い	英語が好き	英語は重要でない	英語は重要
オランダ	22.7	77.3	18.2	81.8
フランス	28.7	71.3	16.7	83.3
スペイン	38.5	61.5	14.6	85.4
フィンランド	10.4	89.6	7.3	92.7
デンマーク	9.8	90.2	4.0	96.0
スウェーデン	3.9	96.1	2.0	98.0
ノルウェー	11.2	88.8	8.4	91.6
平均	20.1	79.9	10.6	89.4

スウェーデンの生徒は，成績も高く，英語が「好き」(96.1%)，「重要である」(98%)として高い興味・関心度を示しています。スウェーデンをはじめ，デンマーク，ノルウェー，フィンランドの生徒のおよそ90%以上が「英語は重要」であり「好き」であると感じています。英語が「嫌い」と思う生徒は，オランダ，フランス，スペインにやや多く，それぞれ22.7%, 28.7%, 38.5% となっています。オランダの場合は，移民が多く，子どもたちの母語が英語の成績に影響し，興味・関心にも大きく影響しているようです。スペイン語やフランス語はロマンス語系の言語で，この点においては言語距離の遠いことが原因であることは否定できません。しかし，リスニングやライティングの成績が好ましくないことも英語嫌いの原因の1つであると考えられます。

次に，英語学習の動機について，ヨーロッパの学習者と日本の学習者を比較してみましょう。表1.8に示していますように，ヨーロッパでは，どの国でも90%前後の生徒が「英語を学んで得すること」として，「コミュニケーション」を挙げています。そして，成績がもっとも高いスウェーデンの場合，95%以上の生徒が「TV番組を英語で理解」「音楽テキストを理解」するためと答えています。「英語で本を読む」も84%にのぼります。フィンランドやオランダな

どにおいても，「コミュニケーション」「外国人との接触が容易」「音楽テキストの理解」「TV 番組を英語で理解」という動機が高くなっています。

表1.8　英語を学んで得すること　（単位：％，（　）内は人数）

	オランダ (1337)	スペイン (2807)	フィンランド (1561)	デンマーク (1193)	スウェーデン (1281)	ノルウェー (1241)
コミュニケーション	**94.6**	**93.0**	**98.6**	**96.1**	**96.6**	**88.7**
音楽テキストの理解	86.2	89.7	**94.1**	61.1	**95.3**	86.8
コンピューター操作	85.5	85.9	**96.6**	79.9	**90.6**	79.5
英語の表現	60.4	-	66.9	49.8	70.5	70.3
母国語を用いない	40.8	-	63.0	43.6	59.5	47.2
さらなる教育に必要	72.0	88.9	**93.7**	85.8	82.8	68.7
仕事を得るため	70.8	**93.6**	**93.7**	**91.5**	85.9	74.0
英語で本を読む	**80.0**	81.4	76.3	52.1	**84.0**	59.7
TV 番組を英語で理解	**84.0**	79.5	**93.8**	79.3	**95.2**	**89.8**
外国人と接触が容易	**91.7**	-	**97.6**	80.2	**94.1**	75.7
科学技術の開発情報	58.8	84.8	68.9	59.8	72.2	60.5

一方，日本の中学生の英語学習の動機はどうでしょうか。先に述べたベネッセの調査結果に基づく中学生の学習動機をまとめると表1.9のようになります。

表1.9　日本の中学2年生の英語の学習動機　（N=2,967）

動機の内容	単位(％)
中学生のうちは勉強しないといけないから	78.8
英語のテストでいい点をとりたいから	77.9
できるだけ良い高校や大学に入りたいから	71.3
就職するときに役立つから	55.2
英語を勉強すると視野が広がるから	46.1
成績が悪いと親に叱られるから	37.5
外国を旅行するときに使いたいから	37.0
英語が好きだから	36.2
英語の勉強がおもしろいから	33.5
英語の先生が好きだから	23.7
英語の先生が励ましてくれるから	17.6
英語ができると優秀だと思われるから	13.4

ヨーロッパの学習者と比べて，明らかな違いが浮かび上がってきます。ヨーロッパの学習者は，コミュニケーション，TV，音楽，映画，そしてインターネットなどの統合的動機をもって，日常生活で自然に英語に触れながら学んでいます。スウェーデンの場合，特にそのような統合的な動機が高くなっています。フィンランドでは，「外国人との接触が容易」「仕事を得るため」も高く，統合的動機と手段的動機の両方をもって学習する意気込みが強いようです。一方，日本の学習者は，表1.9に見られるように，学校での教科書に基づくテストや進学・就職のためという手段的動機に基づいて英語を学習しており，TV番組や音楽を英語で理解する，英語でコミュニケーションする場を求めるなどの統合的動機はほとんどないようです。その原因となっているのが，日本の英語教育体制です。英語学習の開始時期である中学校から，読み書き重視のテストを中心とした指導が行われており，ヨーロッパのように，TV，インターネット，音楽，映画などを通して自然に英語に触れる機会をつくるという体制は強化されていないのです。4技能のバランスを取るためには，学習者同士で電子メールをやりとりしたり，英字新聞ニュース，天気予報などの日常生活に密着した英語使用の経験を増やすなどして，統合的動機づけを高める必要があります。

　ここでヨーロッパの学習者のメディア使用の状況を見てみましょう（表1.10）。

表1.10　一般メディアの使用状況　（単位：％，（　）内は人数）

	オランダ (1500)	デンマーク (1486)	スウェーデン (1314)	ノルウェー (1314)
ビデオ	82.5	78.7	78.4	82.5
TV	89.7	94.9	96.1	96.4
コンピュ・ゲーム	76.3	61.3	58.1	65.4
コンピュ・ネット	84.6	79.9	87.3	86.5
英語音楽	75.9	66.7	82.2	91.7

　TV利用者はどこの国においてももっとも多くなっています。次に，それぞれの国のメディア使用状況の特徴として，スウェーデンはインターネット，ノルウェーは音楽となっています。オランダでは，日本の任天堂が開発したコンピューター・ゲームを使っている中学生もいます。ビデオ利用者も多数います。成績の側面から見ますと，リスニング力が高いスウェーデンやノルウェーの場合，TV，映画，音楽，インターネット，ビデオが多くの学習者によって利用

されていることが影響していると考えられます。

　こうした言語環境は，日本でも同じように利用することができるはずです。英語は，TV，コンピューター，電子メール，携帯電話，ロボットなどの普及に伴い，世界の人々との平和を維持するためにコミュニケーションに必要な道具であることを認識して，英語ニュースやインターネットで資料収集するなど，自然に馴染むメディア学習環境を提供することが大切だと思われます。

　スウェーデンやノルウェーの場合，リーディングやライティングも高いので（表1.6），メディア使用だけでなく，教室での指導の影響も考えられます。例えば，スウェーデン[4]では，小学校4学年から公的に英語が導入されています。開始学年の4学年から110頁もある教科書を用います。児童は家庭の協力を得て，教科書のストーリーをCDを用いて読む練習をしておきます。そして学校で，リーディングの役割分担（ロール・プレイ）を決めて読みます。このように小学校から徹底した文字指導が行われています。中等教育では，クラスの授業についていけない生徒は，普通のクラスでついていけるようになるまでカウンセリングルームで特別授業を受けます。英語・国語（スウェーデン語）・数学の3科目については，初等教育5学年と中等教育8学年に国家統一試験を実施しています。進路については，平素の授業態度や成績の到達度などについて記入したポートフォリオを用いて，3者懇談も実施されています。したがって，ESL言語環境だから自然に学習できるというものではなく，単に，TV，ビデオ，インターネットなどのメディアに依存しているだけでもなく，学校でも徹底した指導が行われていることは注目に値します。高い英語力を身につけるには，メディアだけでなく，学校でのカリキュラム，教科書，指導法，試験などの指導体制がいかに重要かということです。

1.5　4技能の統合的育成

　2009年度公布の高校の新学習指導要領（文部科学省，2009b）では，「4技能の統合的育成」が強調されています。現状の問題点として，読むことは比較的良好ではあるが，まとまりのある文章を書く力が欠けていることが学習指導要領にも指摘されています。「英語I」では文法・訳読式の授業が中心に行われ，まとまりのある文章を書く練習が少ないことが挙げられます。新学習指導要領では，4技能の統合的育成を行うために「英語での指導」が義務付けられてい

ますが,「オーラル・コミュニケーションI(OCI)」でも「英語I」と同じような授業が行われているところもあり,4技能の指導に偏りがあることが問題です。一方,英語教育の目標が「積極的なコミュニケーションの育成」とされて,高校入試や大学入試ではオーラル・コミュニケーションの授業に合わせてリスニング試験なども導入されるようになりましたが,大学入試の二次試験などにおいては,文法,語彙,訳読中心の出題が依然として多く,そうした指導が必要とされています。教育目標と受験制度の二極化した今日の英語教育の中で,4技能のバランスを取る指導は難しいでしょう。

聞く・話す・読む・書くの4つの能力は関連していますが,得意な能力は学習者によって異なります。信頼度の高い調査結果としてCarroll(1972)が実施した4つのスキルの相関性があります(表1.11)。

表1.11 第2言語における4技能の相関係数

	リスニング	スピーキング	リーディング	ライティング
リスニング	1	.68	.73	.75
スピーキング	.68	1	.58	.65
リーディング	.73	.58	1	.80
ライティング	.75	.65	.80	1

(J. B. Carroll, 1972; 林, 2004b に基づく)

リーディングは,ライティングともっとも高い相関性が見られます。そのスキルの共通性は何でしょうか。1つは文字使用,もう1つは文章の構成法です。文字を使うことは,スピーキングやリスニングと異なります。また,リーディングは文章を読んでその内容を理解する能力ですし,ライティングは文章の構成を練るという思考が関連しています。リーディングはリスニングとも高い相関性はありますが,スピーキングとの相関性はもっとも低くなっています。リーディングとリスニングは受容的な点で共通しており,スピーキングとライティングは生産的な点において共通していますが,双方のスキルの関連性は低いようです。スピーキングは,アウトプットの場として相手を必要としますが,リーディングやリスニングは,インプットにおいて個人的な言語学習が影響します。コミュニケーションには,物怖じしないで積極的に人と話すスピーキング力が

必要ですが，リスニングでは入力したことばの意味理解が影響します。

　4つのそれぞれの技能の得意性は個人によって異なります。話すことが得意でも正確に読み・聞きすることができない学習者もいます。書くことが得意でも，読む速度は遅く，話すことが苦手な学習者もいます。聞く・話す・読む・書くという4技能の言語能力には，学習者の知能，言語適性，学習スタイル，学習方略などさまざまな要因を含んでいます。個人がもっている強い能力と弱い能力をどのように見極めるかが4技能の統合的指導の成功のカギとなります。個人の得意性を生かす方法については，第2章以降でMI理論の側面から考察します。

1.6　英語での授業

　新学習指導要領においては，中学校や高校の英語の授業は，英語で指導することが義務付けられています。英語で授業することによって学習者はどのような反応を示すでしょうか。表1.12はヨーロッパ7か国の中等教育3年生の生徒を対象にした指導者の英語使用と生徒同士の英語使用についての調査結果です。

表1.12　英語の授業で指導者が英語を使用する割合　（単位：%，（　）内は人数））

英語使用形態		オランダ (1398)	フランス (1075)	スペイン (2836)	フィンランド (1549)	デンマーク (1441)	スウェーデン (1361)	ノルウェー (1286)
指導者英語	1	5.3	2.2	9.0	6.0	1.2	2.1	1.8
	2	38.8	9.4	22.5	20.9	9.2	9.8	10.8
	3	26.8	23.1	32.1	39.6	43.5	28.3	30.9
	4	29.1	**65.3**	36.4	39.0	46.1	59.8	56.5
指導者と1対1	1	29.3	55.8	21.4	7.2	16.4	8.8	21.9
	2	54.7	21.4	30.6	62.1	26.1	43.7	40.3
	3	9.5	10.3	29.0	12.3	38.7	25.7	32.8
	4	6.5	12.6	19.1	3.8	28.0	14.2	18.2
生徒同士英語	1	48.3	47.6	51.7	11.3	20.4	**12.8**	**14.7**
	2	41.2	39.6	31.7	60.0	37.4	**42.9**	**43.0**
	3	6.8	8.1	11.4	21.2	32.0	28.4	26.7
	4	3.7	4.7	5.2	7.5	10.1	15.9	15.6

1＝まったくない　2＝ときどき　3＝半分ぐらい　4＝ほとんど英語

（Bonnet et al. (2002)に基づいて作成）

太字で示しているように，指導者の英語使用のもっとも多い国はフランスです。しかし，生徒同士で英語を使う割合は7か国の中で下から2番目に低くなっています。次に英語使用の多い国は，スウェーデンとノルウェーです。この2つの国では，生徒同士が英語を使用する割合もやや高くなっています。それでも，生徒同士では「まったく使わない」は 12.8% と 14.7% で，「ときどき」しか使わない生徒は 42.9% と 43.0% を占めています。スウェーデンでは 55.7%，ノルウェーでは 57.7% の学習者が英語をほとんど使わないようです。いずれの国においても，生徒同士が英語を使用しない割合が高くなっています。指導者と1対1の場合でも，半数以上は英語を使用しないようです。オランダでは，指導時にほとんど英語を使用する指導者は 29.1% です。また，生徒同士はほとんど英語を使用しないことを示しています。

　スウェーデン，ノルウェー，デンマークは，歴史的および言語距離的には英語圏と接触しています。しかし，北欧諸国の人たちは，母語を大切にしているので，生徒も家庭では母語を使用しています。そのため，学校でいくら指導者が英語で話しても，英語で話す習慣はついていないようです。このように，北欧においても TV や音楽を通して言語入力の機会はあっても，話す機会が少ないようです。

　日本の学習者の英語教育環境は，まさに北欧の中等教育における学習者の言語環境とほとんど同じです。外国人と接触する機会が少ないとはいえ，TV，音楽，CD などを通して英語を聴くという機会は日本でもあるはずです。学習者が英語に触れる機会を多くするためには，英語ニュース，音楽，新聞・雑誌などのメディアを用いた課題も提供して，英語による入力の機会を増やすことも必要ではないでしょうか。

1.7　まとめ

　英語学習には，学習者の興味・関心と「授業が分かる」という理解が大きく影響します。そこで，英語教育改革に重要なことは，TOEIC などの一般的なテストで測定して優劣をつける英語教育をなくし，学習者個人の優れた知能や適性を伸ばす英語指導法に着目することです。そのためには，(1)クラスサイズを小さくすること，(2)コミュニケーション能力の育成について，その目標や内容をもっと明確にし，個人の個性や知能を伸ばす方法を考えること(例え

ば，欧州評議会や EU 諸国で定められている目的は，平和維持と人々の相互理解です。グローバル化社会での日本の言語教育には，そのような明確な理念が必要であると考えられます），(3) 教育目標と入試制度の二極化を改革すること，(4)「4 技能の統合的指導」および「英語で授業」については，学習者がバランスよく使用できる指導法を考えること，などの必要があります。

　小学校の英語活動で「内容が簡単」「楽しい」と感じていた児童が中学校で苦手意識をもつことは，文字指導の導入を含めた指導法にかかわる小中連携の必要性を示唆しています。学習者には，歌やゲームなど身体で反応できても，長文読解の意味解釈や文法規則の分析が苦手な学習者もいます。分析能力の優れた人もいれば，人との接触の得意な人もいます。学習者の得手不得手，教科の得意性などに配慮した指導法が必要です。ヨーロッパでは，英語を用いて人と接すること，TV，映画，音楽，インターネットなどに興味・関心を抱き，自然に英語に触れる動機付けの体制ができています。それに対して，日本ではヨーロッパと同じく，TV，映画，音楽，インターネットに触れる機会があるにもかかわらず，学習者自ら英語に触れる体制ができていないことが問題です。小学校からの文字言語の導入，中学校での英作文，多読など，英語に慣れ親しむことが大切です。

　高校科目再編では，英語教育目標が「積極的なコミュニケーション能力の育成」となっている一方で，大学入試の二次試験や大学院入試の問題は「訳すこと」が中心になっています。教育目標と入試制度が二極化しています。英語教育目標に関わる指導法については，「4 技能の統合的指導」および「英語で授業」が要求されています。4 技能の関連性は統計的に見ると，同じ発信型でもスピーキングとライティングの能力には大きな差があります。リーディングとライティングの能力に高い相関性が見られますが，この 2 つの技能に共通しているのは文字を使用することです。文字を用いた言語入力は，学習者個人の地道な努力が影響することになります。スピーキング能力が高いことが英語力のすべてではありません。学習者には，4 つの技能においても，得手不得手があるということです。

　「英語で授業」については，指導者が英語を多く使用しているから学習者も多く話すということではありません。言語入力から理解を経て出力する過程と期間を考えなければなりません。英語に慣れていない学習者にとっては，理解

するまでの沈黙期間が必要です。学校での学習時間と期間は限られていますので，聞き慣れた頃に学期が終了してしまいます。したがって，話す機会を作ることも考慮して，学習者が興味ある課題をお互いに話し合い，その課題についてTVニュース，映画，インターネットで触れる機会を提供することです。このように，個人の知能を生かすためには，MI理論を導入してさまざまな課題や物事に興味を抱かせ，好奇心をそそる英語指導法が効果的であると考えます。そうした指導法の導入には，MI理論の「理解のための指導法」を応用することができます。このことについては，第2章で詳しく述べます。

注

1) 『日本の学校英語教育はどこへ行くの？』(松柏社，2005)の執筆にあたり，鄭正雄氏より提供された資料です。
2) Bonnet, Gérard et al.(ed.).(2002). The assessment of pupils' skills in English in eight European countries. A European project. commissioned by the European network of policy makers for the evaluation of education systems. ドイツの結果が示されなかったので，8か国から7か国になっています。
3) de Bot(2004)の論文報告の他に，Bodde-Alderlieste, Karel Philipsen, Desirée Verbeekに事務所などで個人的にインタビューした結果も含まれています。
4) Bermheden, C., Sandström, L. G., & Wahlgren, S.(1995, 1997)によって書かれた初等教育の教科書 *Champion 5-6* を用いた指導法については，Mörrum, Karlshamnの小学校教師のAgneta Erikssonの説明に基づくものです。中等教育については，Mörrum/KarlshamnのNorrevångskolan中学校のフランス語と英語教師Carin Fornhammarおよび英語教員のBodil Enanderの説明に基づくものです。Enanderは，自律学習の重要性を指摘し，Gradede Level Readersやその他の教材を用いて多読，ビデオやCDを用いた宿題も課しています。

第2章 Multiple Intelligences 多重知能(MI)理論の概観

2.1 MI理論の定義と基準

　第1章では，英語教育改革の側面から，世界の学習者の興味・関心，理解，ニーズなどについて検討し，今日の英語教育における画一的な指導から学習者個人の知能や適性を伸ばす指導法の必要性について述べました。外国語学習における個人差の研究には，言語適性，学習スタイル，学習方略などの研究があります。こうした個人差とMI理論との関連性をより明確に理解するために，本章では，まずMIの定義と基準について述べ，その知能の発達を左右するのは遺伝か環境か，などについて概観します。MI理論と外国語指導との関係については，言語適性や脳の働きについて述べた後，第6章で述べます。

　「MIとは何か」については序章で簡単に述べておりますが，本章でその詳細を述べておきます。MI理論の発端は，IQ論議にあります。1905年にフランスのビネー＆シモン(Binet, A. & Simon, T.)が開発した知能テスト(IQ)は，世界中に普及し，後にアメリカでターマン(Terman, L. M.)によって改訂されて，集団知能テストなどに用いられるようになりました。アメリカの多くの大学や大学院入試では，伝統的なIQ検査と類似した適性検査(SATやMAT)が行われています。IQ検査では，主に言語的および論理・数学的な能力に重点がおかれ，音楽や芸術などの知能は認められていません。さらに，アメリカでは，社会的病理の原因はIQの低い知能にあるとし，知能の差異は実父母の遺伝的なものであるとしてベルカーブ(鐘形曲線)で表した研究が論議を呼んでいます。そこで，人間の知能はIQというたった1つの知能で表されるものではなく，文化的な場面で価値あるとされる問題を解決したり，成果を創造したりするような能力であり，複数の知能が潜在的に備わっているとする概念を意味するMI理論をGardner(1983)が提唱しました。1999年の時点で，人間には8つの知能(言語的知能，論理・数学的知能，視覚・空間的知能，音楽的知能，身体運動的知能，博物的知能，対人的知能，内省的知能)が備わっているとしています。

　ここで，「知能」とは何かという定義が問題となります。Gardner(1999a)は，「情報を処理する生物心理学的な潜在能力であって，ある文化で価値のあ

る問題を解決したり成果を創造したりするような，文化的な場面で活性化させることができるものである」(松村，2004, p.46)と定義しています。知能は見えるものではなく，神経的な潜在能力(potential)であるという意味が強調されています。Armstrong(2000, p.16)は，Gardnerのいう「知能とは，問題解決能力および文化的価値をもつ産物を生み出す能力である」と定義しています。これに対し，ビネーの知能観は「理解，構想，方向付け，批判，推理」(伊藤，1976)というものであり，構想，方向付け，批判がなぜ知能とみなされるのか疑問となるところです。伊藤(1976)は，知能を3つに大別して，抽象的思考に重点をおくもの，学習能力と同一視するもの，新しい環境に適応する能力としていますが，知能テストで測定されるとするならば，問題状況でもっとも適切な答え(適応)を推理や洞察によって引き出す能力だとしています。これに対し，創造性(creativity)は答えを引き出すよりも，新しい考え(idea)や問題自体を生み出す能力だとしています。それでは，知能と一般教科の学力の関係を見てみましょう。知能とは，新しいことを学習していく能力，あるいは学力を獲得していく能力とみなされます。学力とは，一般に学習より獲得された能力を言います。したがって，知能が高ければ学力も高く，知能が低ければ学力も低いということになり，両者の相関は極めて高いということになります。しかし，伝統的なビネーの知能テストとは異なる複数の知能因子を想定して，多次元的に表現しているといわれるC. バート(1949)の知能と学力の相関関係の調査結果では，次のようになっています。

表2.1　C. バートの知能と学力の相関係数(伊藤，1976)

作文	0.63;	読み方	0.56;	綴り字	0.52
算数	0.55				
書き方	0.21;	手工	0.18;	図画	0.15

この相関関係では，知能と作文，読み方，綴り字という言語的知能，そして算数という論理・数学的知能との相関はある程度高いことを示しています。しかし，書き方，手工，図画などの芸術的教科との関係は非常に低くなっています。これは，知能テストはあくまでも伝統的なIQテストと変わりなく，言語的知能と論理・数学的知能だけで判断していることが原因です。芸術的教科では，その分野において優れた創造性は知能として認められていないことになり

ます。(伊藤(1976)によれば，知能が一定水準以上あるのに，学力が著しく劣っているものは学業不振児とみなされます。)

　MI理論では，作文，読み方などは言語的知能，算数は論理・数学的知能，書き方，手工，図画は視覚・空間的知能に分類されると考えられます。GardnerやArmstrong，伊藤の定義に総体的に共通していることから考えますと，知能とは，「さまざまな文化的な場面で価値があるとされる情報を処理したり，問題を解決したり，その成果を創造する能力である」と定義づけられます。情報処理のための判断能力は，人間の生活の営みや経験などから環境に適応させて問題解決策を生み出す能力であって，伝統的な知能検査では測定できないことになります。

　知能は，第3章で述べる学習スタイルとの関連性も問題となりますので，ここで，知能が性格，気質，好み，感情と異なることを明確にしておかなければなりません。詫摩(1976)によると，性格は情意的あるいは意志的な行動様式の特徴を強調し，気質は情緒的反応を示し，感情は刺激に対する反応を示し気質にも属します。

　では，Gardnerが8つの知能が存在するとした基準はどこにあるのでしょうか。8つ挙げています。1つめは，生物科学的側面からの考察です。脳損傷を受けた患者の場合，一方の能力が損なわれても，他の能力は残っている患者が存在します。したがって，「言語が他の能力から分離していることと，話したり，聞いたり，書いたり，手話を用いたりする形式が本質的に類似していることは，1つの分離した言語的知能の証拠となる」(松村，2004，p.50)ということです。

　2つめは，進化の歴史と妥当性からの考察です。原人はさまざまな地勢にあっても，空間的に道が分かったはずであると考える「空間的知能」，動植物の世界を吟味する知能「博物的知能」，種の他のメンバーの動機を見積もる「対人的知能」が考え出されます。

　3つめは，識別できる中核的な操作です。それぞれの知能は他の知能とともに働くが，「中核」(下位知能)が個別に働くという点において，少数の知能を仮定することができます。例えば，言語的知能には，音素の識別，統語の統制，言語運用，意味獲得などの中核的操作があります。他にも，大空間や局所的空間，二次元，三次元の世界(空間的知能)やピッチやリズム，音色，ハーモニーなどの音楽的諸相(音楽的知能)があります。

4つめは、シンボル体系による記号化の可能性です。シンボル体系は自然に発生したものではなく、文化的に有意義な情報を体系的かつ正確に伝えるために、言語的シンボルや絵画的シンボルなどの形で人々によって開発されたものです。

5つめは、固有の発達歴から、熟達者の「最終状態」の運用ぶりを明確に取り出すことができるということです。それぞれの知能には独自の発達歴があり、それぞれのなりたい職業に向かって、固有の発達的な道筋を辿るということです。

6つめは、サヴァン症候群や天才児などの特殊な人々の存在です。例えば、自閉症児の場合、ある能力は傑出しているが、コミュニケーションや他人に対する感情が著しい損傷を示すという特徴があります。天才児は、ある特定の規則が支配していて、生活経験がほとんどない領域(チェス、数学など)で出現する傾向があります。

7つめは、実験心理学的課題からの支持です。2つの操作がお互いに関連する程度を突きとめることによって、別個の知能を識別できるということです。学習の転移や干渉の研究は、別個の知能を識別する手助けになります。

8つめは、精神測定学の一知見からの支持です。MIを支持する心理学者による精神測定学の研究から、言語的知能や論理・数学的知能は、対人的知能と違う結果が示されました。

以上の根拠をもとに考えると、人には潜在的に図2.1のように8つの知能が備わっていることになります。すべての知能がバランスよく均等化されて発達すれば個人差は生じませんが、知能は、生得的なものと文化の背景や生活経験などの環境によって異なり、太線のように強い知能と弱い知能が不均等に発達します。

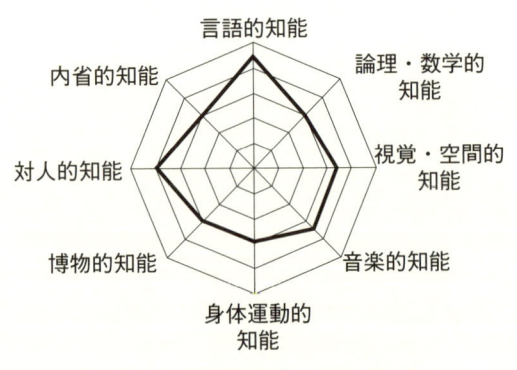

図2.1　MI・8つの知能と発達

それぞれの知能はモジュールとして独立していますが，ほとんど際限なく混ざり合って働くことになります。地勢に強い人が，方向性から考えて距離についての憶測ができるように，空間的知能は瞬間的に距離を推察できる数学的知能も持ち合わせています。対人的知能は他人を理解する内省的知能も持ち合わせています。しかし，言語的知能が論理・数学的知能，音楽的知能と関連しているからといって，語学が得意な人が数学も得意とは限りません。英語母語話者のように英語をうまく操り英検1級を取得している英語力の高い人が，数字はまったく苦手で数学・論理的思考ができないこともあります。学習者が「分かる」ということは，暗記や模倣によって高い成績をとることでもなく，教え込むことでもなく，どのようなときにどんな表現を使うかなどを直感的に悟り，使用できることです。

　これらの知能は大脳皮質の連合野の働きと関連するでしょうか。第4章で示すように，人間の脳の各部位には，普遍的にそれぞれの機能の役割を果たす器官が備わっています。脳損傷によって一部の機能が損なわれると，その部位の機能は働かなくなってしまいます。一方，MI理論では，知能は8つの根拠で述べたように，脳損傷によって一部の機能が損なわれても，別の能力が残っていて，損傷した機能の役割を果たすことができると考えられています。文字記号のように文化的に有意義な情報をシンボル体系化し，文化的な場面で他の知能と互いに関連しつつ働き活性化されます。それぞれの知能には独自の発達歴があり，固有の発達的な道筋を辿ります。

2.2　8つの知能の特徴

　8つの知能の特徴について，表2.2にまとめてみました。

　①言語的知能は，話しことばや書きことばなどの言語を学習する能力，および目標に到達するために言語を使用する能力を意味します。言語的知能の中核をなす操作は，音声識別能力，統語の統制，言語の実際的運用，ことばの意味の獲得です。これは，言語適性と同じ能力を意味しています。

　②論理・数学的知能は，スイスの心理学者 Jean Piaget が認知能力の発達段階として取り上げている「形式的操作」の概念に匹敵し，論理的に分析する抽象的思考ができる能力を意味します。IQ検査では，この言語的知能と論理・数学的知能を組み合わせて知能と呼ばれることがあります。その後，「g因子

(general intelligence)」と呼ばれる心理テストも作られています。一般知能を意味するg因子は，言語の流暢さ，計算能力，空間的視覚化，記憶力など，認知の異なる領域を測定する目的で作られており，教育レベル，職業レベルなどの知的な能力全般にかかわる心理テストです。このg因子テストもIQスコアと高い相関性があります（戸田，2005，p.76）。

③音楽的知能は，音楽的パターンの演奏や作曲，鑑賞のスキルを伴います。音楽的知能は，Gardner（1999a）によれば，構造的には言語的知能と対応していますが，どちらも科学的感覚や論理的感覚という知能と結びつかないようです。

④視覚・空間的知能は，広い空間のパターンを認識する能力です。航海士や飛行機のパイロットが大きな空間世界を航行し，彫刻家，画家，建築家は，線で取り囲んだ空間的世界で再現する知能を必要とします。

⑤身体運動的知能は，スポーツに強い能力を含みますが，問題解決や何かを作り出すために，身ぶり・手ぶり，ジェスチャー，ダンス，演技など身体全体も使います。

⑥対人的知能は他人の意図，動機，欲求を理解する能力ですが，他人とうまくやっていくためのコミュニケーション能力と関連しています。販売員，教師，カウンセラー，宗教家，政治家がそうした能力を必要とします。

⑦内省的知能は，自己を理解し，自己の欲求，恐怖，能力について知り，自己分析を行って自分を効果的に生かす能力です。内省の知能は個人の感情的な要因が影響し，積極的になるか否定的になるかにおいて，コミュニケーション能力と関連します。

⑧博物的知能は，自分の環境の多数の種，動植物を見分けて分類する能力です。この能力を発揮できる博物学者は，生物学・地質学・社会生物学・動物学などに広い知識をもち，社会的に認められ尊重される役割をもっています。

表2.2に示したように，これらの知能は人間の認知的な性質であり，誰もが潜在能力として備えており，自分の性向や文化に応じて動員し連結します。ダーウィンは，動植物と同時に地質を調査しました。フロイトは，論理・数学的知能と同時に，言語的知能，対人的知能，内省的知能をもっていましたが，音楽的知能を欠いていました。ピカソは芸術的能力は優れていましたが，読み書きはほとんど獲得しなかったという知的な弱点がありました。それでも長所

を追求し，欠陥のある領域は助けを求めるすべを学んでいたとしています。このように強い知能と弱い知能がともに働き，知能を発達させることができます。

表2.2　8つの知能の特徴(The Eight Intelligences)

①言語的知能 Linguistic Intelligence	心にあるものを表現し他人を理解するために，自国語，他国語を使う能力。詩人は言語的知能に特化されており，この他にも，政治家，弁護士，編集者，通訳なども言語によって人を説得できる高い言語的知能をもっている。
②論理・数学的知能 Logical-Mathematical Intelligence	問題を理論的に分析したり，数学的な操作をしたり，問題を科学的に究明する能力。数学者や論理学者，科学者は，論理数学的知能を活用する。
③音楽的知能 Musical Intelligence	音楽的パターンの演奏，作曲，鑑賞ができる能力。音の長短・高低・強弱・音色などを組み合わせ，肉声や楽器で演奏することができる。
④視覚・空間的知能 Visual-Spatial Intelligence	心の中に空間的世界を再現する能力。航海士や飛行機のパイロットが大きな空間世界を航行し，チェスプレイヤー，彫刻家，画家，建築家は，線で取り囲んだ空間的世界で再現する。芸術や科学において，解剖学や位相幾何学のような科学空間における知能を使う。
⑤身体運動的知能 Bodily-Kinesthetic Intelligence	問題を解き，何かの物つくりをするために，身体全体または一部，手足，指，腕を使う能力。運動競技選手やダンス，舞台の演技者などが多く使う。
⑥対人的知能 Interpersonal Intelligence	他人の意図，動機，欲求などを理解し，他人とうまくやっていく能力。人との関係を結ぶ教師や医者，セールスマンや政治家などが多く使う。
⑦内省的知能 Intra-personal Intelligence	自分が誰か，何が出来るのか，何をしたいのか，物事にどう反応するか，何を避けようとするのか，何に引かれるのかというように自分自身を理解し，自分自身を客観的に考える能力。自分のできないことがわかっている場合は，助けを必要とする。ポートフォリオなどは学習の反省や学習者の個人的な今後の指導法をみる良い指導法の例である。
⑧ 博物的知能 Naturalist Intelligence	人間の自然界における岩や雲の形状の特徴や感度，植物や動物などの生物間の識別能力。猟師，収集者，農民などは我々の日常の消費生活に大きく貢献している。

(Gardner, 1999a・松村, 2004 を基に作成)

2.3 MI は遺伝か，環境か？

　知能テストは，精神年齢をもとに，年齢尺度で計算し，知能指数(intelligence quotient: IQ)と呼ばれています。IQ の変動は，年齢的に 10 年の間隔を経てもさほど変わりなく，IQ の恒常性は，遺伝的要因が強いとされています(伊藤，1976)。Gardner が特に問題として取り上げているのは，1994 年に 2 人の研究者(Herrnstein & Murray)が実施した「ベルカーブ(The bell curve)」という釣鐘型の正規曲線です。彼らは，IQ を測定して，低い知能(70 以下)，中間(85 –115)，そして高い知能(130 以上)に分けて，知能の差異は実父母の遺伝的寄与によるとし，さらに社会的病理の原因は低い知能にあるとしていることです。

　一方，MI 理論における「知能」は知能テストでいうそれとは異なります。それぞれの国の文化や環境で生じる問題に対して，情報を取り入れて処理し，価値のある解決策を見出すことは，文化的な場面で個人の潜在能力が活性化されることにつながります。環境に適応する能力は遺伝からではなく，生活経験から生まれてくると考えられます。しかし，同じ環境を共有していても人の能力は異なります。知能は，Gardner が主張しているように，個人の遺伝的資質と，特定の文化や時代の生活条件の結合から生じる環境との相互作用からなるということになります。

2.4 MI 学習法に基づく理解のための指導

　英語学習において難しいとされる文法や読解における理解を高めるには，8 つの知能を用いてどのように指導することができるでしょうか。本節では，英語学習に効果的であると思われる MI 学習法に基づく理解について検討してみましょう。

　Gardner(1999a)は，学校の授業で学習者にトピックについて理解を最大限にとらえさせる方法として，次の 3 段階を辿る指導が有効であるとしています。第 1 段階は，MI 理論の観点から，指導法についての次の 7 つの入口(entry points)を提案しています。①語りによる入口 — ストーリーを語る，②量的・数的入口 — 大きさや比率，変化に意味を見出す，③論理的入口 — 演繹的に思考する，三段論法によって概念化する，④根本的・実存的入口 — 根本的な種類の疑問を感じる，⑤美的入口 — バランスや調和・構図に着目する，⑥体験的入口 — 何かを組み立てたり，いじったり，実験したりする，⑦社会的入口

— 他者を観察して，やりとりする，ロール・プレイをする。

第2段階は，いったんあるトピックに取り掛かれば，メタファー（比喩）とアナロジー（類推）を使って光をあてて強調することです。第3段階では，主要なテーマをいくつかのシンボル体系によってとらえることができ，それぞれがトピックのある側面を強調することです。これらの相補的な表象が一緒に合わさって，そのトピックについて深い理解を得ることができるということです。

第1段階の7つの入口は，学習者のもつMIのうち，一人ひとりの知能に合わせて興味と注意をひきつけて，さらなる探求に認知的に関わるように仕向けます。第2段階では，トピックの重要な部分を効果的かつ明確に伝えるために，すでに理解している教材や馴染みのある例などから類推や比喩を使います。第3段階では，文字通り適切な説明の総体を追求します。教材をどれほどマスターしたかを示す機会を多く提供することです（松村，2004, pp.240－265）。

学校と連合して，博物館や美術館でもMI学習が有利に働くようにすると，子どもはトピックについて，いろいろな視覚・空間的知能を試すことができて，何がやり遂げられるのか，その長所と限界を知ることができます。実際にコンピューターやロボットに触って実験したり，探索したりすることができます。電子メールやビデオ放送も体験できることによって，いろいろな知能を活動させることができます。

このように，学校で取り扱うMI学習は，「なぜそのトピックなのか」という質問をぶつけるという入口から，学習者の興味をひきつけるトピック・課題を選び，議論し，学習者同士が内容について考えていることやトピックの重要な部分を効果的に伝えるために，シンボル体系化して表象し，教材を深く理解する機会を与え，熟達することの意義を考えさせる点において有効な指導法となります。

2.5 まとめ

本章では，MI理論の定義，なぜ8つの知能なのか，それがどのような基準に基づいているかについて考察し，続いて8つの知能の特徴，MIの発達は遺伝か環境か，MI学習法に基づく理解のための指導について概観しました。知能は，環境に適応する能力，情報処理能力，問題解決能力，文化的価値を生み出す能力であり，遺伝的なものと人間の生活経験，文化的背景から生み出され

た産物であり，他の知能と互いに関連しつつ働いて活性化します。MI学習法は，学習者の個々の知能を生かした学習者中心の指導であり，学習者にとって関心のあるトピックについて協同学習によって理解を高めます。その指導手順として，トピックについての興味や理解を深めるために，第1段階として7つの入口から入り，学習者のそれぞれの得意な知能を用いて考えさせ，第2段階では類推と比喩を使い，馴染みのあるものから馴染みのない重要な意味を理解し，最後にシンボル体系の総体を追求します。

　次章では，MI理論を実際に用いた場合の外国語学習について考えていきます。

第3章 外国語学習における言語適性と MI

3.1 外国語学習における言語適性と IQ

　第2章では，MI 理論の定義と基準および特徴などの概観を述べました。MI 理論を応用した外国語指導法では，個人のそれぞれの知能が外国語学習における個人差の要因とどのように関連しているかについて考える必要があります。個人差の要因として，言語適性，学習スタイル，学習方略などの研究があります。さらに，第2章で触れたように，IQ が言語適性と関連するかどうかについても検討します。アメリカやカナダの大学や大学院へ入学する場合には，一般的な適性，専門分野の基礎学力，英語の文章力と分析的思考力を見る大学進学適性検査として，SAT(Scholastic Assessment Test)の実施や GRE(Graduate Record Examinations)スコアの提示が求められます。いずれのテストも，思考，言語的能力，数学的能力を含む伝統的な知能検査，すなわち，IQ テストとよく似ていると言われています。これらのテストに合格しなければ，たとえそれぞれの分野の学習動機や潜在能力があっても，大学や大学院に入学できないことになります。このような IQ との関連性も含めて，本章では，外国語学習における言語適性，IQ と言語適性との関連性，学習スタイルおよび学習方略について MI 理論の観点から考察します。

　外国語学習の言語適性の中には，音声識別・符号化能力(phonemic coding ability)，文法的感受性(grammatical sensitivity)，帰納的・言語分析能力(inductive language analytic ability)の3つの要素が含まれています(Carroll, 1973)。音声識別・符号化能力は言語の音声を記憶する能力を意味します。文法的感受性は，文法の規則を意識的に知っている能力です。帰納的・言語分析能力は，言語資料を吟味する能力，意味形式と文法形式のいずれかと対応するパターンを認識する能力を意味します。このテストでは，発音，文法，暗記力に焦点をあてていますが，言語運用能力について素質があるかどうかはわからないようです。Carroll の言語適性に注目し，およそ30年後に，Skehan(1998)が，音声識別能力(phonetic coding ability)，言語分析力(language analytic ability)，記憶力(memory)の3つの要素を挙げ，特に，記憶力の重要性につい

て指摘しています。音声識別能力は，言語入力過程で音響的質に注目し，外国語の音が符号化できることを意味します。言語分析力は，言語情報の中心的過程で，言語の規則を推測し，言語的に一般化できる能力です。すなわち，文法の規則を発見できる能力です。普遍文法(universal grammar: UG)が備わっているかどうかの問題もありますが，通常，臨界期を過ぎた成人の学習者の外国語学習には，文法規則に関して意識的で一般的な認知能力(general cognitive ability: GCA)に頼ることになります。記憶力は，入手した複雑な言語資料を保持し，検索して，再生・認識して符号化する能力です。これらの3つの構成要素のどれかが弱いとすれば，言語学習・獲得に向いていないと言えるでしょうか。

　第2言語学習の成功例として，アメリカ人の高校生，C. J.の事例があります。彼は，高校入学まで外国語に一切触れたことがなかったにもかかわらず，高校でフランス語，ドイツ語，スペイン語，ラテン語を勉強して，クラスの誰よりも成績がよかったということです。20歳でドイツへ行き，短期間の滞在中に高校で学習したドイツ語の規則性を獲得し，その後，モロッコで働き，アラビア語の文法規則を学び，イマージョン環境の中で短期間のうちに獲得したこと，そしてスペイン語やイタリア語も同じように短期間で獲得したという報告があります(Lightbown & Spada, 1999, p.53)。彼の場合は，言語記憶力が特別によく，音を聞き分けられる聴力，統語を巧みに分析する能力は標準的であったそうです。彼は左利きでしたが，言語を司る組織が左半球と右半球の両半球でまたがる形で存在していたようです。標準IQテストでは，平均かやや高い程度の成績にすぎなかったにもかかわらず，図形パターンを判断する完全な非言語的課題で，特に良い結果を示しました。この記憶課題では，方略的な助けもしていないようです。この成功例は，大脳半球の一方的な働きより，図形のイメージ化による記憶力が影響しているものと思われます。

　次に，文法の分析力と関連する一般的認知能力が，第2言語獲得能力からは独立しているというクリストファの事例があります。彼は知能が低く，身の回りのことができず，非言語IQは60-70であるにもかかわらず，言語の天才と言われています。新しい言語の獲得については，母語である英語に加え，フランス語，ドイツ語，スペイン語，現代ギリシャ語，他12言語を英語に翻訳するための十分な能力をもっていて，原文に忠実であるということです。16言語

の翻訳は，暗記ではできないでしょう。彼の場合は，母語話者の文法とは異なっていますが，文が文法的であるかどうかが判断でき，文法的でない語のつながりについては訂正することもでき，規則にのっとったものであるとのことです。

さらにもう1つの事例は，通常は優れた言語的才能のある人は左半球優位が見られますが，第2言語獲得の優れた能力をもつ学習者に左半球優位がみられないにもかかわらず，非言語的課題より言語的課題のほうが良くできて，新しい記号を獲得するのが得意という例もあります(Obler & Gjerlow, 1999；若林, 2002, pp.204-207)。

IQと言語適性との関連性について実際に調査した研究では，アメリカの高校生の場合，相関係数 $r=.43$ の相関性があります。成人を対象とした調査では，$r=.44$ の相関性があります(Skehan, 1998, p.208)。Skehan(1998)によりますと，Sasaki(1991)の調査では，言語能力と関連性が高いのはIQではなく，言語適性能力(音声識別能力，言語分析力，記憶力)であり($r=.65$)，次に，IQ，推論の順に関連するとしています。

IQと外国語学習の関連性について，50年前，波多野(1958)は，日本で英語を学ぶ場合は，「IQが115以下では，落伍するしかない」と書いています。「IQ115以上の子どもは，クラスで50人中3分の1である。あとの3分の2，つまり才能のない者に，むりおしすることはバカバカしい。こういう生徒をかかえているために，クラスはIQ115から120の者にとって退屈なものになってしまう」としています。優れた1つの能力を生かすことは大切ですが，このような論理は「コミュニケーション能力の育成」を目標とした現在の英語教育には適切ではないと思われます。文法規則の分析は嫌いでも，さまざまな国の言語や文化を理解し，共存できる能力をもち，意味を全体的に把握できる言語運用能力をもっている学習者もいます。つまり，対人的知能の高い学習者です。逆に，文法規則を考えることは好きでも話しことばが苦手な人もいます。

このような事例からすると，3つの構成要素からなる言語適性は，人により異なっていることになります。記憶力は学習者独自の記憶法に基づいており，人によっては，IQテストで用いるような非言語的なものではなく，学習者独自のマトリックス的図形パターンで判断できるということ，そして文法も学習者独自の規則性を発見できるということですので，記憶力とIQは関係なさそうです。また，文法規則に拘ることなく，人との対話の中で無意識に話すこと

ができる言語能力をもっている人もいます。特に，音声識別能力が高く対人的知能の高い人は，コミュニケーションにおける相互作用を通して獲得することが可能なようです。したがって，言語適性能力やIQが外国語学習に大きく影響するということではなく，言語指導において，個人の得意な能力を見定めて，その能力を生かす言語環境を作ることが重要です。

3.2 学習スタイルとMI理論

　外国語学習には，視覚型と聴覚型，全体論的と分析的，直観的・衝撃的と論理的など学習者独自の学習スタイルがあり，学習者の身体的特性，考え方，好みによって情報処理の仕方が異なります。学習スタイルには次のようなモデルが提唱されています。Gregorcのマインドスタイルモデル，Witkinらの場面依存型/場面独立型(field dependence: FD/field independence: FI)の認知モデル，Curryのオニオンスモデル，Gardner(1983)のMIを利用した学習スタイル，Ridingの認知スタイル，Dunn & Dunnの学習スタイルモデルなどです(青木, 2005)。[1] このようなモデルは，生来的なものと環境・社会的・身体的特性によるものに分けられます。

　生来的な学習スタイルの特徴には，Gregorc(1982)のマインドスタイルモデルにおける具体的順次(concrete sequential)，抽象的順次(abstract sequential)，抽象的任意(abstract random)，具体的任意(concrete random)のように，具体的操作から抽象的な形式的操作の成長段階に生じる順序的なものがあります。一方，Ridingが提唱する全体論的(holistic)と分析的(analystic)，そして心的表現として言語的(verbal)と画像的(imagery)のように，学習者の得意な知能に関連しているものもあります。Ridingは，個人の考え方や情報処理の仕方は生まれつき備わっているもので変わりにくいとしています。Witkinの場面依存型(FD)と場面独立型(FI)の認知モデルはRidingの認知スタイルと類似しています。FDは全体を状況の中で実際に何度も接して学習する全体論的(holistic)な場合で，FIは学習者が文法規則などの抽象的な物事を分析的(analytic)に理解しようとする場合です。人との会話やスピーキングを好む学習者はFDに向いており，グループ学習を嫌い，人との接触よりは読み書きを通して文法規則などの分析的学習を好む人は，FIに向いていると言えるでしょう。このように，生来的と思われる学習スタイルの特徴は思考形態と関連しています。

環境の側面から，Curry は，指導法，情報処理，認知・人格の3つの要因を取り上げ，オニオンスモデルを提唱しました。指導法や教師の期待などの外部環境の影響を受けやすい部分と，情報の吸収・処理の仕方については個人によって異なる場合があり，また認知・人格については，生来の性格・気質・能力による場合と学習者の好みによる場合があるとしています。人格は，第2章で述べたように，個人の統一性と環境に適応する機能であり，気質も情緒的反応で環境に影響されます。

Dunn & Dunn は，学習スタイルは学習者の好みによる要素と心理的要素による場合があるとしています。好みには，席順などの環境的要素，動機・責任感・持続性などの感情的要素，一人学習かグループ学習などの社会的要素，視覚型・聴覚型・触覚型・全身運動型などの知覚の優位性にかかわる身体的要素が挙げられています。心理的要素は包括的か分析的か，衝動的か思考的かのように，対照的な思考形態を示しています。

以上のように，学習スタイルは，環境的・感情的・社会的・身体的要素に関わる好みによる情報処理と生来的なものとに分けられますが，生来的なものはさらに，具体的操作から抽象的な形式的操作への生来的要因による思考形態と，言語的か画像的かという心理的要素による思考形態に基づく情報処理とに分けることができます。好みは不特定の内容に適用する可能性があり知能との関連性は少ないようですが，心的表現は言語的知能と視覚空間的知能に関連していると思われます。具体的操作から形式的操作への思考形態の移行は，成長段階で分析が苦手な学習者では全体論的になる可能性があり，分析の好きな学習者では論理的になる可能性もあります。しかし，こうした学習スタイルを MI 理論における知能と同一視するかどうかは，研究者によって見解が異なります。

Gardner(1999a) は，「スタイルの概念は，ある人が不特定の内容に等しく適用できる一般的なやり方を指す。それに対して知能は，その構成要素として計算的処理過程を行い，特定の内容とかみ合っている能力である」(松村, 2004, p.117)として，スタイルと知能を同一視する根拠は少ないとしています。また，第2言語学習の認知スタイルおよび学習方略の側面から Riding & Sadler-Smith (1997) は，認知スタイルは知能や認知能力とは異なるとしています。Cohen (2009)[2] や Kagan & Kagan(1998, pp.3-5)は，反射・衝撃的，場面独立型・依存型，分析的などは認知スタイルと呼ばれるもので，認知スタイルは幅広いさ

まざまな情報を自分の好みの首尾一貫したスタイルで捉えようとしてしまうので，MI理論とは異なると主張しています。このように学習スタイルがMI理論とは異なるとする見解に対して，MI理論に適用できるとする見解もあります。

上述したように，青木(2005)は，Gardner(1983)のMI理論を学習スタイルの1つとして挙げています。Richards & Rogers(2007, p.115)やChristison(1998)は，すべての人間には8つの知能が備わっており，それぞれの知能が強いか弱いかによって人は異なるものであり，訓練や練習によって高められるとするGardnerの主張を取り上げ，MIでは，それぞれの学習スタイル，好み，知能があるとしています。FI/FDの特徴については，Skehanが初期の研究で知能に関連していると指摘しました。必ずしもそうではないとするGriffiths & Sheen (1992)の批判的な指摘もありますが，Chapelle & Green(1992)らの見解は，FIは推論，問題解決能力，外国語適性を含む一般的認知能力と関連するものであり，FDは人と接触することを好む対人的知能と関連しています(Skehan, 1998, pp.240-242)。こうした見解では，文法規則や文章構成の一貫性を考える分析の習性が身についている学習者は，MI理論における論理・数学的知能を使用して分析することが苦手で，人と接触することが得意な学習者は対話型コミュニケーションを好み，対人的知能を用います。常に行動したことに内省的に考える学習者は，内省的知能を用いたライティング活動などを得意とします。

Gardnerが奨励するHammond(2009)のMI分類によれば，実際のコミュニケーションの状況で行われるスピーキング，リスニング，リーディング，ライティング活動は言語的知能を用いており，文法などの分析的活動や問題解決能力は，論理・数学的知能を用いていることになります。社会的に人と接触することが得意で，ジェスチャーを用いて意味の交渉をしたりする能力は対人的知能に属します。

Gardnerの主張するように，学習スタイルの1つ1つの用語が研究者によって異なる意味で使われていることや，学習者が得意なスタイルをいつも特定の内容に使うということがないという意味において，スタイルは知能と異なることになります。席順や動機などの環境および感情的要素や身体的要素を含む好みは，不特定の内容に等しく適用している場合であり知能とは異なると思われます。しかし，論理的・分析的なスタイルを使用する学習者は論理・数学的知能が優れている場合ですが，全体論的スタイルも対人的知能や文脈によって判

断する言語的知能が優れている場合です。そうしたモデルは不特定の内容に適用しているとも限らず，学習者の得意な知能を生かす MI 理論を応用する学習スタイルとなります。したがって，学習スタイルは個人の得意な能力をどのように使うかによって知能にもなり，好みにもなります。

3.3 学習方略と MI 理論

　学習方略とは，読解や聴解などの学習活動を効率よく行い，自律学習に用いるテクニック，手段，行動を指導することです。学習課題や問題解決方法などに応じて変わり，認知能力や年齢によっても変化します。主な学習方略は，Wenden & Rubin(1987)，Chamot(1987)，Oxford(1990)らによって紹介されています(表 3.1)。

表 3.1　先行研究に基づく主な学習方略

---

1. メタ認知方略(metacognitive strategies)：学習者自身の認知過程を理解し調整しながら取り組む方略。
   (1) 計画・評価方略：授業の準備，予習，復習，間違い修正などの自己管理・自学自習，意識的に練習の機会を求める。
   (2) モニタリング：文法・語彙の誤りをモニターする。
2. 認知的方略(cognitive strategies)：個々の学習活動に即して活動する方略。
   (1) 文脈的意味把握，分析，要約，スキミング，スキャニング
   (2) ボトムアップ処理方式(bottom-up processing)(逐語訳)
   (3) トップダウン処理方式(top-down processing)(背景的知識から内容予測)
   (4) 推論：文脈から未知語を推論する。
   (5) 同意語・類義語・反意語などを使う。
   (6) 意味図・グループ化，イメージ化，リズム化
   (7) 繰り返し・反復練習
3. 社会・情意的方略(socio-affective strategies)：人とかかわる方略。
   (1) 明確化：わからないことは人に聞いて明らかにする。
   (2) 不安軽減：自己を励ます，自己報酬

　外国語学習における学習方略は，大きくは，メタ認知方略，認知方略，社会・情意方略の 3 つに分けられます。メタ認知方略は，学習目標を成就するために

学習者自身で学習の仕方を管理し，計画をたて，誤りに対するモニタリングを行うなど，自己の学習について管理する一種の管理能力です。言語学習に対する自己の弱い部分と強い部分を知り，準備などをして対処していくため，メタ認知方略にはMI理論での内省的知能が働いていることになります。認知方略は，文章構成の一貫性を考え，スキミングやスキャニングで概要を把握したり，未知語は辞書を使用せず文脈から推理したり，文法に対する適用・運用能力を使ったりする演繹的推論および帰納的推論であり，言語的知能や論理・数学的知能を活用しています。ストーリーのイメージを描くイメージ・スキーマは視覚・空間的知能を活用します。社会・情意方略は，文章の意味が分からないときに，人に聞いて確かめる場合に使うものであり，教え合うなど，人と接する対人的知能を活用します。

　どのような学習方略や知能を使うかは，学習課題や指導によっても異なりますが，学習方略は，問題解決や論理的推理・分析に関連するために，メタ認知方略，認知方略，社会情意方略を使います。メタ認知方略には，主に内省的知能が働いていますし，認知方略には，言語的知能，論理・数学的知能，視覚・空間的知能が働いています。社会情意方略には，対人的知能が働いています。課題によっては，身体運動的知能や音楽的知能など，個人の得意な能力を生かすことになります。したがって，学習方略をMI理論の観点から指導することは個人の得意な能力を生かすことができるので効果的であると考えられます。

3.4　BICSとCALP

　学習スタイルのFD/FIや全体論的／分析的・論理的な認知能力に関連するのがBICSとCALPの概念です。Cummins(1980)は言語能力を，(1)基本的対人関係コミュニケーション能力(basic interpersonal communication skills: BICS)，(2)認知的・学問的言語能力(cognitive/academic language proficiency: CALP)の2つの層に分けています。BICSは，聞き話すなど，口頭で情報を伝達する際に用いられる能力です。ESL言語環境で自然なコミュニケーションの中で，帰納的に言語を獲得する場合に用います。この場合は，自然な言語環境に曝されて半年以上の沈黙期間が経つと外国語の意味がある程度分かるようになりますので，認知能力もIQもあまり関連がなさそうです。教室内でもESL言語環境と同じように目標言語の使用機会を多くして，抽象的な文法構造に焦点をおくの

3.4 BICS と CALP

ではなく，日常生活において実際に用いる発音，語彙，意味内容に重点をおき，音楽，詩，挨拶，手紙などの簡単な言語入力を多くすれば可能になります。

　CALP は，例えば，Lx という言語の指導は Lx の能力を促進させるために効果的ですが，Ly を学習する際に，Ly に対して適切な環境を与えられれば，学習した Lx の能力は転移するとしています(Cummins, 2000)。もう少し具体的に言えば，日本での英語のリーディング能力やライティング能力を高めるための指導は，単にそれらの能力を高めるだけでなく，より深い概念を高めているのであり，第1言語での識字能力とも関係しているということです。すなわち，L1 と L2 は，発音，言語構造，流暢性など表面的に異なっていても，基底構造として相互依存によって共通の概念が働いていることになります。EFL 言語環境では，読み書きを通して演繹的推論によって抽象的な文法規則を適用して新しい文を理解したり，産出したりする場合に基底構造として CALP が働いているということです。

　BICS と CALP，この2つの能力は，対人的なコミュニケーション能力と分析的な論理的思考・認知能力との違いを示唆しています。BICS は，話しことばを重んじるコミュニケーション言語を意味し，CALP は文法規則や抽象的概念を分析する論理的思考を意味しています。言語は，幼少の頃より人との相互作用によって無意識的に獲得できます。人には，論理的思考を得意とするものもいれば，社会的に人と相互作用に用いる対人的知能の得意な人もいます。日本の EFL 言語環境においては，知的発達を意味する CALP に基づく指導が大切であるとする教育者は多くいますが，同じ言語環境であっても人との相互作用によって BICS に匹敵するコミュニケーション能力を伸ばしたいと望んでいる学習者も多いということを考える必要があります。小学校からの発達段階を考慮して，低学年の英語を指導する際には，まずは歌，ゲーム，挨拶などの音声中心の活動によって，人と人の対話，人を尊重する心，対人的コミュニケーション能力の基礎となる BICS を向上させることができます。高学年においては，読み書きに重点をおいて子どもの好奇心を育て，視覚・空間的知能を活性化させ，ことばの意味概念の理解へと導くことによって，CALP の基礎を築き，リーディングやライティング活動を通して規則性の発見や文章構成の一貫性などへと発展させることができます。

3.5 情動(感情)的要因と親子言語相互交渉

　大勢の人がいる場での発表とか，制限時間内に問題を解くテストでは，緊張して自分のもっている能力を発揮することができないという人たちは多くいます。自分が得意とする能力ならば，必ずしも緊張することなく考えられる場合もあります。外国語学習に必要な理解力といえば，文法の規則性の発見や文脈から意味を把握する推測，予測，関連，分析，帰納的・演繹的推論，適用などの認知能力などです。しかしながら，人前で読んだり聞いたりするとき，緊張して意味を瞬時に理解することができない場合があります。人間の複雑な脳の働きの基盤となる神経細胞(ニューロン)は情報の伝達と処理を担う細胞で，この細胞が活性化しなければ，言語能力も認知能力も機能しなくなることがあります。

　子どもの認知発達に関連する親子言語相互交渉の形式における言語環境 (Hayashi, 1997; 林, 2004b; Hayashi, 2006a)の側面から考えますと，親の話し方(言語形式)や親の態度(言語環境)が子どもの認知能力に影響します。

表 3.2　親の言語形式と子どもの外国語学習方略

親の言語形式	子どもの外国語学習方略
(1)民主的： 親が肯定的な態度で子どもに話しかけたり，子どもの疑問や質問に答えたりする。	子ども言語の意味理解，予習・復習，文法の規則性のモニタリングなどのメタ認知方略，文法規則の理解および適用する演繹的推論，文脈からの意味内容の推測，スキミング，スキャニングを使用することが多い。
(2)命令的・権威的： 子どもに考えさせる機会が少なく，親が命令する場合が多い。	機械的記憶・模倣によって学ぶことが多い。抽象的な意味概念を理解しようとしない。
(3)否定的・非難的： 子どもの要求・質問・行為に，親は否定的・非難的で，認めない場合が多い。	外国語学習に対する好奇心，興味・関心が低い。情意フィルターが高く，感情的になりやすい。外国語学習に何をすべきかわからなくなり挫折しやすくなる。最終的には理解ができないために指導者を非難する。
(4)放任・無関心： 親が忙しさのあまり，子どもと話し合うことが少ない。	時には自律学習を促すためには良いが，放任すると，何をどのようにすれば良いかわからず，学習を放棄してしまう可能性が高い。音声識別能力を欠き，意味理解や文法規則に無関心となる。

表3.2は，親の言語形式による親子言語相互交渉と学習方略との関連性を示したものです。言語形式は，学校での英語指導においては，教師，指導者，仲間の言語形式・態度も同じく，情動的および社会相互作用の側面から子どもの理解力や自尊心，そしてコミュニケーション能力の育成に大きく影響することを示しています。

親が肯定的な態度で子どもに話したり，子どもの疑問や質問に答えたりするという常に安定した態度で接する頻度が多ければ多いほど，子どもも安心して物事を考えることができ，理解力・認知能力は高まります。しかし，親が否定的・非難的な言葉や態度で接すると，心理的・感情的側面においては，子どものみならず，いかなる人間も批判的に聞くことになり，問題の核心に触れることができなくなります。褒めことばや励まし，物事の達成感は，好奇心をかき立てます。家庭においては，第2章で述べたように，MI理論に基づく理解を高める学習法などを参考にして子どもの興味をひきつけ，考え，好奇心を駆り立てる言語環境や学習環境を親が提供することが，子どもの認知発達に大きな影響を及ぼし，外国語学習の学習方略にも影響することになります。

3.6 外国語学習と情動

外国語学習は個々の自尊心・自信，不安(Krashen & Terrell, 1983; Horwitz & Young, 1991; 荒木, 2010)などの情動と大きく関連します。英語で流暢に話したいと思う学習者はたくさんいます。話し方が上手と褒められれば，積極的に話そうとします。反対に，英語で話そうとして練習している最中に，発音が拙いとか文法的に間違っているなどとけなされて落ち込み，二度と英語で話したくないと感じた経験をもつ人たちもたくさんいることでしょう。英語の発音や文法の難しさゆえに，EFL言語環境でのCALPに基づく学習よりは，海外のESL言語環境で自然に学ぶことができるBICSを基本とする人たちもたくさんいます。だからこそ，こうした情動の側面からすると，英語教授法は意識的な文法規則に焦点をあてるより，無意識のコミュニケーション活動が効果的であるということになり，情意フィルターを低くすることなどの言語理論も考えだされるのです。

以上のように，人は状況に応じて容易に理解できるときと困難を感じるときがあります。試験では緊張して正しい答えが浮かばないが，試験が終わると

ほっとして緊張がほぐれ，正しい答えがでてくるときがあります．人の前ではうまく話すことはできないけれども，家庭では上手に話すことができたり，良い考えが浮かぶ場合もあります．不安には，場面・状況・性格に応じて，有益な不安と阻害する不安とがあります．注意や緊張感は，時には促進的で有益な不安となります．一方，心配事，疑心暗鬼，疎外感，自己喪失，パニック，怒り，自己憐憫は，阻害性不安を招き，有害となります．その原因は，第5章の脳の働きで述べているように，対人コミュニケーションの障害となる感情の中枢にある脳の扁桃体の機能が深くかかわっていますが，通常のコミュニケーションの側面においては，相手や状況を知らないカルチャー・ショックによる原因が考えられます．その解決策として，異文化理解の学習も必要ですし，共感，寛容性，リスク・テイキングを取ることも大切です．外国語学習の授業で不安を軽減させるには，次のような方法があります．

(1) 学習者の一人ひとりの個性を見抜いて認め，その個性を軽視しない．
(2) 学習者の名前を覚える．
(3) 怯えさせない．
(4) 励みになる質問をする．
(5) フィードバックとして，過度に誤りを訂正しない．
(6) 罰を与えたり，脅したり・皮肉を言わない．
(7) ピグマリオン効果を用いて，報酬として言葉で褒めてやる．
(8) 反省を日記・ポートフォリオに表現させる．
(9) リラックス，美しい，楽しいことをイメージさせる．
(10) 無駄な競争を避けて，積極的な相互依存の心を育み，敬愛の念を抱かせる．不安・不満・偏見・敵意を減少して，利他と相手への関心度を高める．

コミュニケーションの際には，どのような人と接触するかという対人関係と結びつく情動の機能が働いています．人に対する不安や人に励まされて得る自尊心などは脳の働きによって言語活動を支配しています．4つの言語的スキルおよびこれらの要因と関連する脳の構造とその働きについては，第4章で検討します．

3.7 まとめ

　本章では，外国語学習における個人差の要因として，言語適性とIQ，学習スタイルや学習方略などの認知的要因，BICSとCALP，感情・親子言語交渉，不安の軽減について検討してきました。外国語学習の言語適性として，音声識別能力，文法および言語構造の分析力，記憶力の3つの要素が挙げられており，その中でも特に記憶力の重要性が指摘されています。しかし，いずれの能力が外国語学習に向いているかどうかに関しては，学習スタイルの節で述べたように，学習者が潜在的にもっている能力は伝統的なテストでは測定できないようです。IQと第2言語学習の関係については，「IQが115以下であれば落伍するしかない」とした見解が日本でもありましたが，SkehanやSasakiの研究では，IQよりむしろ言語適性が影響することを示しています。脳科学者によれば，IQが低くとも言語を16種類も翻訳できる可能性があることが示されています。学習者独自のマトリックス的図形パターンで判断できることや学習者独自の文法規則を発見することができるということです。したがって，IQに振り回されるような指導法ではなく，実際に使える英語指導法を考案することが大切です。

　学習者には，それぞれ個人のニーズや知能，言語適性能力があり，学習スタイルには，生来的なものと，指導の仕方や教室での席順などといった学習環境や感情などに影響されるものとがあります。情意的あるいは意志的な性格は知能に属さないので，そうした場合の学習スタイルは知能とは異なりますが，論理的思考による分析型や全体論的把握型の学習スタイルは，論理・数学的知能や対人的知能を含むMIに属します。

　学習方略も課題に応じて指導者から学び，そこから自分の能力に適した方略を選択します。モニタリング，学習の計画，反省などのメタ認知方略においては内省的知能を使用しますし，人との対話が得意な学習者は対人的知能を使用して社会情意方略を用います。BICSやCALPについても，どちらかが日本のEFL言語環境に適切であるというものではなく，学習者には自分の能力に応じて会話を好む場合と論理的・分析的方略を好む場合があり，学習者中心の指導も考える必要があります。

　親子言語相互交渉の形式は，論理的思考や対人的知能などの認知発達と関連しており，情動に関する不安の軽減も指導上，大変重要なことです。学習スタ

イルや学習方略における論理的・分析型および全体論的把握型においても，学習者の潜在的な認知能力や知能が影響していますので，MI 理論を外国語学習に応用することが効果的なようです。

注
1) Gregorc, Witkin, Curry, Riding, Dunn & Dunn の学習モデルについては青木(2005)参照。
2) Minnesota University の Andrew Cohen 教授とのメールでのやり取りに基づく(2009.8)。

第4章 人間の脳と外国語学習

4.1 人間の脳の働きと4つのスキル

第3章では，外国語学習における個人差の要因として，言語適性とIQ，学習スタイル，学習方略，情動と親子言語相互交渉の側面から，記憶力，分析的・論理・数学的知能，認知能力，対人的知能，情動が外国語学習に影響していることを述べました。これらの機能は，脳の働きとどのように関連しているでしょうか。Gardner(1999a)は，「知能は遺伝的資質と文化や時代の生活条件の結合となる環境に影響する」としています。積極的なコミュニケーション能力と関連する記憶力，論理・分析力，認知能力，対人的知能，情動が脳内でどのように働いているか，脳科学者による先行研究を基に脳の構造から見てみましょう。

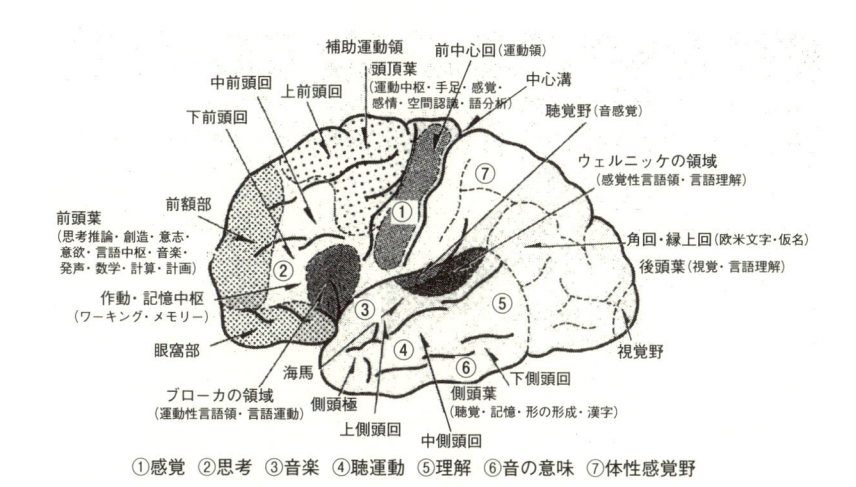

①感覚 ②思考 ③音楽 ④聴運動 ⑤理解 ⑥音の意味 ⑦体性感覚野

図4.1 脳と大脳皮質の区分(島崎・宮坂, 1966)とその働き(林, 2008)

脳は大きく分けて大脳半球(左脳・右脳)，脳幹，小脳で構成されています。大脳の表面に神経細胞の無数に並んだ灰白色の薄い層で被われている大脳皮質は，前頭葉，頭頂葉，側頭葉，後頭葉の4つに大別されています。その他に，運動連合野があります。感覚野を連合する連合野によって，図4.1のように分

かれています。[1)]

1. 前頭葉

　前頭連合野は「心の座」といわれ，意欲・注意・関心・自発性・創造性などの心的活動の全体に活力を与え，言語活動・認識・思考・判断・推論・意志・感情・人格など心的機能に支持的な働きをします。言語を司るブローカ野はこの前頭葉にあり，ことばを話すために必要な運動命令のプログラムを組む場所で運動性言語領であり，言語構造を組み立てて，口や喉などの発話器官に指令を出してことばを発話させる能動的な働きをします。ブローカ中枢が破壊されると人の話を理解できても自主的に話すことは困難となり，同じことばの繰り返しが目立つようになります。前頭連合野では，言語を発する能力だけでなく論理・数学などの複数の機能が働きますので，文法の規則性も関連します。また，外国語学習についてどのような学習方略を使用するかのメタ認知方略における学習計画などの意思決定も行われることになります。対人関係以前の情動的体験から推論し判断する場合に，前頭葉にある眼窩（がんか）皮質が重要な役割を果たします。眼窩部の障害によって生じる「思考の中絶」「脅迫思考」などの症状は，「病的諧謔（かいぎゃく）性」と名づけられて，前頭葉障害の診断的目安とされています。心的感情を失い，自己や他人に対して洞察・配慮・批判・反省・判断などの心的抑制に欠け，ひとりよがりの行動が目立つこともあり，被害妄想をもつこともあります。このように，前頭葉の機能は，自発性・能動性を要する積極的なコミュニケーション能力の育成に欠かせない役割を果たしています。

2. 頭頂葉

　頭頂連合野では，顔・手・足・胴体の運動中枢である体性感覚野（皮膚感覚・触覚認識・情動）を通して，触覚が働き，身体運動的知能が機能しています。空間的認識・対象の意味を認識する能力，行為を順序よくまとめて実行に移す能力，文字を認識する能力（単語）・読書・書字が直接関係をもつことになります。認識と行為の障害は，象徴（シンボル）の用い方，形成機能の表現に影響を及ぼし，抽象的思考の知的活動の基になる道具的手段の機能障害となります。さらに，頭頂葉障害で見られる失認症には，触覚失認があります。触ったことは分かっても，素材・形態・2点間などの弁別や触覚的注意などで目立った障害を

受けます。この他，視空間失認とよばれる症状で物の形や遠近や視覚座標の誤認などがあります。時間失認とよばれる症状で個々の状況は認識できても全体的に同時に認識できない場合です。

3. 側頭葉

側頭連合野では，聴覚・音学認知・音感覚，漢字などの形の認識・記憶が働きます。聴覚領と接した上側頭回の後1/3の部分は「ウェルニッケの領域」で言語了解の機能の場所です。この場所に損傷を受けると，自発的に話はできても，人のことばは単に音として聞こえるだけで意味が理解できず，文法的誤り，語の誤り，語の健忘，繰り返しなどの「感覚性失語」が生じます。ブローカ野とウェルニッケ野の領域は，視床枕を経て関連しています。側頭葉は記憶の機能と密接な関連性があり，記憶を保持するために変化する場所として，「シナプス」や「海馬」があります。記憶については4.2節で述べます。

4. 後頭葉

後頭連合野では，線，色，動き，文字を認識し，話しことばを理解します。感覚性言語領に相当し，話しことばを理解するウェルニッケ野はこの後頭葉にあります。後頭葉の角回・縁上回は，後頭葉の視覚野で受け取った視覚信号を音韻信号に転換し，その上で理解中枢に至るというウェルニッケ野とブローカ野を中継する役割と，文字等の視覚情報を受け取る役割があります（酒井，2002，p.161）。ウェルニッケ中枢が破壊されると，語音や話しことばの理解障害が起こり，字性，語性錯誤などの「感覚性失語」が生じます。

ことばを聞いて，理解し，話す役割を果たす言語処理に関しては，ウェルニッケ野とブローカ野の言語野の他に，小脳の働きがあります。酒井（2002, p.163）によれば，小脳は文章理解や論理的推論を行うときの心の中のモデルとなり，無意識的に言語を生み出すプロセスの自然言語処理の一部が行われます。

このように，大脳皮質の4つの連合野には，それぞれの部位で各々の役割を果たす機能がついています。各連合野の損傷によって，それぞれの領域で機能する役割に障害が生じます。しかし，多くの機能は，1つの連合野だけで働くのではなく，他の連合野とともに働いています。ことばの発話は，前頭連合野

のブローカ野で働くことがわかりますが，後頭連合野のウェルニッケ野で意味理解と音読をするブローカ野にもつながります。聴覚や視覚から受け取った視覚信号は角回・縁上回で音韻信号に転換し，理解中枢へと至り，ブローカ野へ送られます。一方，対人関係につながるコミュニケーションができる脳の部位は側頭連合野にあります。聴覚・記憶・形・漢字・カナ・文字に関する装置が備わっていますが，頭頂連合野の働きで見られるように，対象の意味や文字を認識する能力に障害が生じる場合もあります。前頭連合野の働きで見たように，「心の座」と呼ばれる人間の自発性・能動性・意欲がなければ，いかに読み書きができても対人関係がうまくいかない場合もあります。逆に，自発的に話はできても他人に対する配慮・反省・判断などが欠けて問題解決ができない場合もあります。すべての人間が完全に脳の機能を備えているとは限りません。複雑な脳の一部の働きが機能しないことによって個人差も生じてきます。

4.2　記憶と脳の働き

　記憶力は言語獲得に欠かせない能力で，言語適性として大きな力を発揮します。「記憶」とは，「記銘・保持・想起(再生・再認)」の3つの過程から構成されている情報処理の機能です。記銘とは情報を覚え込むことで形式化できることから符号化と呼ばれています。保持とは情報を保存(貯蔵)しておくことです。想起とは情報を思い出すことで，検索とも呼ばれています。記憶は，大きくは，感覚記憶，短期記憶，長期記憶の3つに分類されています(図4.2)。視覚野や聴覚野などの感覚登録器に入力された情報のうち，情報の取捨選択を行い，注意(attention)の向けられた情報だけが海馬という短期貯蔵庫に入ります。短期貯蔵庫でリハーサル(復唱)・コーディング(符号化)という記銘処理を経て長期貯蔵庫に入ります(Atkinson & Shiffrin, 1971; 林, 1999a, p.325)。

```
          ┌─────────────────────────────┐
          │    制  御  過  程            │
          └─────────────────────────────┘
           │        │    ╭─────╮    │
           │        │   (リハーサル・)  │
           ▼        ▼    ╰コーディング╯ ▼
       ┌───────┐ ┌───────┐       ┌───────┐
       │感覚記憶│→│短期記憶│──────→│長期記憶│
       │(感覚登録器)│ │(短期貯蔵庫)│       │(長期貯蔵庫)│
       └───────┘ └───────┘       └───────┘
          │           │
         数秒    5～20秒(検索・取り出し)
          │    (7±2＝5～9個)マジカル・ナンバー
          ▼           ▼
                   反応出力
```

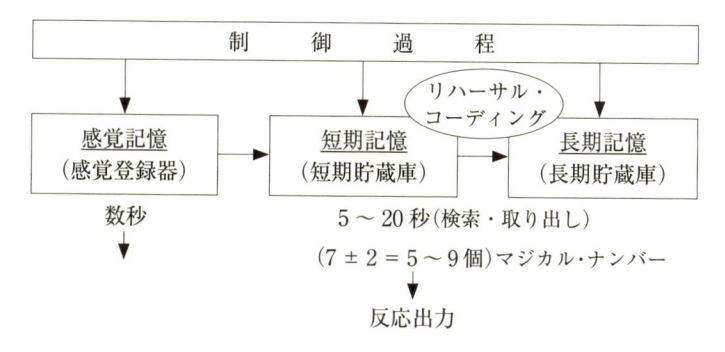

図 4.2　記憶システムの情報処理モデル

　知覚されたばかりの情報を，即座にあるいは 20 秒ほどの短い期間に利用する短期記憶が，学習過程に影響するもっとも大切なものとして注目されています。この短期記憶の容量を増やすためには，一般に知られているように，Miller(1956)が指摘したマジカル・ナンバーと呼ばれる文法や意味に無関係な項目数(7 プラスマイナス 2 チャンク，5-9 個)を一定の法則や規則を用いて減らします。Baddeley(1986)が提唱したワーキングメモリ(working memory：作動記憶)は短期記憶に属します。ワーキングメモリは，短期的な情報の保存だけでなく，読書・計算・コミュニケーションなどの学習活動の認知的活動や課題の遂行に必要な情報を，必要な期間，能動的に保持するメカニズムで，注意をコントロールする中央実行系を中心に音韻ループと視空間スケッチパッドからなっています(酒井，2002，p.81)。音韻ループは，会話や文章の理解や推論を行うための言語的情報を忘れないように繰り返し，短期間保持するために必要なものです。音韻ループは，音韻的な情報を外言や内言によって保持します。外言は，声に出して言葉を話したり手などを動かして手話を使うことです。内言は，声を出さずに本を読むときや考えごとをするときのように外に表れない言語です。視空間スケッチパッドとは，音韻ループと相補的に機能するシステムで，感覚器官から入ってきた知覚情報の一時的保存の役割を果たし，視覚情報と空間的な位置情報を視空間コードを用いて保持します。中央実行系は，「従属システム」と呼ばれる音韻ループと視空間スケッチパッドを制御し，長期記憶と情報をやりとりする作動記憶の中枢的な機能を果たします。「計画，思考，推測，判断」のような高次の認知活動に必要な情報

の処理と一時的保持の役割を果たしますが、心的エネルギーとしての「処理資源(processing resources)」、すなわち注意(attention)が必要であり、この処理資源(注意)の容量によって認知活動は制限されるという個人差が生じます。

一方、長期記憶は、「宣言的・顕在的・陳述的記憶(declarative/explicit memory)」と「手続き的・潜在的・非陳述的記憶(procedural/implicit memory)」に分けられています。宣言的・顕在的・陳述的記憶は、ことばで表現できる記憶です。個人的体験や出来事について時間的・空間的な文脈で表現できる自叙伝的な「エピソード記憶」と、ことばの意味について辞典のように明確に言語情報を学習行動によって身につける「意味記憶」とに区分されています。手続き的・潜在的・非陳述的記憶は、ことばでは表現できない無意識的な記憶です。この記憶の区分は研究者によって異なりますが、主に「技能・手続き記憶」「プライミング記憶」が挙げられています。「技能・手続き記憶」は、自転車を乗りこなすなどの運動技能、鏡に映された裏文字を読むなどの認知技能を獲得する記憶です。「プライミング効果」は、先行する事柄が後続する事柄に影響を与える状況を指して、単語、絵、音などをヒントとして先行する事柄を短時間に与えられると、ヒントをもらった自覚はないのに問題が速く解けるというような場合です(中沢, 2005, p.165)。

長期記憶と短期記憶の差異は、シナプスに起こった変化が変わらず維持されるかどうかということです。シナプスで新たにたんぱく質が合成されると記憶がそのまま保持されて長期記憶となり、たんぱく質の合成が起こらない場合は短期記憶になります。側頭葉の部位に海馬があり、エピソードなどの情報をすばやく取り込み、次第に長期記憶として他の脳部位に転送します。海馬は1回限りの学習の場であるからこそエピソードを形成して意識的に覚え、大脳皮質は繰り返し学習の場であるから、潜在的に無意識に覚える役割を果たします。繰り返し学習の必要な記憶は、海馬と大脳皮質の相互の情報のやりとりによって、海馬ではなく下部側頭葉に貯蔵されます。[2]

ここでシナプスについて簡単に触れておきましょう。神経細胞(ニューロン)には、情報を受け取る樹状突起と情報を送り出す軸索があります(図4.3)。樹状突起はしばしば細胞体から複数出てさらに枝分かれしています。多数の樹状突起と1本の軸索は神経細胞によって1メートルぐらいの長さの軸策をもちます。伸びていった軸策は、ほかの神経細胞の樹状突起や細胞体にくっついて神

経回路網(ネットワーク)をつくります。この接触点がシナプス(synapse)です。軸索の終末部はふくれて,「シナプス終末」と呼ばれます。シナプス終末には,「シナプス小胞」と呼ばれる袋があり,この中に「神経伝達物質」(神経細胞の興奮を伝える物質)が詰まっています(京大霊長類研究所, 2009)。

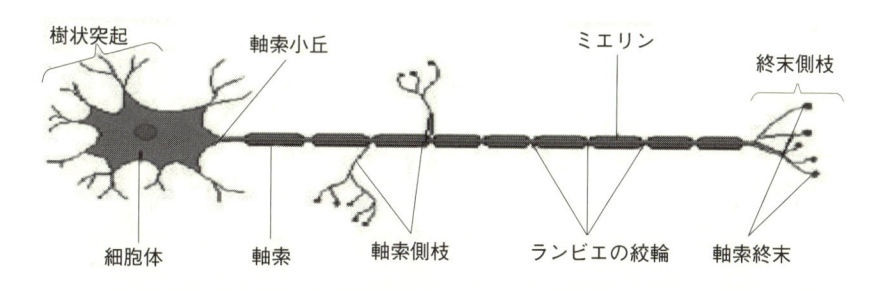

図4.3 神経細胞の樹状突起と軸策(京大霊長類研究所, 2009)

情報は,神経細胞によって「軸策」から「神経伝達物質」を分泌し,「シナプス間隙(かんげき)」を通って下流の受け手側である「樹状突起」の神経細胞に伝わります。情報の伝達は一定不変のものではなく,電気回路で抵抗が小さくなって電流を流れやすくするため,「シナプスの可塑性(柔らかさ)」が記憶や学習の効率をよくします。

眼で見たものはどのように記憶されるのでしょうか。1次視覚野から入った線,色,動きという3つの要素がばらばらに受け取られ,それらの情報が側頭葉の前部にある「高次視覚野」,下部側頭葉の「TE野」と呼ばれる視覚連合野で統合され,脳内イメージとして貯蔵されます。視覚性の連想記憶は,大脳辺縁系に属する「傍嗅皮質(ぼうきゅう)」に長期間貯蔵されます。傍嗅皮質は,聴覚,嗅覚,触覚など多くの知覚系記憶の中枢です。2つの異なる図形を連想記憶させるのに反復提示すれば,一方の図形から他方の図形の連想想起にはよく反応し,海馬などの1回で覚える記憶形成と好対照となります。[3] このような記憶の仕組みは,長文の概念を理解するために図で示す意味図(semantic mapping)や語彙の連想記憶が,視覚・空間的知能を用いた脳内イメージによって長期記憶に保持することを示唆しています。

4.3 情動と脳の働き

　コミュニケーション能力の育成には，インプットとアウトプット，話し手と聞き手の相互作用が大切ですが，人には場面・状況や相手によって不安が生じることがあります。褒められるという行為によって対人関係がよくなり，コミュニケーションも促進されますが，認められない，けなされる，侮辱されるという行為によって対人関係が悪くなり，コミュニケーションが阻害されます。対人コミュニケーションにおいて，情意フィルターが高くなったり低くなったりすることは，神経細胞が影響しています。そこで，神経回路と環境の影響について考えてみましょう。

　情動に重要な役割を果たすのは，大脳辺縁系，視床下部，扁桃体です。大脳辺縁系は，神経細胞(ニューロン)が集中している「大脳新皮質」と，視床・視床下部，感覚の中継・呼吸・循環，消化などを調節する「間脳」，視床下部・大脳辺縁系からの指令に基づいて，心肺活動や体温調節のように生きていくために必要な機能を調節する「脳幹」との間の伝達手段として，情動をはじめとする高次機能に重要な役割を果たしています。情動が表れるときには，大脳新皮質からの情報を受けて，辺縁系から指令が出され，視床下部ではその指令に相当するプログラムが選択され，実行されます。そのプログラムに基づいて，情動表出が起こります。大脳辺縁系の中で，「好き」とか「嫌い」といった生物学的価値評価について中心的機能を担っているのは，扁桃体です。嫌いな人が近づくと身体がこわばるといったことが起こるのは，扁桃体ニューロンが活動しているからです。将来の予測や意思決定，目標に向かって重要な役割を果たす情動は，聴覚や視覚などの一次感覚からではなく，連合野から神経線維がでていて，感覚の情報を前頭連合野にある眼窩皮質で「統合・解釈」して，運動系や情動・自律神経に指令を出して感情に結びつきます。扁桃体を中心とする辺縁系は，すぐ眼前にある刺激の生物が価値評価に重要な役割を果たします。しかし，眼前の刺激ではなく，将来の状況を予測したり，周囲の状況を判断して行動したりすることが，その個体の生存にとってより大きな利益につながります。眼窩皮質は，扁桃体や視床下部という情動を司る領域と密接にかかわりながら，本能や情動と理性を統合して，個人的にも社会的にも適切な行動が困難であるかを判断する機能を司っています。[4]

　Teaching with the brain in mind (1998)の著者で，脳と授業の関係を調査した

Jensen(2005, pp.2-3)は，最近の10年間の脳科学の研究結果に基づいて，脳の神経系と記憶，感情，認知の発達に関連するものとして次の10項目を挙げています。

(1) 神経細胞(ニューロン)は成長します。ニューロンは機能的となり，記憶に大きく影響します。
(2) ストレスに対抗する安定した基盤となるものはなく，トラウマ(心的に持続的な影響を与える衝撃)など，健康的でない状態を作り出すと脳はストレス期間を長引かせます。それが，健康，学習，危険な行為に影響します。
(3) 強度の治療法・運動・投薬は，アルコール依存症，自閉症，心遅滞などの脳の病気を調整したり，回復させたりします。
(4) 十代の若者の行動は，単にホルモン作用によるものではなく，移り気的な複雑な要因が影響しています。
(5) 遺伝子は固定的ではなく，表現や気質は変化するという証拠があります。
(6) 情動と認知は密接に相互作用しています。
(7) 音楽は認知に影響します。
(8) 視覚・聴覚体系を保持するために，脳の可塑性・柔軟性に用いるソフトウェアプログラムは，注意力，聴解力，読解力を高めます。
(9) 練習は，脳の働き，認知，雰囲気調整，新しい核の成長を増大させるということと高い相関性があります。
(10) 脳の一部に移植を受けた人間は，思考制御装置を操作します。

以上の点から，記憶力はニューロンと関係すること，ストレスは脳の働きに良くないこと，感情的になると認知の働きを弱めるなど，神経を苛立たせる環境が脳の働きに良くないことが分かります。そして音楽，良いソフトプログラム，練習は集中力を高め，聴解力や読解力を高めることになります。練習問題により繰り返し暗唱・復唱することで長期記憶に保存されて安定した記憶を維持します。Jensen(2005)は，脳と身体構造が神経細胞を通して伝達することができること，そして脳梁は2億5千万の神経細胞でできていることなど，連合野からでている神経線維が視覚や聴覚などの一次感覚からの情報を連合野で

「解釈」した結果が，喜怒哀楽の感情に結びつくとしています。

　このように，人間の記憶，感情，認知能力は，適切な指導環境によって活性化します。ストレスが溜まると脳の神経細胞に影響を与え，情報を受け付けなくなり，送り出すこともできなくなります。授業で説明されている内容が理解できなくなり，情報を的確に判断するとか，考えを適切に伝えるなどの操作ができなくなります。指導の際は，学習者のこのような神経細胞の働きを理解して，心の安らぎを与える接し方をすることが大切です。「褒めて伸ばすこと」は指導の基本です。そのためには，個人の得意な知能を生かした指導が求められます。

4.4　文法とブローカ野の機能

　文法処理については，前頭葉に位置するブローカ野の働きが問題となります（前頭葉では，言葉を組み立てて話す，思考する，推理するなどの創造性が営まれます）。Chomsky(1965)がLAD（言語獲得装置）を提唱し，Dulay & Burt(1974)が文法形態素の普遍的順序の調査を行い，第1言語獲得＝第2言語獲得仮説を提唱して以来，その調査結果を基に，Krashen(1985)が提唱した入力仮説について，文法指導の問題と関連して烈しい議論が繰り返されてきました。最近では，文法指導についての問題解決の糸口を見出すために脳科学の視点からも研究が行われるようになりました。

　fMRI(functional magnetic resonance imaging: 機能的磁気共鳴影像法)測定による文法課題とスペリング課題を比較した酒井の実験(2002, pp.249-251)では，文法的な語順の間違いを含む文課題の活動は，綴りの間違いを含む文より，ブローカ野，ウェルニッケ野，角回・縁上回のすべてにおいて強い活動を引き起こしました。しかし，文法処理については，ブローカ野における活動がウェルニッケ野や角回・縁上回よりはるかに大きいだけでなく，ブローカ野の働きによって，意味がなくとも文法処理ができるとしています。酒井(2002, p.251)は，この実験において，「文法の処理が脳の機能として局在しているという発見によって，言語の働きは一般的な記憶や学習では説明できないユニークなシステムであるという言語学の主張が裏付けられたことになる」と主張しています。

　しかし，酒井の実験結果にもいくつかの疑問が生じます。1つめは被験者が

英語母語話者だということです。確かに，人間の脳の器官がそれぞれの役割を果たしていること，また文法は意味とは別に普遍的な規則性を作っているというChomskyの考えを支持するものですが，母語学習ではなく外国語学習ではどうでしょうか。第3章の言語適性の項で述べた16言語の翻訳ができた言語の天才と言われた人がいます。彼のIQは60-70であるにもかかわらず，母語である英語に加え，新しい言語を獲得し，その翻訳は原文に忠実であるということです。文が文法的であるかどうかが判断でき，文法的でない語のつながりについては訂正することもできること，そして彼の文法は，母語話者の文法とは異なった規則で外国語も同じように把握することができるということです。この場合は，通常の人間にあり得ない脳の言語構造に関する特定の部位が発達していたのかも知れません。

2つめの疑問は，言語によって文法形式が異なる場合があるということです。例えば，日本語では現在完了形も過去形も同じ様式で「した，行った，来た」などのように「…た」を使いますが，英語では形式が異なります。また，同じ英文であっても文脈によって意味が異なります。多くの学習者はその文法の意味解釈に困難を感じています。

3つめの疑問は，言語距離が近くとも学習していない言語については理解が容易ではないということです。類似している言語の規則は獲得しやすいですが，学んでいない朝鮮語より学び慣れ親しんでいる英語の規則性の方がはるかに理解しやすいことがあります。

4つめの疑問は，英語の堪能者であればあるほど，文法の学習において明示的な指導が必要であるという見解を提示しているということです。例えば，大津(2007, p.38)では「英語に文法があり，そのルールにしたがって英語が使われているのであれば，外国語として学ぶ場合にも当然，それを身につけておくことが必要である」とし，池上(1991, p.126)は，「同じ文型に属していても，その構成要素はさまざまであること」「コミュニケーションを意図して言語を用いる際，文が組み立てられても，意味に関係した決まりに対する配慮は不可欠であり，場面と関連づけられていなくてはならない」ことから文法指導の必要性を強調しています。語順の位置によって意味が異なることや状況によって文の意味が異なることもあります。たまたま正しい文を使えても，なぜそれが正しいのかを判断するのは難しい場合もあります。特に，日本人に馴染みのう

すい冠詞，前置詞，受動態，分子構文など，規則性が曖昧で複雑な構文は難しいです。こうした問題を解決するためには，文法指導とfMRIによる脳科学の実証的研究を要します。酒井の最近の新たな発見について考察してみましょう。

4.5 左脳と言語中枢

　左脳の一側化・優位化(lateralization)については，臨界期との関連でしばしば取り上げられますが，左脳は言語的・論理的で，右脳は創造的という主張も時代遅れであるとする見解もあります(Jensen, 2005, pp.5-11)。酒井(2002)では，ウェルニッケ野では左脳の方が発達しているが，ブローカ野では左右に差がないとしていました。ところが，2008年に酒井は，左脳の前頭葉の一領域に「文法中枢」と「文章理解の中枢」があり，側頭葉から頭頂葉にかけての領域に，「音韻(アクセントなど)」と「単語」の中枢があることを発見しました。

　酒井(2008)はこの実験結果から，文法学習は，1-6年間の短期学習者より，6年以上続けている長期学習者の方が文章理解の回路ができており，英語学習開始年齢より，英語の接触量が多い方が，文法知識は定着するという結果を出しています。これは，英語の文法の学習は短期間で獲得できるものではなく，多くの文章を読み続けていれば，自然に規則性が分かるようになることを示していると思われます。次に，文の理解の側面について見てみましょう。

4.6 文の理解とウェルニッケ野の機能

　酒井(2002, p.228)がfMRIで調べた結果，側頭葉から頭頂葉にかけての一次聴覚野と二次聴覚野においても音声入力における局所的活動が観察されたことを報告しています。聴覚野や視覚野での知覚レベルの処理がここで行われていることになります。では，言語の理解や発話時のことばの選択にかかわるウェルニッケ野(中側頭回)ではどのように処理しているのでしょうか。酒井は，光トポグラフィを用いた実験で，リピート条件(「きょうは天気がいい」という単調な文の繰り返し)とストーリー条件(セロ弾きのゴーシュという物語文)を比較し，ストーリー条件の方がリピート条件より，左脳のウェルニッケ野が2倍くらい活発になった結果を報告しています。文単位の理解については，面白い話の方が退屈な話よりウェルニッケの働きが活発になるということです。これは，人間の頭は，単調な文の繰り返しより，面白い筋書きに興味をそそられる

4.6 文の理解とウェルニッケ野の機能

という高次の機能処理ができるということですから,英語指導における教材の選択や多読の効果など,英語指導法について考えるべき重要な課題を提示しています。

　単語,文,文節課題の違いについて脳の反応を調べる実験では,単語の場合,聴覚野や視覚野での知覚レベルで処理されていますが,文や文節課題では,聴覚や視覚の入力処理から進み,高次の左脳の下前頭回復側部,中心前溝,中側頭回の活動が活発になるという結果を示しています(酒井,2002,pp.231-232)。一方,乾(1997)がfMRIを使用した実験では,聴覚野を通過した単語はウェルニッケ野の音声認知機能で認識されて,縁上回,ブローカ野,ウェルニッケ野の3つのルートから感覚連合野に送られ,概念情報が生成されます(大石,2006,p.99)。一般的には,文や物語の意味内容を理解することは,単語を基本にしながらもそれより高次の推測過程を経ることになります。表4.1は,推測力と語彙力の関係を示したものです。

表 4.1　教科書テストによる推測力と語彙力　(N=70)

	平均(70名)	上位群(34名)	下位群(36名)
テキスト(90点) SD	61.4(68.2%) 17.0	71.1(79.0%) 14.1	47.3(52.6%) 17.9
文脈推測(40点) SD	19.1(47.8%) 10.0	25.0(62.5%) 9.5	14.9(37.3%) 8.5
語彙(30点) SD	26.0(86.7%) 5.91	28.3(94.3%) 3.2	21.8(72.7%) 8.9

　日本の大学で一般教養として英語を学習する1回生のリーディングの授業で,テキストを用いて10課までを指導した後に,応用問題として文の( )内に適切な語句を入れるクローズテストとその内容に関連した単語のテストを実施しました(林,2009)。その結果,上位群の単語力は94.3%,下位群は72.7%でしたが,クローズテストによる推測力は,上位群は62.5%で,下位群は37.3%でした。単語の機能とは別に,文章は記憶している単語を基に,判断・理解する高次の脳が働いていると考えられます。ウェルニッケ野の働きは,聴覚野や視覚野の知覚レベルに踏みとどまらず,概念化や,単語より文処理という高次な認知機能の働きをしていることから,学習者にとって面白く感動的な

4.7 まとめ

　本章では，言語学習・獲得における分析力，記憶，認知，情動，文法構造と関連する脳の構造について検討しました。大脳皮質の4つの連合野には，それぞれの部位で各々の役割を果たす機能が働いていますが，多くの機能は，1つの連合野だけで働くのではなく，他の連合野とともに働いています。対人関係につながるコミュニケーションができる脳の部位は側頭連合野にありますが，前頭連合野の「心の座」は自発的な創造性や判断による問題解決などにも影響します。前頭連合野では，言語的知能だけでなく，論理・数学的知能，学習計画などのメタ認知方略も働いています。頭頂連合野では，身体運動的知能や空間的知能も働いています。言語獲得に必要な記憶にはさまざまな記憶法がありますが，特に問題となるのが意味記憶とエピソード記憶です。意味記憶はことばを覚えたり，本や授業での知識を吸収したりする抽象的な記憶です。エピソード記憶は直接体験することによって記憶するもので，幼少時からの記憶が影響します。海馬は大脳に入った情報を取捨選択して大脳皮質に送り，長期記憶として保存する役割を果たします。海馬は扁桃体の隣にあり，扁桃体は感情の中枢と呼ばれるところであり，記憶は情緒や感情に影響されることになります。文法の処理は，ブローカ野の働きによるもので，脳の機能として局在化しているという実験結果がありますが，ブローカ野とウェルニッケ野は言語の発話と理解の役割をしています。

　脳の複雑な働きを活性化させるためには，情報の伝達と処理を担う細胞＝神経細胞(ニューロン)が基盤となります。神経系のニューロン，ストレス，感情など神経を苛立たせる環境は記憶や認知に良くない影響を与えます。文法の獲得については，短期学習者より長期学習者の方が文章理解の回路ができており，英語学習開始年齢が早いより，英語の接触量が多いほうが，文法知識は定着するということです。しかし，Oyama(1976)の発音の研究では，滞在年数より到着年齢が大きく影響しています。これらの研究結果は，文法の定着と発音は違うということを示唆しています。また酒井は，文単位の理解については，面白い話の方が退屈な話よりウェルニッケの働きが活発になるということ

で，単調な文よりエピソードを描ける面白い筋書きに興味をそそられるという記憶や高次認知機能の処理を示しています。単語の機能とは別に，文章は記憶している単語を基に，推論・理解する高次の脳が働いていると考えられます。ウェルニッケ野の働きは，聴覚野や視覚野の知覚レベルに踏みとどまらず，概念化することの指導の大切さを示しています。また，単語より高次な文処理という認知機能が伴うため，学習者にとって面白い感動的な話，学習者のレベルに応じた適切な課題の選択，英語指導における教材内容の提示や指導法が影響することを示しています。

注

1) 大脳皮質の働きと図4.1の説明については，島崎・宮坂(1966, pp.2-30)を参照。『脳！特別企画展　内なる不思議の世界へ Brain!』読売新聞社(2006)，NPO法人脳の世紀推進会議・文部科学省特定領域研究「統合脳」5領域参照。
2) 長期記憶と短期記憶の脳機能との関連性の説明については，中沢(2005)を参照。
3) 中沢(2005, pp.160-180)参照。
4) 小野(2005, pp.52-71)参照。

第5章 英語・外国語教授法の変遷と文法指導

5.1 英語・外国語教授法の変遷と動向

　今日，多くの指導者が用いている文法訳読式は，500年前からヨーロッパでラテン語の指導に使われていました。スイスでは文学が政治に影響を及ぼし，牧師たちは祈祷文としてラテン語のテキストを用いました。生徒の理解を助けるために，欄外にドイツ語の注釈をつけて，逐語翻訳を取り入れました(林，2004a, p.364)。イギリスでは，ラテン語の指導は，16世紀頃のイギリスのGrammar Schoolで文法規則，語形変化，動詞の活用形など厳しく指導されたようです(Richard & Rogers, 2007, p.3)。しかし，時代の変化とともに，ラテン語に代わって，イタリア語，フランス語が使われるようになり，20世紀終わり頃には，植民地支配のもとで英語一辺倒になり，英語が共通語として使用されるようになりました。英語にはさまざまな変種があり，英語を指導するにあたってどこの国の言語を指導するかが問題となりますが，大抵はイギリス英語・アメリカ英語帝国主義が君臨してきました。一方，グローバル化社会の今日では，フィリピン英語，シンガポール英語，インド英語などさまざまな言語が使用されています。いずれの国の英語も共通語(Linga Franca)として認識することの大切さをアメリカの言語学者[1]も指摘しています。グローバル化社会に適用できるために，積極的なコミュニケーション能力の養成を教育目標としている文部科学省では，「統合的な英語指導」や「英語で授業」を強調しています。果たして世界では，どのような効率的な外国語指導法が行われているのでしょうか。本章は，外国語としての英語指導法の変遷と動向を述べ，MI理論に基づく指導法の可能性を見出すことを目的とします。

　外国語指導法については，[2]ラテン語指導のための文法訳読式を覆し，1800年代に考案された直接法は，現在，ベルリッツ法(Berlitz Method)として知られているものです。フランス人のFrançois Gouinは，1880年にドイツへ留学して文法規則や語彙を丸暗記したものの，まったく話すことができずに1年後に帰国しました。帰国後，彼は3歳の甥が言語をうまく操っていることを観察して，第1言語獲得と同じ直接法(The Direct Method)を考え出しました。

場面や状況に応じて語彙や文の意味を把握し，発話の意味を伝えるのにジェスチャーや行為を使うもので，場面教授法(Situational Language Teaching: SLT)や全身反応教授法(Total Physical Response: TPR)と同じような方法です。学習者にとっては，場面から意味が理解しやすいので，現在の小学校の学習者には適切な方法です。しかし，この方法はスピーキング能力の育成に重点がおかれており，読解力や文法力の育成を阻害することから，話しことばか書きことばのどちらを強調するかが問題となって改革運動も起こりました。話しことばが強調されて，1886年には，国際音標文字(International Phonetic Alphabet: IPA)が考案されました。IPAは，戦後も中学校での発音の指導に使用されましたが，最近では，そのような発音の理解も難しいということで指導していない学校が多くなりました。その代替案としてフォニックス(phonics)の指導が一部で行われていますが，一定の指導法がなく，日本ではフォニックスを指導する教師は少ないようです。高校生の中には，読み方がわからないという学習者が増えてきたと言われています。中には，カタカナで振り仮名をつける学習者も多くいます。このように話しことばを中心に，発音，文法，語彙の側面が指導法の課題となりました。

　1920年代に日本で有名になった指導法は，Harold Palmer(1922)やA.S. Hornby(1950)が考案した口頭教授法(Oral Approach)です。Palmerの口頭教授法は，知識の獲得手段として教材を用いて，指導者は説明をしないでモデルとなり，場面設定のもとで「繰り返し」「暗記」が強調されました。その方法は，語彙や文法に焦点がおかれましたが，理想的な教授法には至りませんでした。そこで，戦後より今日に至るまで多く用いられてきたのは，口頭聴覚教授法と言われる文型練習を中心としたパターン・プラクティス(pattern practice)です。

　アーミー・メソッド(第2次世界大戦で用いられた米陸軍特殊訓練計画(ASTP)の集中訓練)から端を発した口頭聴覚教授法(Audiolingual Method: AM)は，ミシガン大学のCharles Fries(Teaching and Learning English as a Foreign Language, 1945)らアメリカ構造言語学を基盤に開発したAural-Oral Approachから発展してきたものです。1964年にBrooksがオーディオリンガリズム(audiolingualism)という用語を用いて言語指導を科学へと転換させ，後に対照分析仮説で有名なLado(1977)によるthe Lado English Seriesの教材作成にまで

発展しました。AMは，文型を反復練習し，語形変化練習，置き換え練習，伝言練習，完成練習，入れ替え練習，拡張練習，短縮練習，変換練習，結合練習，応答練習，再構築練習をする方法です。つまり，発音，語形変化，文法学習，ドリル，練習問題へと続くものです。聞く-話す-読む-書くの順で指導するため，4つのスキルが使われることになります。この方法は，戦後長く使用されましたが，命令形などの決まりきったパターンの繰り返しをしているに過ぎず，Rivers(1987)は，ことばのやりとりをするには話し手と聞き手の双方にとって意味のある情報を交換する相互作用が大切であると指摘しました。1957年以降，Chomskyによる生得主義の立場から，行動主義に対する言語革命が生じて，文法指導に対してもさまざまな指導法が考案されました。

　1957年に，ハーバード大学の心理学者であったB. F. SkinnerがVerbal Behaviourを発表しました。Skinnerの学習理論は，人間の頭の中は白紙状態(Black Box)であり，刺激→反応，そして強化によって成り立つとしました。したがって，模倣，反復，文型練習から習慣として定着させることによって言語は獲得すると考えられました。いわゆる，習慣形成理論(habit formation theory)と言われるものです。

　同じく1957年に，ChomskyはSyntactic Structuresを発表しましたが，それは模倣，記憶，報酬によって言語が獲得されるという行動主義の考えを覆すものでした。(Chomskyは1959年には，雑誌LanguageでReview of Skinner's Verbal Behaviourと題して，人間は動物ではないこと，人間には創造性があることを述べ，1965年には，人間には生得的な言語獲得装置(Language Acquisition Device: LAD)が備わっていることを主張しました。)

　同じく1957年に，Ladoが対照分析仮説(Contrastive Analysis Hypothesis: CAH)を提唱しました。学習者の第1言語が第2言語獲得の「干渉」となり，新しい言語を獲得する際の障害となることを指摘し，第1言語と第2言語の言語構造の比較によって学習上の困難点について指導すればよいという指導法でした。1960年には，Corderが誤答分析(error analysis)について発表し，1972年に，Selinkerが中間言語(interlanguage)を見出し，第1言語からの転移(transfer)，練習および第2学習からの転移，過剰一般化など外国語学習には環境の影響があることを指摘しました。さらには，Schafter(1974)が指摘した回避(avoidance)もあります。しかし，これらの理論は，言語学習は経験・

環境による影響が大きいとする行動主義・経験論に基づいたものでした。

　第1言語からの転移に関して，生得主義の立場から Dulay & Burt による形態素の誤りの調査が行われました。Dulay & Burt(1974)がアメリカでスペイン語を母語とする5-8歳の179人を対象とした調査では，87.1% の誤りは，第1言語発達のときに生じる誤りと類似している発達上の誤り(developmental error)であり，第1言語の転移による誤りはわずか4.7%で，8.2% はその他の誤りであるという結果を報告しました。第1言語の特徴による文法上の誤りは，成人の場合でも 8-23% くらいとしています。したがって，第1言語は第2言語の文法を学習する際の妨げにならないという結論に達しました。第2言語獲得も，学習によるものではなく創造的構築によるものであり，第1言語獲得と類似した過程を辿るとして第1言語獲得＝第2言語獲得仮説を提唱しました。

　1983年に，Krashen & Terrell がナチュラル・アプローチ(Natural Approach)を考案し，文法の指導の必要性がないことを主張しました。その理由として，5つの言語入力仮説を提唱しました：(1)形態素獲得順序仮説，(2)獲得対学習仮説，(3)モニター仮説，(4)言語入力仮説，(5)情意フィルター仮説。

　形態素の獲得順序については，Dulay & Burt(1974)が調査した9つの形態素の発達の普遍性を述べていますが，Hakuta(1974)や Larsen-Freeman らが調査した結果，それぞれの環境や調査方法によって順序性は異なっています(林，1999a)。言語獲得対言語学習仮説は，「獲得」(acquisition)と「学習」(learning)を区別し，獲得は無意識的に言語規則を身につける過程であり，学校での文法についての意識的な説明による学習は，自然な獲得につながらないとしています。モニター仮説では，意識的に学んだ文法規則は，モニター「監視役」としての機能を果たすだけであると主張しています。言語入力仮説では，理解可能なインプットとして，学習者が理解できるレベルの内容のものを量的にたくさん読むことによって，文脈から現在もっている中間言語(interlanguage: i)の文法知識が，次のステップを理解することができるようになり「i + 1」が成立するということです。多読の効果については，リーディング能力との関連性を検証した論文が発表されています(Mason & Krashen, 1997a, 1997b; Hayashi, 1999)が，文法との関連性についての研究論文はほとんどないようです。ナチュラル・アプローチの提唱以来，学習者と指導者の相互作用による文法指導の必要性を主張するインターフェイス(interface)と呼ばれ

る相互作用主義の立場(Ellis, 1994)や意識の高揚(consciousness-raising)の必要性(Sherwood Smith, 1981; 1993)など，さまざまな見解について論議を呼びました．

1980年代に入り，外国語・英語教授法はコミュニケーション能力の育成を目的としたコミュニカティブ言語教授法(Communicative Language Teaching: CLT)が強調されるようになりました．CLTは，文法や語彙の伝統的な概念を言語の中核とするのではなく，コミュニカティブな言語運用に潜む意味体系と機能に焦点をあてた概念・機能シラバス(Notional-Functional Syllabuses)を理論的基盤として，ヨーロッパ評議会(Council of Europe)がコミュニカティブ言語シラバスの第一段階に組み込んだことから始まっています．概念・機能シラバスはもともとWilkinsが考案したものです．Wilkins(1976)は，文法や語彙の概念によるものではなく，コミュニカティブな言語運用の意味体系を実証しようとしていました．意味の体系を概念カテゴリー(時間，順序，量，場所，頻度)と機能カテゴリー(要求，拒否，申し出，苦情)の2つのカテゴリーに分けています．したがって，CLTの特徴は，コミュニケーション能力の育成のために，文法構造や語彙の暗記より意味を重視し，対話によってコミュニケーションの機能を示し，文脈から言語項目に注目します．数値目標に合わせた熟達や過剰学習ではなく，効果的なコミュニケーションに焦点をあてます．AMで強調されたドリルや練習ではなく，コミュニケーションを基本としています．どちらかといえば，正確さより流暢さが重んじられています．正確さは文脈から判断できるとしています．指導方法としては，ペアやグループでの協同学習によって，指導者が出す課題の指示にしたがって，1人が口頭で話せば，他方はそれに基づいて絵を描いたり，方角を教え合いしたりするという活動の手順を踏みます．

CLTは，伝統的な文法中心の訳読式や口頭聴覚教授法から意味機能に焦点をあてたコミュニケーション中心の指導法へと変化した教授法で，コミュニケーション能力の育成に適切な指導法であると思われます．しかしながら，CLTにも問題があります．学習開始の時期からすぐにコミュニケーションをするという方法ですので，発音，語彙，文法などの言語項目の規則性を把握できない学習者はつまずく可能性があります．また，概念・機能シラバスは，課題は日常生活についてのスピーキングやリスニングなどの口語的活動に重点が

おかれており，リーディングやライティングの文語的な活動が疎かになる可能性があります。リーディングやライティグの向上には，読み物による文章構成など長文にも慣れ親しむ指導も必要です。最近はアクション・リサーチが提唱されて，指導者は自分の授業についての指導法と学習者の到達度について内省的観察を行い，自分の授業を新たに活性化する方法も研究されています。

CLTと前後して，協同学習を強調した協同言語学習(Cooperative Language Learning: CLL)や，他教科の内容を盛り込んだ指導に重点をおいた内容重視の教育(Content-Based Instruction: CBI)，そしてタスク重視の言語教授法(Task-Based Langauge Teaching: TBLT)が開発されました。CLLは，20世紀初頭に教育学者John Dewey，心理学者Jean Piaget，そしてLev Vygotskyらが主張した，社会的相互作用による学習の必要性を基盤とした協同活動を取り入れた指導法です。

CLLはコミュニケーション能力の育成を目的としたものであり，積極的な相互支援の確立，グループ構成の決め方，個人責任，対人関係の問題などが取り上げられています。また，CBIは，イギリスでCLT(コミュニカティブ言語教授法)の開発と同時に，移民の子どもたちのコミュニケーション能力の育成を目指して，母語の教育への提案として全教科領域のカリキュラムにおいて読み書きが重視されたことから始まりました。その後CBIは，他教科の内容を外国語で指導するイマージョン・プログラム(immersion program)へと発展しました。専門的職業など特定の目的に使用するための英語(English for Specific Purpose: ESP)や新規移民プログラム(Immigrant On-Arrival Program)など，英語という言語そのものを目的とするのではなく，新しい生活に必要なテーマや状況に応じた機能，概念，語彙の指導コース，そして専門技術者，看護士などの科学技術や内容の指導を目的とした専門コースなどが設けられました。CBIは，文法などの言語的なものに焦点をあてるのではなく，学習者が必要とする科目の内容について本物の教材を用いて学ぶ言語コースです。TBLTは，言語教育においてコミュニケーションと意味を中心としたタスク重視の指導で，地図を見て行き方を伝える，電話をかける，手紙を書くなどの活動や目標を定め，目標言語を用いて指導することです。

1983年，GardnerはMI理論を提唱しました。人間の知能が伝統的な知能テスト(IQ)のみに基づいて測定されていたのに対して，人間にはたった1つの

IQ だけでは測れない複数の知能が存在することを主張しました。1999 年には，少なくとも 8 つの知能が備わっていることを提唱し，それらの知能が組み合わさって働く場合もあり，人により強い知能と弱い知能があるものの，訓練や練習で全種類の知能の向上は可能であるとしています。例えば，言語にはリズム，音量，ピッチなどの要素があります。それらは，音楽的知能ともつながっているということです。個別指導，自律学習，学習訓練，学習方略のアプローチによって個人の能力を伸ばすことができるとしています。

　MI 理論は，どこの国でどのような点に重点をおいて用いられているのでしょうか。アメリカ，ヨーロッパ，シンガポール，オーストラリアでは，Armstrong(1994; 2000)，Kagan & Kagan(1998)，Christison(1998) らがセミナーやワークショップを開催して，MI 理論を外国語指導に応用した指導法を普及させていますが，日本ではほとんど知られていないのが現状です。MI 理論は，CLT，CLL，CBI，TBLT と同じようにコミュニケーション能力を生かす指導ですが，それらの指導と異なる点は，協同学習において，個人の得意な知能に重点をおいていることです。学習者同士がお互いの強い能力と弱い能力を認め，個々の違いを尊重し，協同学習によって助け合うことができる方法であり，ことばを学習・指導する英語・外国語教育においては，大変理想的な指導法であると思われます。しかしながら，MI 理論を EFL 言語環境で応用した研究は少ないようです。MI 理論と外国語指導法については次章で詳細に検討します。

5.2　文法指導の役割

　第 1 章 1.2 節で示したように，中学生や高校生にとっては，英語嫌いが生じる原因として，英語の文法を理解することが難しいと感じていることが挙げられます。英文法を知ることは，言語の形式(form)と意味(meaning)がどのように関連しているかを知ることであり，文法の規則を知らなければ相手の言っているメッセージを正確に理解して相手に伝えることもできず，コミュニケーションに誤解が生じることもあります。したがって，文法の知識が必要になってきます。しかし，意識的に文法の規則性ばかりに拘っていてはスムーズなコミュニケーションができなくなります。文法知識は，一般的には，宣言的・顕在的知識(declarative/explicit knowledge: DK) と手続き的・潜在的知識

(procedural/implicit knowledge: PK)に分けられています。DKは意識的および明示的に学習して知っている知識で，PKは無意識的および暗示的に獲得された知識です。教材を用いて意識的に学習して(learning)得た知識は，自然な無意識の獲得(acquisition)につながらないとするKrashen(1985)の主張に対して，文法指導の必要性や正確なコミュニケーションを図ることができないと主張する研究者は多くいます(e.g., Canale & Swain, 1980)。Pieneman(1984)は，形態素獲得順序について，文法指導の影響を受けないが，教授可能性仮説(learnability hypothesis)は価値あるものとして考える必要があると主張しています。教授可能性仮説とは，学習者が適切な時期に心理的に文法指導を受ける準備ができていれば，つまり，学習者が文法の理解に必要な知識をすでに獲得し，それに注意を払い，活用することができる時期にきていれば，教室での文法指導は特定の文法構造の獲得を早めることができるということです。したがって，文法指導についてはすべてを教えるものではなく，有益で教授・学習可能性のある文法素性を教えることが有効です(Scarcella & Oxford, 1992)。教授可能性とは，学習者にとって概念が理解できる準備ができているレディネス状態の文法です。例えば，子どもは，形態素の中で助動詞をもっとも遅く獲得します。それは「過去，現在，未来」という概念と「昨日，今日，明日」という副詞の概念との関連性を知らなければなりません。出来事とことばの意味概念が結びつかなければ文法は理解できると言えないでしょう。

　Long(1983)は，形態素の獲得順序を変えることはできないが，文法指導があらゆるレベルの学習者に有効であると主張しています(Larsen-Freeman & Long, 1991)。Bialystok(1982)，Scarcella & Oxford(1992)は，学習した規則をインプットとして覚え，その規則を学習者が自然に発するときに学習した規則を思い出して使い，表現する，つまり，学習者のアウトプットがインプットとして役立つとしています。例えば，John go to schoolと発したときに，3人称の-sという規則を思い出して使い，John goes to schoolと表現するということです。インプットが文法素性・文法構造を習得する契機となって，3人称・単数・現在の形態素-sを獲得するということです。しかし，受動態などは，大学生や大学院生の英作文に多くの誤りが見られます。効果的な文法指導法について考えてみましょう。

5.3 文法の指導法

　日本の中学生を対象とした文法指導は，一般に言語構造の規則性を暗記させるためのドリル練習が中心に行われており，数値目標に基づいて熟達や過剰学習を求める傾向があります。また，高校生を対象とした指導法は，クラスで教科書を用いて文法規則を説明して，文法構文200などとした参考書を丸暗記させる方法が多く用いられています。こうした行動主義の考え方では，文法規則を詳細に説明することになり，学習者にとっては，ますます文法が複雑になってきます。また，文法訳読式は，教科書に沿って文法規則を説明して，演繹的に規則を応用して文を書くことになりますが，大抵の場合，1文1文を英語から日本語に訳すか，日本語から英語に訳すという手法です。この場合は，文脈や全体からの意味に基づく文法規則の解釈が難しく，正確さや流暢さにまで発展しない可能性があります。また，第1章で述べたように文法が難しいとする学習者が多く，英語嫌いが生ずる恐れがあります。

　文法を知らなければ，文語にせよ，口語にせよ，会話の意味内容を正確に理解できず，誤解が生じることが多々あります。しかし，流暢さを身につけるためには，正確さに拘らない方法も必要になります。文法指導でもっとも問題となっていることは，誤りの修正をどうするかということです。Ferris(1995)は，アメリカ人学習者を対象とした調査結果を基に，文法の修正は必要だとしていますが，Truscott(1996)は，さまざまな論文の調査結果から，文法の修正は「百害あって一利なし」と主張しています。いずれにしても，日本人学習者の中には，文法は難しいと感じて文法指導や修正を望む学習者もいれば，修正はしてほしくないとする学習者もいます。こうした学習者にどのように文法を指導することが効果的でしょうか。

　Larsen-Freeman & Long(1991)が使用している文法指導法は，聞き取りや返答，物語を語り伝えること(story telling)，役割演技(role play)への参加，絵画や実物教材，グラフの描写，歌唱，詩の朗読，ゲーム，問題解決活動，テキスト中心の練習や活動への参加が特徴です。この方法でこそ，学習者の得意な知能を生かして，MI学習法の理解のための指導法を実践することができます。文法は難しい分析や論理で説明しなくとも，ストーリーの繰り返しの中で規則性を把握することもできるということです。

　明示的な演繹的指導では，学習者にとって分かりやすい規則的な文法構造と，

状況によって異なる不規則で複雑な文法構造があります。学習者のニーズや好みにあった課題の例文を提示しながら、規則性が単純明快に把握できるまで練習問題を繰り返し、経験によって運用できるようにすることも効果的でしょう。

リスニングやリーディングによる言語入力で、自分で文法規則を発見できるように演繹的および帰納的の両方の側面から文法指導を行うことも必要です。レポート、研究発表、ディベートなどによって文語と口語の両方で文章を作る練習をすれば、意味の通じないときには「気づく」ことになりますし、意味が通じれば「使える」という実感が湧いてきます。流暢さを目指す学習者の場合は、活動の途中で訂正すれば、コミュニケーションの流れが乱れる恐れや学習者に自信を喪失させる恐れがあります。正確さを求める学習者には、質問に答え気づかせることもできますし、教室では一斉に誤りの多い文法構造を取り上げて説明することも効果的です。

しかし、明示的に説明しても分からない場合があります。その場合は、Pieneman(1984)の言うように、文法規則の発達段階に応じて、学習者が理解できない文法構造のみを具体的にジェスチャー・動作・行為によって理解へと導く必要があります。ある程度の規則は暗示的に教えて、例文を挙げて、学習者に規則性を発見させる方法もありますし、多読から規則性を付随的に獲得する方法もあるでしょう。

Ellis(1994, p.361)も取り上げていることですが、意識的にせよ、無意識的にせよ、文法規則に「気づく(noticing)」ということは大変重要なことです。それは、情報を入手した(intake)ことを意味し、意味内容への理解につながり、学んだ成果があることを示しています。しかし、自然に接する機会の少ない外国語としての英語の EFL 言語環境では、話し手と聞き手の談話の中で、意味に焦点をあて、文法規則やその誤りにも気づくためには、相当量の言語入力が必要となります。そのために、文法を意識的に学習して得た DK の知識が、実際にコミュニケーションとして使われるような言語活動の体制の下に、PK としての適切な文法の使い方ができるように指導することが大切です。文法の指導法をまとめますと次のようになります。

(1) 文法学習に適した年齢(12-15歳)や学習者の英語能力のレベルによってその規則性の理解は異なるため、初級学習者、中級学習者、上級学習

者がそれぞれの段階で学んだことを吟味し，一歩前進した高度な内容を取り扱う。
(2) 指導の必要性に応じて，文法構造を体系的に提示する。
(3) 文法の説明は，単純，平易，かつ明快にする。現在分詞，動名詞，不定詞など，抽象的な専門用語はできるだけ避ける。
(4) 教師は，すべての文法を教えるのではなく，学習者に有益で，教授・学習可能な文法素性に焦点をあてる。
(5) 実物素材，図・表・用例などの提示によって，具体的に理解できるようにし，筆記や口頭による言語活動の中で行う。
(6) 提示した文法素性は，繰り返し使用する機会を与える。1週間に1項目を提示するだけでなく，さまざまな場面で，種々の文法素性を提示する工夫をする。
(7) 役割演技(ロール・プレイ)やゲームによって，文法的誤り，ミススペルの訂正・練習などを課して，問題解決のために学習活動でのコミュニケーションを促すと，学習者の興味と注意は高まる。
(8) 誤り修正などのフィードバックは，すべての誤りを修正するのではなく，学習者のニーズや学習目標，好みに合わせて気づかせるようにする。
(9) ペア・ワークやグループワークによって，教師中心から学習者中心へ文法学習を移行させる。
(10) インプットの量と学習年齢を考える。自分で規則を把握するだけのインプットを得て，アウトプットとしてのライティングによって気づく機会を与える。

5.4 まとめ

外国語教授法は，15-16世紀頃からヨーロッパでラテン語指導に用いられた古典的・文法訳読式のものが，21世紀の今日に至るまで用いられてきました。一方，19世紀終わりごろから20世紀はじめにかけて，本格的な英語指導法として直接法も考案され，戦後は，オーラル・アプローチから口頭聴覚教授法・オーディオリンガルメソッド(AM)が考案されて，長い間，日本においても中学校で英語指導法として使われていました。しかし，1959年には，ChomskyがSkinnerの刺激・反応に基づく行動主義理論に対し生得主義の立場から，

て，人間には言語獲得装置(LAD)が生得的に備わっていることを主張して以来，それまで使われていた AM などの文法規則の教授法は，意味内容の理解に焦点をおいていないということで批判されるようになりました。その後，1970 年代から 1980 年代にかけて，誤答分析や中間言語理論などが発表され，行動主義理論・経験論の立場での文法指導の必要性が唱えられたのに対して，Krashen & Terrell(1983)が提唱したナチュラル・アプローチは英語教授法として脚光を浴びつつも，さまざまな論議を醸し出しました。文法の指導が必要かどうか，明示的指導か暗示的指導か，意識的指導か無意識的指導か，どのような指導が効果的であるかが問題となっています。多くの研究結果では，形態素の獲得順序は変えられないが，英語に接する機会の少ない EFL 言語環境では，文法指導はあらゆる面で効果的であるとする研究者もいます。

　文法指導の方法として，明示的指導か暗示的指導のどちらかが効果的ということではなく，文法項目の概念についての意味がわかり，使えるようになることが大切です。そうすれば，コミュニケーションで誤解が生じたときには文法規則に「気づく」ことができます。そのためには，相当量の言語入力と実際の言語活動で繰り返し用いて，習慣的に自然に使えるように定着させる必要があります。

　英語・外国語教授法は，アメリカではナチュラル・アプローチが問題になっている頃，ヨーロッパでは，機能的でコミュニカティブな言語運用に焦点をあてた CLT が提唱されました。概念・機能シラバスに応じて，学習者同士が問題解決の課題を定め，メッセージを理解し，疑問や情報収集に対する質問を行い，発表用メモをとって発表し，タスクがうまくいけば成果がでるという仕組みになっています。ペア・ワークやグループワークで，課題にしたがって図を描いたり，方向を示したりして，課題解決を目的に言語運用します。CLT，CLL，CBI，TBLT による言語教授法は，協同学習によるコミュニケーション能力の養成を目的として，課題の意味や情報を獲得することに焦点をおいた指導法です。

　Gardner が提唱した MI 理論は，IQ テストという論理・数学面や言語面のみを測定する知能を基盤にするのではなく，協同学習によって互いの得意とする知能を認め合い，尊重し，助け合い，人格を重んじる指導法です。個別指導，自律学習，学習訓練によって個々の能力を伸ばします。個々の能力や個性に応

じた指導は，文法指導にも効果的であり，学習者も自分の将来の仕事への目標に向けて学ぶことができます。MI 理論に基づく外国語学習の具体的な言語理論や指導法がほとんどないため，次章より，MI 理論と英語・外国語指導法について検討します。

注

1) Sandra McKay, Professor of San Francisco State University は 2009 年 8 月のハワイ大学で開催された The Center for Asia-Pacific Exchange の講義(Teaching English as an inernational language: The role of culture in Asian context)で話しています。
2) 本章の外国語学習法および理論の歴史の変遷については，Richards & Rodgers (2007) および林桂子(1993; 1999a)を参照していますので，スペースの都合上, Chomsky, Skinner, Selinker, Wilkins その他の参考文献を省きます。

第6章 MI理論と英語・外国語指導法

6.1 英語・外国語教授法におけるMI理論の発展

　外国語指導法は，文法規則の詳細な説明をする文法訳読式や言語構造についての練習を繰り返し行うオーディオリンガル・メソッド(AM)が長く普及した後，コミュニケーション能力の育成に焦点をあてたコミュニカティブ言語教授法(CLT)，協同言語学習法(CLL)，内容重視指導法(CBI)，タスク重視指導法(TBLT)へと変遷してきました。CLT，CLL，CBI，TBLTの特徴は，意味，対話，経験，文脈，効果的なコミュニケーション，流暢さ，内容を強調し，理想的な指導法のように思われます。しかしながら，これらの指導法はESL言語環境に基づくコミュニケーション中心の指導であり，EFL言語環境におけるペア・ワークやグループワークによる協同学習での対人関係，個人の得意な能力・強い知能を生かす指導，理解のための指導の側面までは考えられていないようです。

　MI理論を英語・外国語指導に応用する価値は，どのような点にあるでしょうか。少なくとも5つ挙げられます。1つめは，学習者中心の指導により，学習者が能動的に問題を解決する機会を与えることです。2つめは，個人の潜在的な強い能力と弱い能力を把握し，協同学習によって課題への興味をかきたて，理解のための指導を行うことができることです。3つめは，個人の得意な能力を生かす将来の職業に応じた明確な目的をもって学ぶことができることです。4つめは，学習者個人の強い知能を学習スタイルや学習方略に生かし，文法学習について分析的あるいは全体的に見て，規則性や意味内容を把握できるかを見極めて指導ができることです。5つめは，トピックの意味内容に焦点をあて協同学習によって4技能の統合的指導ができることです。

　本章では，MI理論を応用して学習者の得意な知能を生かし，将来の仕事に結びつく動機を高め，課題についての理解を深めることを目的とし，学習者中心の協同学習による統合的英語・外国語指導法の可能性を探ることにします。

6.2 得意な知能を知る方法

学習者には，苦手なものは実際の活動で目に見えても，自分がどのような優れた知能をもっているのか分からない場合が多々あります。そのような場合に次のような自己分析表を使えば，指導者にとっても学習者にとっても得意な知能を知ることができて，それを活かすこともできます。どの分野にいくつのチェックが入るかを見てみましょう。

表6.1 多重知能自己分析表

(1) 言語的知能 (Verba/Linguistic Intelligence)
  —Books are very import to me.
  —I hear words in my head before I read, speak, or write them down.
  —English, social studies, and history are easier for me than math and science.
  —I am good at word games, like scrabble or password.
(2) 論理・数学的知能 (Logical/Mathematical Intelligence)
  —I can easily compute numbers in my head.
  —Math and/or science are among my favorite subjects in school.
  —I feel more comfortable when something has been measured, categorized, analyzed.
  —My mind searches for patterns and regularities in things.
(3) 視覚・空間的知能 (Visual/Spatial Intelligence)
  —I often see clear visual images when I close my eyes.
  —Geometry is easier for me than algebra in school.
  —I am sensitive to color.
  —I enjoy doing jigsaw puzzles, mazes, and other visual puzzles.
(4) 身体運動的知能 (Bodily/Kinesthetic Intelligence)
  —I engage in at least one sport or physical activity on a regular basis.
  —I like working with my hands at concrete activities (like sewing, weaving, carpentry).
  —I need to practice a new skill rather than simply reading about it.
  —I like to spend my free time outdoors.
(5) 音楽的知能 (Musical Intelligence)
  —I have a pleasant singing voice.
  —I can tell when a musical note is off-key.
  —I play a musical instrument.
  —My life would not be so great without music.
(6) 博物的知能 (Naturalistic Intelligence)
  —I like to describe the color, texture, shape of leaf, flower, tree.

> —I can tell about a natural phenomenon like earthquake, flood, hurricane.
> —I often think about people and animal relations.
> —I have a hobby that involves nature.
>
> (7) 対人的知能 (Interpersonal Intelligence)
> —I am the sort of person that people come to for advice and counsel at work.
> —I prefer group sports like volleyball or softball rather than individual sports.
> —I enjoy the challenge of teaching others how to do something.
> —I consider myself a leader, and others have called me a leader.
>
> (8) 内省的知能 (Intrapersonal Intelligence)
> —I regularly spend time alone, reflecting or thinking about some questions.
> —I have a realistic view of my strengths and weak.
> —I keep a personal diary or journal to write down my thoughts or feelings about life.
> —I have opinions that set me apart from the crowd.

(Armstrong, 1999, pp. 18-23 に基づく)

6.3 MI 理論を生かした外国語指導の事例

アメリカでは Armstrong (1994) に始まり，Christison (1998) や Kagan & Kagan (1998; 2010) らによって第2言語としての英語指導法に応用する研究が行われています。その他，オーストリア，スイス，ノルウェー，シンガポール，フィリピン，台湾，オーストラリアの小学校から中学校まで MI 学習が実施されています。外国語指導における MI 理論の効果について具体的に示されているアメリカの事例を見てみましょう。

Haley (2004) は，2001-2002 年に，アメリカの8州およびオーストラリアやドイツなど，3か国の EFL および ESL 指導者 23 名と K-12 学習者 (6-18 歳) 650 名を対象に，MI 理論に基づくアクション・リサーチを実施しました。目的は，すべての人間には幼少の頃より遺伝と環境によって培われた MI が備わっているという事実に気づかせることです。調査方法として，実験群は Armstrong が提示した MI に関する強い知能と弱い知能を知るための自己分析のための質問表 (表 6.1) を用いて学習者の得意な能力を調べ，学習者中心のトピック・内容重視の授業で8つの知能を生かした討論，TPR，協同学習による指導法を実施しました。もう一方の統制群は，指導者中心の機械的なドリルと暗記に重点をおき，協同学習や相互的活動は導入しない授業です。その結

果，実験群では，学習者の強い知能と弱い知能に注目した指導が行われたことで，スピーキングおよびライティング能力は統制群より高い能力を示したようです。さらに，情緒的側面において，実験群は外国語学習および指導者に対してより高い満足度や積極的態度を示しました。この研究結果は，EFL・ESL教室での教授法の1つとして，MI理論を実際に応用することがいかに効果的であるかを示唆しています。

　日本では，MI理論を英語・外国語指導法に導入している学校や指導者は大変少ないようです。唯一の例として，英語母語話者を多く採用している私学の付属中学・高校で，部分イマージョンとして，教科横断型英語活動において，数学，理科，体育，音楽などの科目を英語で指導して，各科目の内容理解も英語能力も向上している学校はあります。例えば，理科，社会，数学の授業では，言語による説明だけでなく，写真や絵などの具体的指示物，巻尺や自分の身体を使って長さを測るなどして，理解を深める方法をとっています（二五, 2007）。写真や絵を見せることは視覚・空間的知能を用いていますし，巻尺や自分の身体を使って長さを測ることは視覚・空間的知能を用いていることになります。知能は，いくつかの知能と組み合わさって働いています。言語的知能は，視覚・空間的知能，身体運動的知能，音楽的知能と結合させることもできます。このように，1つの知能には，特定の知能が関係している場合もあり，しばしば一緒に働き，支えあうこともあります。

　こうしたイマージョン・プログラム（A中学校）の授業を観察したところ，入学時には普通校の学習者とまったくレベルが変わらなかった学習者が，数学，理科，体育，音楽，社会などの時間に，英語で堂々と答えている積極的な態度を目にしました。これらの学習者は数年後に付属高校を卒業し，自分の進むべき将来の仕事について明確な目標をもって内外の大学に進学しました。その結果を見ると，いかに授業内容や授業方法が重要であるかが分かります。

　一般に，日本の中学校，高校，大学での英語教材の内容は，社会的に価値ある課題について討論するとか，学習者の将来の仕事や得意な能力を生かすような学習者中心のものではなく，各国の文化などを紹介した簡単な内容のもので，スウェーデン，フィンランド，韓国など海外の教科書と比較してかなりページ数や語彙数も少なく，教材作成者の多くは英語指導法の効果などについて専門的に研究していないことが問題です。教材は学習者の英語学習

に対するトピックの内容理解，語彙，文法，文章構成，読解速度に大きく影響します。英語教授法だけでなく，こうした教材作りから今一度再構築する必要があると考えられます。まずは，MI が外国語活動にどのように生かされるかを見てみましょう。

6.4 MI と結びつく職業と英語・外国語活動

　次ページの表 6.2 は，日本の生活環境で育まれた知能や経験を生かして英語・外国語活動ができるように，Christison(1998) や Hammond(2009) の MI 理論を参考に，具体的にまとめたものです。学習者自身がもっている知能，経験，将来の職業，興味に応じて，トピックや課題内容の理解を深めることができると思われます。MI 理論の研究分野は，学習者の個人の得意な能力をひきだし，理解を深められるので，英語のみの単一教科に応用できるだけでなく，小学校や中学校から，数学，理科，音楽，体育，地理，世界史，日本史などの他教科にまたがるさまざまな学問分野を英語で指導できる理論的要素を含んでいます。幅広く生物学，社会学，世界史などの分野にも取り組むことができます。ことばは人間の知能と結びついた共通の特性であり，MI 理論を生かしてより英語教育を活性化することができると考えられます。英語指導に関連して，学習者の得意な能力や将来の職業を考えさせるために，8 つの知能に職業を結びつけています。

　言語的知能は，話しことばの理解，書きことばに対する表現力，音素の識別，統語の統制，言語の運用能力，ことばの意味を獲得する能力です。演説家や作家がそうした優れた能力を発揮しています。大統領の演説やキング牧師(Martin Luther King) のスピーチなどがインターネットで見られますので，演説家になりたい人たちに指導すると効果的です。言語的知能を英語・外国語活動に使用する方法として，日本の文化として親しまれている習字，手紙，カード，絵かき，紙芝居，詩，物語など，それぞれの個性と創造を生かします。

　論理・数学的知能は，代数，幾何学，統計学などの計算の仕組みや定理などが理解できる能力です。視覚・空間的知能も活用してマッチ棒や色紙などを用いて三角形，長方形などを作って，英語で数学の問題を解くことができます。具体的な指示物を使って主語，動詞，目的語など文法規則に焦点をあて，

表6.2 MI・多重知能と英語・外国語活動

8つの知能（職業）	能力	環境	英語・外国語活動
① 言語的知能 ・演説家，弁護士，作家，ジャーナリスト，俳優 ＊M. L. King, ＊M. Thatcher, ＊大江健三郎, ＊川端康成	心にあるものを表現し，文章の理解，意見，討論，詩，小説が書ける能力。自国語，他国語の音素の識別，統語の統制，読み，書き，聞き，話し，実際の運用への感受性，演説が上手い。	言語使用の機会を作る。子どもの言語的表現や鑑賞に耳を傾ける。好きな映画，ドラマについて親子，教室で語り合う。	コミュニケーション活動。世界の情報，旅行記，偉人伝記，伝奇物語を読み，感想，要約，詩や日記を書く。メール，ディベート，英文レポート，プレゼンテーションのための資料作成。ストーリーテリング。
② 論理・数学的知能 ・科学者 ＊A. Einstein, ＊B. Gates	問題解決能力，論理・推論，数字・量の統計操作，原因・結果の原理，因果システム，公式が理解できる能力。	数字，公式，表を用いて状況分析，因果関係を考える。パズル，そろばん，電子計算機を使う。	文法の分析。数式，表，図形などを用いて，原因を理論的に表現し，問題解決する。コンピューターによる統計分析。
③ 音楽的知能 ・音楽家，楽器演奏 ＊E. Presley, ＊小澤征爾, ＊美空ひばり	作詞・作曲，音楽鑑賞・音声認識，リズム感。音楽でパターンを聞く，認識，覚え，巧みに扱う能力。	楽器，CDを用いて，聴き，歌い，メロディーで遊ぶ，速度やリズムを楽しむ。	メロディー，リズム，歌，チャンツ，音楽，歌詞を楽しむ。歌い，楽譜を読み書きする。音楽の歴史を学ぶ。
④ 視覚・空間的知能 ・道案内人，航空機操縦者，彫刻家，建築家 ＊P. Picasso, ＊Columbus, ＊van Gogh, ＊Michelangelo	方向感覚，建築，絵画，彫刻，配置，空間の世界をイメージし，3次元的に考え，生み出す能力。心の中に空間的世界を再現能力。	教室や新しい空間の材料の配置を考え，創作などをする。地図で世界を探検する。	絵，地図，迷路描き。文の並べ替え，意味図を描く，チャート，写真，映画などのストーリーの要約。空間・イメージを描いて理解する。
⑤ 身体運動感覚的知能 ・運動選手，ダンサー ＊C. Chaplin, ＊高橋尚子	ダンス，ジャンプ，ゲームができる。何かの物作りをするために，身体全体，一部，手，指，腕を使う能力。	毎日，スポーツや身体的活動を行う。	Total Physical Responseの使用，ダンス，ジェスチャー英語を理解する。道案内をする。教科書の会話文，劇のロール・プレイや台本を読み書きする。
⑥ 対人的知能 ・カウンセラー，看護師，セールスマン，教師，医者，政治家，弁護士 ＊Mother Teresa, ＊F. Nightingale	状況把握，共感，組織・グループのリーダーシップを取り，対立の解決や同意をもたらす能力。人は興味，性格，考え方などが違うことを発見し，他人を理解し，ともに働く能力。	子ども同士が相互作用で問題解決，知識，情報入手や話し手の意図などを分かり合うために話し合い，理解する機会を与える。	ペア，グループワーク，協同学習。文法や意味理解など仲間同士が教えあう。社会的問題となっている課題を取り上げ，ディベートで問題解決策を考える。プロジェクトの課題を与えてポスター，作文をする。
⑦ 内省的知能 ・哲学者，宗教家，作家 ＊M. Gandhi, ＊S. Freud	自分が誰か，何が出来るか，何をしたいか，自己認識・自己分析し，自分の強い部分と弱い部分を知る能力。	学習者自身の感情，好み，方略を聞き，彼ら自身の願い，恐怖心を理解させて対処法を考える。	個人の目標，認知方略，学習計画などのメタ認知方略。日記やポートフォリオ，ジャーナル，チェックリストで反省の機会を与える。
⑧ 博物学的知能 ・生物・化学・物理学者，庭師，猟師，植物学者 ＊C. Darwin, ＊M. & P.Curie	植物栽培，園芸，農業の才能，動・植物の種の識別・分類・分析能力。自然の世界における雲や岩の形状などの感度。	植物や動物の種類の識別ゲーム。野外に出る。動植物図鑑で識別する機会を与える。	テキストの理解を深めるために，図書館，美術館訪問や自然鑑賞など野外授業をする。重要語句のメモをとる。実験データを作成する。

（林　桂子作成）

「気づき」を高めることもできます。論理・数学的知能は、ピアジェ(Piaget)が形式操作期の知能と呼んでいたものです。科学者などは言語的知能と論理・数学的知能を組み合わせた知能をもっています。アインシュタイン(Albert Einstein)のような科学者やビル・ゲイツ(Bill Gates)のようなコンピューター・プログラマーはこうした能力に優れています。

　音楽的知能は、リズムや抑揚、ハーモニーなどです。教材の中でプレスリー(Elvis Presley)、ビートルズ(The beatles)、美空ひばりなどの曲を聞かせることによって、歌詞と音が結びつき言語的知能を発揮し、英語指導に効果的です。ダンスやジェスチャーなど身体運動的知能を用いてリズムに合わせて動き、語彙や文章などの記憶を保持することができます。

　視覚・空間的知能は、空間の広さ、狭さなどを認識する能力です。パイロットや航海士、彫刻家、画家、建築家が必要とする能力です。建築物のサイズの測定、実物の大きさを目の当たりにして、問題解決の糸口を見出します。ピカソ(Pablo Picasso)やゴッホ(van Gogh)などの絵画については、絵の鑑賞や彼らの人生を語った物語を話し合うこともできます。美術館では、MI学習法を用いて、自分の好きな絵を見て、なぜその絵が好きなのか、絵を身体で描写して語り合い、類推や比喩から理解へと導きます。

　身体運動的知能は、ダンス、ジャンプなど、身体全体あるいは手足の一部を使う能力です。人間の運動神経を司る知能と結びつき、子どもの言語獲得においては身体全身反応(Total Physical Response: TPR)の指導法と関連します。身体を用いて、道案内の会話文を覚えたり、劇や物語で実際に自分の役割を演じたり、台本を読み書きしたりします。ダンス、ジェスチャーの使用は、英文のリズムや抑揚の感性と結びつき、詩、会話文、台本の読み書きに効果的です。チャップリンのパントマイムなどをビデオで見せて、ストーリーを語らせたり、身体を動かしチャップリンの物語を身体で表現したりして、類推や比喩を用いてパントマイムのすばらしさなどをシンボル体系化します。

　対人的知能は、他人の意図、動機、欲求を理解する能力で、グループのまとめ役ができるなどの能力です。コミュニケーション能力の育成に欠かせない知能です。小・中学校から協同学習によって話し合う習性を身につけ、高校・大学ではディベートで問題解決策を考えたりして対人的知能を高めます。マザー・テレサ(Mother Teresa)やナイチンゲール(Florence Nightingale)な

どの宗教家，看護師，カウンセラー，販売員，教師，政治家は，そうした能力を必要とします。人前で積極的に話し，人を思いやる心や相手を理解するために欠かせないのがこの対人的知能であり，8つの知能の中でもっとも大切な知能です。

　内省的知能は，自己を理解し，自己の欲求，恐怖，能力について知り，自己分析を行って自分の行為を内省する能力です。予習や復習など自己管理をするメタ認知方略を使います。日記，ポートフォリオ，セルフ・チェックリストなどを用いて，学習者同士お互いに話し合い反省する機会を与えます。内省的知能は個人の感情的な要因が大きく影響しますので，人とのコミュニケーションが積極的にできるか否定的になるかという点において，コミュニケーション力にもっとも大きく関連する能力です。

　博物学的知能は，動植物の生態識別能力や絵，美術の感性をもっている能力です。図書館，美術館訪問や自然鑑賞など野外授業をして，実際に触れたり，鑑賞したり，体験したり，昆虫記を読んでメモをとり，実験データを作成したりして，テキスト内容の理解を深めます。博物学的知能は生物や環境を考えるために必要な知能です。

　知能の優れたそれぞれの人たちの職業について書かれた物語などを教材に取り入れてみると，学習者の誰もが8つの知能を活用することができるようです。英語・外国語学習によっていろんな分野を学び，経験することもできます。学習者には，生来的に感性の鋭い人もいます。幼少の頃よりの文化的経験によって得た知識や知能を用いて1つのことを深く理解し，興味をもって職業などに結びつけることができますので，自分の可能性を広げることができます。ジェスチャー，ゲーム，劇，美術鑑賞などを繰り返し見たり，聞いたり，触れたり，感じたり，五感を用いて悟ることも理解を容易にします。外国語学習になぜMI理論が必要かという問いが発せられることがあります。その答えは，MI理論を実践すれば，さまざまな学問分野におけるトピックを導入することになり，協同学習によって個々の得意性を発揮して，お互いに教え合い，理解を深め，潜在的にもっている知能を高めることになるからです。それは，学習者の将来の職業へとつながります。

6.5 MI理論と心の構成

　Gardner(1999b)が主張している「5つの心の構成」は，MI理論を応用して協同学習による統合的英語指導法を実施するための心得として参考になります。その心とは，学問分野の心(the disciplined mind)，総合の心(the synthesizing mind)，創造の心(the creating mind)，尊重の心(the respectful mind)，倫理的な心(the ethical mind)です。

　学問分野の心とは，科学，数学，歴史，芸術・美術などの学問分野は単なる理論的論争のみに基づくものではなく，日常生活での絶え間ない観察，具体的な事実，そして専門的な枠組みでの科学的理論に基づいて説明ができなければならないということです。例えば，数学の公式は我々にとって意味のある方法で試して発見することです。

　総合の心とは，この世に満ち溢れている多くの情報をいかに統合し，人に伝達するかということです。人は目標をもっていますが，たくさんのアイディアや知識ももっていますので，その情報を統合するためには，語りから始めて，ストーリーを考え，分類例を示すなどの順序を考えることです。

　創造の心とは，1つ以上の学問に精通し，聞いて知っていることを統合すること，また一般に知られている以上のことを探求することです。そのためには，変化しつつある世界のことについて良き新たな問題や疑問を見出し解決することです。

　尊重の心とは，人生の事実には多様性があり，人は誰でも異なる意見をもっていることを認識し，単なる寛容性を超越し，相手にとって最善の立場で考えることです。そして，階層というものがあってはならないことが強調されています。

　倫理的な心とは，地域社会やすべての人間とのつながりを大切にすることです。つまり，人は自分がしてもらいたいように，人にすることです。

　この5つの基本的な心がなければさまざまな学問分野は取り組みにくいということです。学ぶということは，基本的には日常生活において科学的理論の枠組みの中で絶え間ない観察を行うことであり，人がそれぞれもっている能力を尊重し，知恵を出し合い，協力して成し遂げていくものであって，競争や階層を生み出すことではないということです。

6.6 MI理論を生かしたケイガン&ケイガンの英語指導法

　MI理論を生かしたケイガン&ケイガンの実践的指導法(Kagan & Kagan, 2010a)[1]は，アメリカなどのESL言語環境で学ぶ学習者を対象としています。したがって，協同学習の苦手な日本のEFL環境の学習者に適合しないと思われがちですが，MI理論および脳の活性化を基盤としたケイガン構造は，コミュニケーション能力の育成に必要であると痛感しています。

　ケイガン構造の特徴は，教師主導型の伝統的な一人学習ではなく，単なるグループワークでもなく，脳の活性化を指針として5つの原理を基に構築した指導法(Kagan & Kagan, 2010a)です。その5つの原理は，①心理的安心性(Psychological Safety)，②滋養(Nourishment)，③社会的相互作用(Social Interaction)，④情動(Emotion)，⑤情報処理過程(Infomation Processing(Brains Seek と Brain Have))からなっています。

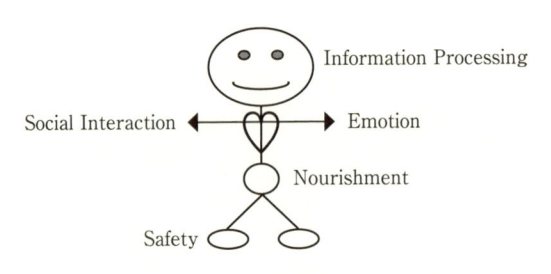

図6.1　ケイガン構造の5つの原理

　この5つの原理に基づいて指導することによって脳を活性化し，学習を長期保持へと導きます。第4章「脳の働き」で述べたように，前頭葉は言語活動・認識・思考・判断・推測などの心的機能に支持的な役割を果たします。意識的な情報処理は前頭葉で行われますが，情動に関する無意識の情報処理は扁桃体に送られます。扁桃体は感情の中枢であり，不安，恐怖，怒り，仲間外れなどの感情が生じたときに活動します。過去に起きた心を大きく揺さぶる出来事などは，海馬を委縮させて古い記憶を留め，新しい記憶ができなくなったり社会的な適応ができなくなったりします。海馬から大脳皮質に送られた情報は長期記憶に保存されます。

　脳の安心性(Safety)を保つには，失敗を恐れず，また支援してくれる仲間の

存在が必要です。脳は滋養(Nourishment)を必要とし、ゲームやリレーなどの運動によってグルコースや酸素を吸収します。脳は社会的な器官であり、社会的相互作用(Social Interaction)においてことばを用いて情動を調整し、注意を喚起して記憶を保持します。脳は安定した情動(Emotion)を必要としており、得た情報は海馬へすばやく取り込み長期記憶へ転送されます。脳の情報処理(Information Processing)は、目新しさに注意を喚起し、予測によって安心性を保ち、仲間のフィードバックを受けて情動が働き、意味が樹状突起に結びつき、多重知能および多重記憶を通して長期保持に至ります。

脳がうまく働き、学習したものを長期保持するには、軽いスポーツやゲームを外国語指導に取り入れる必要があります。ゲームは心理的安定を保つのに役立ち(Safety)、鬼ごっこやリレーなどで筋肉を動かし、滋養を補給し(Nourishment)ます。

脳の活性化に役立つケイガン構造の外国語指導法は、4人1組のグループを基本とし、回答者の順番をセレクター・ツール(Selector Tools)を用いて回して当たった番号の人が答えるのが特徴です。主なグループ指導には次のような方法があります。

1. 円卓討論(Round Robin)・ラリー・ロビン(Rally Robin)

指導者はできるだけ多くの答えや解決法がある問題を提起します。指導者の提示したトピックや質問に対して、1人の学習者が情報を書いて隣の学習者に回します。同様に、順番に回してグループで討論します(Round Robin)。または、ペアで語り合い、答えや解決法を述べます(Rally Robin)。この活動は新しい学習へのエネルギーとなり、思考を明確にし、洗練させ、長期記憶へと結びつき、作動記憶を明確にし、多重知能と多重記憶システムに通じます。

2. 立つ―座る活動(Take Off-Touch Down)

指導者がある意見を提示します。自分に当てはまる人は立ち、当てはまらない人は座ったままです。指導者は次の意見を提示します。立っている学習者は、その陳述が自分にあてはまる場合は立ったままです。この活動は単に立ったり座ったりする単純なものと考えられがちですが、人の意見に注意を喚起し、より高い滋養を与えることができ、脳は目新しいものに注目し、長期保持に結びつきます。

3. 起立―挙手―ペア・アップ (Stand Up— Hand Up— Pair Up)

学習者は指導者の'go'という合図で立ち上がり，手を挙げ，討論のパートナーを素早く見つけます。この活動は脳に高い滋養を与え，脳をより活性化します。脳の各部の機能を活性化し，より活発な社会的相互作用を行い，新しい刺激を与えてエピソード記憶を喚起し，情緒を高め，長期保持につなげます。

4. チームリーダーの移動 (Traveling Heads Together)

まずは，指導者が問題を提示し，考える時間を設定します。次に，学習者が個々に答えを書き，グループで答えを話し合います。指導者はグループの1番から4番までの回答者のうち1人を呼んで立たせ，新しいチームの仲間に入るように指示します。立ったまま，新しいグループに答えを言います。その答えが正解ならば座ります。最後に，指導者は立って答えた学習者を褒めます。

5. 身体運動的表象 (Kinesthetic Symbols)

学習者は内容に結びつく身体的表象を創造し，練習し，実践します。身体運動的表象は，多重知能における身体運動的知能や視覚・空間的知能，多重記憶システムを使用することができます。また，内容を脳のさまざまな場所に結びつけることができ，後頭葉にある視覚，側頭葉にあることば，運動皮質にある身体器官など相互に連結して想起の可能性を増大させます。

以上は，脳科学の視点からの主な活動ですが，次に，MI 指導の重要性についてのケイガンの考え方を見てみましょう。

6.7 MI 指導が教育上重要な理由

ケイガンの MI 指導についての考え方に触れる前に，もう一度知能とは何かについて考えてみます。知能は，問題解決能力でもあるのですが，特別な刺激にひきつけられて新たな問題を生み出し，その道の専門家のように卓越したスキルによって少なくとも1つの文化に価値のあるものを生み出すことです。

しかしながら，必ずしもそのような知能を生み出すことができない学習者もいます。そこで，ケイガン&ケイガンが生み出したMI構造には3つの重要な目標があります (Kagan & Kagan, 2010b)[2]。(1)釣り合い (Matching)，(2)伸

ばすこと (Stretching), (3) 理解すること (Celebrating) です。

「釣り合い」の目標は, すべての学習者がそれぞれの強い知能を生かして最善の方法で学ぶことです。そのためには, MI を生かす指導法をできるだけ多く使えば使うほど, 学習者は自分の強い知能を生かし悟ることができます。例えば, 身体運動的知能の高い学習者が生物について学習するとすれば, いろんな動物や魚などの形を手足指を用いてジェスチャーで示し, 楽しみながら学習内容をより深く理解することができます。

「伸ばすこと」の目標は 8 つの知能を伸ばすことです。強い知能もあれば, 弱い知能もあります。そこで, 学習者同士でいかに知能を強くするかを教え合うためには, インタビュー・カード (Interview Cards) を用いて, What is your strongest intelligence? Why do you think so? Did it come naturally, or did you have to work at it? などの Team Interview をします。

「理解すること」(Celebrating) の目標は人を理解し, 受け入れることです。そのためには, 自己および他人を見つめ, 心の窓を開ける方法を考えることです。人はみな異なっており, 人それぞれに唯一無二のものがあることを認め, その多様性を発見できた喜びを知ることです。自分の能力を知るには, 本とか講義ではなく, 経験して, メタ認知によって悟ることです。例えば, グループで替え歌などによって英語で作詞・作曲 (Lyrical Lessons) をします。出来上がれば, みんなの前で, 音楽的知能や身体運動的知能を用いてジェスチャーを入れてグループで歌います。作詞・作曲しながら, 自分を省みるという内省的知能が働き, 人を受け入れ, 認め, あるいは意見の違いを認めるという対人的知能が活性化します。

以上の 3 つのケイガン MI 構造の考え方は, 人がそれぞれ異なった側面において優れた知能をもっていることを認め, さまざまな方法で強い能力を生かし, 弱い能力を強くすることを基本としています。

これらの実践例は, 具体的な教材や 8 つの知能に合わせた指導法ではないのですが, 指導者がそれぞれの教材に応じて, ペアやグループワークによる協同学習および 4 技能の統合的指導に用いることができます。指導者が一方的に説明して聞くだけの授業ではなく, 学習者が自ら行動し, 考え, 観察することで, 物事の特性や規則性, 分類などを発見できるようになります。

6.8 まとめ

　本章では，MI理論を日本の英語・外国語教育に応用できる価値を取り上げ，学習者の得意な知能を生かし，将来の仕事に結びつくように英語学習の動機を高め，トピックや課題についての理解を深めることを目的とし，学習者中心の協同学習による統合的英語・外国語指導法の可能性を検討しました。

　MI理論は海外ではいくつかの国々ですでに実施されていますが，日本ではほとんど応用されていないのが現状です。唯一，部分イマージョンを実施している中・高一貫教育の学校では，英語母語話者が教科横断型英語活動のカリキュラムのもとでMI理論を使用しているところが見受けられますが，学習者がさまざまな科目で見事に英語を使っている様子を目の当たりにすると，日本の英語教育に対して，指導法だけでなく，教材作りから見直す必要があると感じられます。

　MI理論を英語・外国語学習活動にいかに導入するかについて，具体的な表を作成して，日常生活や有名な職業家の自叙伝を語るなどの方法を紹介しました。そうしたストーリーを英語で高校生や大学生に読み聞かせたり，発表させたりすると，自分の将来の仕事と結びつけて興味をもって読むようにもなり，自律学習もできるようになります。

　心の構成はGardnerがMI理論を考える基盤としたものです。英語活動にもこの5つの心を基盤としてMI理論を発展させることができます。授業では歴史的人物の特性に焦点をあて，演劇的に役割演技をさせてその人たちの特徴を語り合わせることも，理解を深めることになります。

　ケイガン構造の英語指導法は，脳科学・情動の側面からコミュニケーションに必要な方法です。身体を動かす言語活動が単なるゲームではなく，第4章に述べたように，脳の活性化や長期記憶保持のための明確な理論的根拠に基づいて構築されています。

注

1) & 2)は，2011年にLas Vegas, USAで開催されたKagan WorkshopでDr. Spencer KaganおよびRob Jutrasから学び得た資料に基づくものです。

第7章 理解のための外国語学習・指導の7つの原理

7.1 理解とは何か

英語学習において興味や関心を高めるには、「分かる」「理解する」ことが基本となります。「分かる」とは何か、「理解する」とは何か、学習者の理解を向上させるにはどのようにすればよいのか、この1つ1つの疑問に明確に答えるのは難しいことです。文法指導などにおいて、明示的な規則の説明を受けても分からなかった学習者が、実際に運用しているときに「気づく(noticing)」ことがあります。人から説明を受けた時は分からなくても、実際に使い慣れてくると規則性を「悟る」ことができる場合があります。MI 理論では、"Smart!" "We are all smart in many ways!" ということばがしばしば使われます。これは、人は単に身体の一部だけで「賢い」ということではなく、いろんな方法で「気づく」「利口になる」という意味が含まれています。未知の体験については、ことばだけでは相手の言っていることが何を意味しているか分からないことがしばしばあります。しかし体験することによって相手の言ったことばの意味が分かることがあります。「理解する」ということは相手が何を意味しているかが「分かる」ということでもあり、体験によって「気づき」「悟り」、新しいことに「適用する」ということではないでしょうか。ことばは、話し手の意図を伝えるために用いられます。一方、聞き手は、そのことばの意味を通して理解しようとします。しかし、ことばだけでは理解できないことがあるのです。

```
    ┌背景的知識┐                    ┌背景的知識┐
      話し手          言語              聞き手
      意図            音声 →
                      語彙 → → 理解
                      文法 →
        └──────────────────────────────┘
                    話し手の意図
```

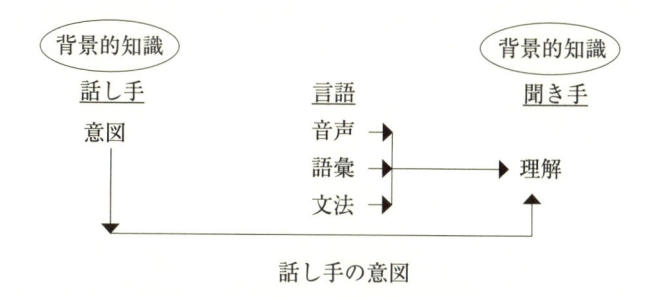

図7.1 ことばと理解 (林, 2004b)

図7.1に示すように，言語ということばには，音声，語彙，文法などの要素が含まれていますが，同じ語彙や文でも，状況によって意味が異なることがあります。話し手と聞き手が同じ年齢，興味，経験や状況の背景的知識を共有していれば話し手の意図も理解できますが，抽象的な未知の体験やそれに伴う文法の規則性については，説明されても理解することは難しい場合が多いようです。相手がどのような経験をし，どのような状況でことばを用いているかを把握してこそ，理解できるようになります。Blythe with Perkins は，「理解とは，1つの課題について説明，証拠や例の発見，一般化，適用，分析，新しい分野への応用など，さまざまな示唆に富んだことができること」としています (Blythe & Associates, 1998: 12)。つまり，理解とは学んだ知識を状況に応じて適用し，運用(performance)する継続の過程です。文法や語彙の知識の決まりきった規則を知っているだけでなく，その知識を適切に適用して継続的に運用すれば理解に熟達します。日本の英語教育のカリキュラムでは，文法，読解，英会話，英作文のように，知識とそれを運用する機会が分かれていることが問題です。文法も抽象的な規則の知識を与えられるだけでは不十分で，実際にコミュニケーションの場で適切に使ってはじめて理解できたと言えるでしょう。

7.2 コミュニケーションとは何か

コミュニケーションとは何か，その定義について考えてみましょう。学習指導要領における英語教育という教科の目標は，「積極的にコミュニケーションを図ろうとする態度の育成」になっています。しかしながら，「コミュニケーションとは何か」という定義については学習指導要領には明確に書かれていません。英語・外国語を用いてコミュニケーションをするために，小学校の段階では，音声面を中心としてコミュニケーションの素地を養うこと，そして中学校の段階では，「聞くこと」「話すこと」「読むこと」「書くこと」の4技能をバランスよく育成することの必要性が強調されているだけです。一方，外国語科の目標の中には，「外国語を通じて，言語や文化に対する理解を深める」と書かれています。したがって，いずれにせよ，理解のための指導とは何かについて考える前に，コミュニケーションとは何かについて明確にしてから，英語・外国語学習の意義を考えてみる必要があります。

コミュニケーションといえば，しばしば自分の考えや気持ちなどを正確に伝

えることが強調されています。しかし，コミュニケーションとは自分の考えだけを一方的に述べることではなく，聞き手や読み手の立場や考え方を理解して，共通の理解と同意に達して成り立つ相互作用です。自分を理解してもらうためには，相手の意図や立場を理解することが重要です。人にはそれぞれの経験による背景的知識があります。お互いの異なった経験や意図を知り，明確な方法でトピックの重要な部分を伝えるための例，類推，比喩を用いて共通の理解を得ることができます。ここで，外国語としての英語教育の意義について，英語と教育の2つに分けて考えてみましょう。英語という言語を話す文化についての「異文化理解」と，教育による「知性・人間性の養成」に英語教育の意義があると思われます。異文化理解とは，人がお互いに異なっているということを前提として，世界中の異なる人々や文化における多様性を認識して尊重し，人との相互理解によって，1つの目的に向かって進むことができる「人格の形成」であると考えます。また，知性・人間性の養成とは，言語構造，語彙，発音，文法，思考力を身につけるためのことばを学習し，さまざまな人と接触して国際感覚を養うと同時に，自分自身のアイデンティティも自覚することです。このように，言語や文化の異なる世界中のさまざまな人々の多様性を認め，尊重して，相互作用を通して，お互いに理解できるようにすることこそが，コミュニケーション能力の育成であると定義づけることができます。聞く・話す・読む・書くという4つの技能は，ことばを通して理解するためのコミュニケーションの手段です。英語・外国語指導に関する4技能の指導にあたり，文法規則や意味内容をどのように指導するか，学習者の「理解」を中心とした指導法として，Gardner が提唱している導入法について次節で考察してみましょう。

7.3 理解のための入口と英語・外国語指導

　MI 理論に基づく理解のためのトピックの導入の仕方として，Gardner (1999a) は，3段階の学習法を提案しています。第1段階については，第2章で述べた MI 学習法の7つの入口 (entry points) に焦点を絞り，説明しているものです。トピックをいかにひきつけるかという7つの入口 (語り，量的・数的，論理的，根本的・実存的，美的，体験的，社会的) のいずれかから学習をスタートすることです。これらの学習法をより効果的にするためには，心理学の用語でいう「初頭効果 (primacy effect)」と呼ばれる記憶法を用いることです。初

頭効果は，記憶貯蔵庫が空白のときに最初に入力されたものは忘れないという効果であり，最初の語や文がリハーサルされて長期記憶貯蔵庫に入るために比較的想起率が高いと言われています。脳は初期経験の出来事に影響される柔軟な器官ですので，最初の授業は忘れないという新鮮さを生かすことです。例えば，「進化(evolution)」というトピックを英語の授業で指導する場合，次の7つの入口を辿ります。①語りによる入口では，ダーウィンのストーリーについてイメージを描くように読みます。CDを使うのもイメージを描くことができて英語のリスニングに効果的です。②量的・数的入口では，進化を知るために百科事典などを用いて個体や種の発生率について調べます。③論理的入口では，英文構成になっている導入，支持詳細文，結論の三段論法を用いて進化の内容について概念化します。④根本的・実存的入口では，「私たちは誰なのか」「どこからきたのか」という疑問を感じて問いを発します。⑤バランスや調和のとれた美術作品や材料に興味をもつ学習者は，進化の系統樹の枝や隙間について興味を引くことになるであろうから，そうした学習者に質問します。⑥体験的入口では，何かを組み立てたり，実験したり，「進化」については，遺伝的変異体の発生と死滅を観察したりします。自分なりの見解を話したり，書いたりします。⑦社会的入口では，集団の場であることを意識して，プレゼンテーションで異なる役割を引き受け，他者の視点を観察します。他者の見解を聞き，討議します。

　第1段階の7つの入口は，英語学習においてなぜこのトピックを学ぶのかを認識させることです。学習者一人ひとりの知能の適合性に向けて質問したりして，興味をかきたてるように仕向けます。

　第2段階は，親近性効果(recency effect)を用いてメタファー(比喩)とアナロジー(類推)を使用します。馴染みのないトピックは，馴染みのある理解できるトピックから類推します。親しみやすい領域，あるいは強い領域から弱い領域へ，相違性と類似性から入ってトピックの重要語句をとらえて深い理解を得るようにします。

　第3段階は，グループでトピックの中核となる点を意味図(semantic mapping)や絵を用いて確認し，それぞれが英作文によって文章化します。多重表象(multiple representations)による相補的な表象が理解を容易にします。

こうした学習法は、英語・外国語活動では教科書のトピックについての興味をひきつけるために、初頭効果を使い、印象深いものをウォーム・アップで導入します。次に、グループでそれぞれが自分の得意な知能を生かして、お互いにトピックの内容について知っていることを語るという馴染みのあることから入れば、類推の概念が働き、それまで馴染みのなかったことも理解できるようになります。不思議なことは自分たちで考えて、何が重要なポイントであるかについて話し合い、最後にみんなで全体の意味内容を要約します。そうすれば、よりよく理解できるようになります。こうした導入の仕方が MI 理論に基づく理解のための指導法の1つです。次に、MI 理論に基づく理解を促進させる指導の基本的要素について考えてみましょう。

7.4 理解のための指導の基本的要素

表 7.1（次ページ）の「理解のための指導」（Teaching for Understanding: TfU）の基本的要素は、ハーバード大学・プロジェクト・ゼロチームの Blythe & Associates (1998) や Hetland (2005) によって考案されたものです。TfU は、課題と理解に焦点をおいた指導法として注目に値するものであり、外国語としての英語の4技能を指導する際に効率的な指導法であると考えられます。理解を促進させるための指導の基本的要素は、発展性のある課題、理解の目標、理解のための実践活動、継続的評価の4つです。発展性のある課題とは、日常生活に結びついた社会的中核となる意義のある課題、学習者の能力や興味に応じた課題を選ぶことです。理解の目標とは、課題について、単なる創造ではなく、学習者同士で話し合い、その概念の重要性を理解することです。理解のための実践活動とは、経験し、実践して洞察力を高め、理解を確実にすることです。継続的評価とは、実践活動および学習内容について自己評価・指導者評価することです。

表 7.1　理解のための指導の基本的要素

1. 発展性のある課題(Generative Topics)
   - コースのトピックは，多分野に跨る学際的中心課題，学習者および指導者の年齢，必要性，背景，得意分野，経験に応じた興味深いものを選ぶ。
   - 入手が容易なさまざまな教材を選ぶ。
   - さまざまな状況と結びついた価値ある課題：表，グラフ，写真，図などの入った社会科学的に根拠をもって洞察することができる課題を選ぶ。
2. 理解の目標(Understanding Goals)
   - 単なる創造，表現，発話ではなく，課題の概念レベルまで理解させる。
   - 課題について明確に説明し，指導者，親，仲間とともに話し合い，学ぶ意義，社会的価値などの問題点を把握する。
   - 理解を妨げるような共通の誤解，憶説，障害に焦点をおかない。
3. 理解のための実践活動(Performances of Understanding)
   - 経験は理解の目標となる重要な概念を直接的に発展させる。
   - 経験は内容について活動的に考え，概念，過程，理解を深める。
4. 継続的評価(Ongoing Assessment)
   - 理解の目標に関連した実践活動でチェックし，次回の実践において指導する。
   - コースの終わりに，単元ごとに非形式的(観察，討論)と形式的(単元の目標，理解目標など)な学習内容の理解について学習者自己評価，指導者評価をする。

(1～4の項目タイトルは上條訳(2005)に基づく)

　このような基本的要素を英語教育のコース目標の設定にするためには，いくつかの問題を考えなければなりません。まずは，クラスサイズの大きい授業のコースで何を目標に指導するか。リーディング，ライティング，リスニング，スピーキングの4技能のすべてのコースで実施できるかどうかです。2つめは，学習者が興味を示すトピックを選択する方法を考える必要があります。3つめは，英語で読むことや書くことが得意な学習者と，話すことが得意な学習者，人前であまり話すことが得意でない学習者と，読むことが得意でない学習者に対する指導法を考慮することです。

　この基本的要素を基に理解のための指導を実践する方法については，第2編第2章から第5章までのそれぞれのスキルの指導を目標として，理解のためのコース目標を設定します。

7.5 言語獲得理論と MI 理論

　理解のための指導に関連して，言語獲得理論と MI 理論の相違点と類似点をまとめておきましょう。1つめは，Gardner の MI 理論は「文法」と「理解」という側面において，Chomsky が主張する言語獲得理論とは異なるということです。Chomsky は，人間には文法に関する言語獲得装置(LAD)が備わっており，わずかな入力を引き金として聞いたこともない文を理解することはできるが，そのことが類推によって言語を獲得することを意味するわけではないとしています。一方，MI 学習法では，第1編第2章2.4節および本章7.3節で述べたように，理解のための入口として7つの入口，比喩・類推，シンボル体系という3段階を経ることになります。「なぜこのトピックなのか」，社会的な経験を通してその意義を考え，馴染みのあるトピックや比喩から類推によって理解を深めることになります。

　2つめは，MI 学習法は，Krashen & Terrell(1983; 2000) が主張するナチュラル・アプローチによる入力仮説の1つである「理解可能なインプット(comprehensible input)」とは異なるということです。理解可能なインプットとは，やさしいものをたくさん読むことによって，文法構造において現在のレベルであるiが文脈から推測して自然の発達順序にしたがって次の段階のi＋1のレベルになることです。しかし，一方的な言語入力だけでは文法規則や文の意味理解は不十分です。理解を深めるためには，すでに取り上げた MI 学習法が効果的です。Swain(1985)が6つのアウトプットの役割を主張するように，人との相互作用によってアウトプットができるようになり，社会の仕組みなどの意味内容を理解し，文法規則にも気づくようになります。

　3つめは，MI 学習法と Vygotsky の共通性です。Vygotsky(1978)(柴田(訳), 1987, p.89)は，子どもの発達状態について現下の発達領域(actual developmental level)と最近接発達領域(zone of proximal development)の2つの領域を提唱しました。現下の発達領域は，過去の経験に基づく心的発達で，子ども自身がすでに完成した能力を用いて自主的に問題解決を行う場合です。最近接発達領域は，大人の助言を得て，あるいは友達との協力によって問題解決を行う場合です。子どもは1人よりも協同学習によって，多くの問題や困難な問題を解くことができるという最近接発達領域の優位性を指摘しています。Piaget(1964)もまた，子どもが環境に働きかける同化作用と，自分の組織構造

の枠組みのなかで働く調節作用による社会的な相互作用の中心的な役割を強調しています。VygotskyやPiagetの見解は，指導者の社会的経験に基づく指導と学習者同士の知識に基づく話し合いとの相互作用によって理解が高まるとする点において，MI学習法と共通していると考えられます。そこで，理解のための英語・外国語指導法の要素として次の7つの原理を考察します。

7.6 理解のための外国語学習・指導のための7つの原理

　英語・外国語能力を高めるためには，Krashenが主張する理解可能なインプット(comprehensible input)をたくさん与える多読は効果的です(Mason & Krashen, 1997a; Hayashi, 1999b)。しかしながら，外国語としての英語力を身につけるためには，語彙・文法・音声という目に見えることばの暗記や理解だけでなく，話し手と聞き手，読み手と書き手が文章を通して相互に理解しあうことが必要となります。読み手・聞き手は書き手・話し手の意図を推測し，共有できる事実を見出して，文脈から意味内容を理解します。資格試験やテキストでは，本文の内容について理解したかどうかを確かめるために，理解力テスト(comprehension check)に答え，正解率で理解力の程度を確かめることもできます。けれども，課題については，ほんとうに理解しているかどうかわかりません。お互いに話し合って答えを確かめてはじめて，誤解していたことや重大な意味内容に「気づく」こともあります。単に文法の規則や語彙を知識として与えるだけでなく，その規則性や知識を実際に使用し，適用・応用することが理解につながります。1人の学習者が馴染みのない難しいトピックや文法・語彙などでつまずけば，知っている別の学習者が気づかせることもできます。4つの言語的スキルを人と人との相互作用を通して統合的に使用することによって，言語感覚を身につけ，理解を深めることができます。このようなコミュニケーション能力を利用した相互作用によって，「授業が分かる」と言えるのではないでしょうか。そのための外国語活動として，第2編実践編第5章で実践報告していますように，ディベートやプレゼンテーションなどの統合的指導法が効果的です。その基本的原理となる理解のための統合的な外国語指導法について表7.2にまとめています。

7.6 理解のための外国語学習・指導のための7つの原理　103

表7.2　理解のための外国語学習・指導の7つの原理：APEC3I

---
(1) Application（適用）：学習した知識の適用・応用。
(2) Performance（実践）：学習した知識の実践的活用。
(3) Experience（経験）：経験・体験による意味・規則性への気づき。
(4) Cooperative learning（協同学習）：協同学習での話し合い，ブレーンストーミングによるアイディアの出し合い，情報交換し，文脈からの意味把握。
(5) Integrated approach（統合的アプローチ）：読み・書き・聞き・話すの4技能の統合的行為。
(6) Interaction（相互作用）：書き手と読み手，話し手と聞き手の相互作用。お互いの背景的知識，意図，文脈・状況の推測。
(7) Interdisciplinary（多学問領域）：さまざまな課題や教科の学問領域（disciplinary），知能の利用。

　理解のための外国語指導の基本的原理を，経済発展のための近隣諸国との協力を意味する APEC（Asia Pacific Economic Cooperation: アジア太平洋経済協力会議）に因んで，APEC3I（エイペック・スリーアイ）と名づけることにします。7つの原理（Hayashi, 2008b）は次のように説明することができます。

　実践，経験・体験を積んで，蓄えた潜在能力に自信をもって内容を理解し，問題解決の糸口を探り，人から学んだ知識を適用します。その過程で，文脈から語彙や話しことば・書きことばの意味内容を理解するために，協同学習を行うと文脈から推測する力が生じます。異文化理解を体験し，4技能を用いた統合的アプローチによって，気づき，悟ります。相互作用によって，書き手と読み手，話し手と聞き手の背景的知識，意図，文脈・状況を推測して学習内容の理解へと辿り着きます。英語はあくまでことばという手段であり，さまざまな課題や教科領域の学習を含む多学問領域です。

　EFL言語環境であろうとも，第6章表6.2に記述した8つの知能と英語・外国語活動について，学習者同士が自分の得意とする知能を生かしてともに学び，実践によって経験・体験し，お互いの知識を体験の中で適用・応用し，問題の課題・トピックについて理解を深めることができます。これらの7つの原理は，理解を目的としたコミュニケーションのための英語・外国語指導の基本的要素となります。

7.7 MI理論と協同学習

　Vygotskyが最近接発達領域を提唱しているように，協同学習は，学習者同士がお互いの知能を生かして内容をより深く理解し，問題解決を行うことに効果的です。しかし，日本人同士で外国語を用いて協同学習をすることがかなり難しい場合も多くあります。グループ学習は苦手，嫌いという学習者がいます。小学校から協同学習の習性が身についていない，性格的に合わない，人とうまく話すことができないなどの場合に，グループ学習に対する苦手意識が生じてきます。そのような苦手意識を避けるためには，次のような方法を考えてみるのも一案です。

(1) MI理論の特徴は，人それぞれがもっている8つの知能の特性を生かして，強い知能は洗練されてますます強くなり，弱い知能は他の者と協力して育てることにあります。そこで，4月の最初の授業で自己紹介の折に，本書のp.viiに書いたFind Someone Who ... を用いて学習者同士で誰がどのようなことができるのか，どのような科目が得意であるかなどを個人の特徴をお互いに知るようにします。あるいは，第6章6.2節表1.6に示したArmstrongによるチェックシートで学習者な得意な知能を知ることもできます。指導者もその特徴を書き留めておくと良いでしょう。そして課題によりますが，各グループではそれぞれ異なる特性をもつものが集まります。そして一人ひとりが自分の得意なことと得意でないことをお互いに知らせます。どのような課題であれ，知っていることについては教え合うことを原則とします。

(2) 課題として各グループの全員が自己責任をもって教えることができるような内容のものを与えるようにします。学習者は教えることができれば自信をつけることができるようになります。

(3) グループ学習では，一人ひとりがもっている得意な能力と不得意な能力をお互いが個性として認め，尊重しあう相互作用を通して，理解しあうことができるという原則を説明しておきます。

(4) 誰がどんなことができるかということを発見できる喜びを見出し，協同学習によって成績が伸びることも示しておきます。

　協同学習については，第2編第4章でリーディング，ライティング，ディベー

トの統合的指導法の例を挙げています。

7.8 まとめ

　英語・外国語学習や指導において学習者の興味や関心を高めるには,「分かる」「理解する」ことが基本となります。本章では,理解とは何か,コミュニケーションとは何かについて定義し,学習者の興味をひきつけ,理解を向上させる MI 学習法を提示しました。Gardner の 3 つの段階は,トピックに興味をひきつける入口となり,比喩や類推を使って,表象・シンボル体系によってトピックについての理解を最大限へと導きます。

　理解を促進するには,人それぞれの経験と記憶による背景的知識を用いて,お互いの異なった経験や意図を知り,類推や比喩を使って共通の理解を得ることができます。外国語としての英語教育の意義は,異文化を理解することと知性・人間性を養うことにあると思われます。言語や文化の異なる世界中のさまざまな人々の多様性を認め,尊重し,相互作用を通して理解することがコミュニケーション力の育成につながります。

　Hetland (2005) の理解のための指導の基本的要素を基盤にして,理解のための外国語指導の要素について考察しました。そこで重要なことは,1 つのコースに対して,常に理解のための指導の目標を設定することです。その目標にはコース全体の目標とユニットごとの目標を定めます。学習課題として社会的に重要で,個人の興味ある課題を選択し,文の意味内容をより深く理解するためには,概念の理解と問題点の把握,理解のための実践的活動,理解に対する継続的評価が大切です。

　文法の指導においては,Chomsky や Krashen が主張する言語獲得装置によって,自然に獲得あるいは理解するという文法の側面について考える必要もありますが,理解という知能の側面においては,Gardner や Vygotsky などの見解によると,人間の知能は周囲の環境による影響や経験によって成長します。協同学習によって人から学び,お互いに知っている知識を分かち与え合い,相互作用によって学ぶことの方がより深く理解することができます。学習者が得意とする知能を生かし,弱い知能の助けとなり,弱い知能も強くなります。本章では,MI 理論を応用して,「理解のための 7 つの基本的原理 (適用, 実践, 経験・体験, 協同学習, 統合的アプローチ, 相互作用, 多学問領域) APEC3I)」を提

唱しました。7つの基本的原理に基づく協同作業は，体験や経験を生かして悟り・気づくことになり，学習者のそれぞれの強い知能を生かすことによって，より深い理解へと導くのに有益です。

第2編
実践編

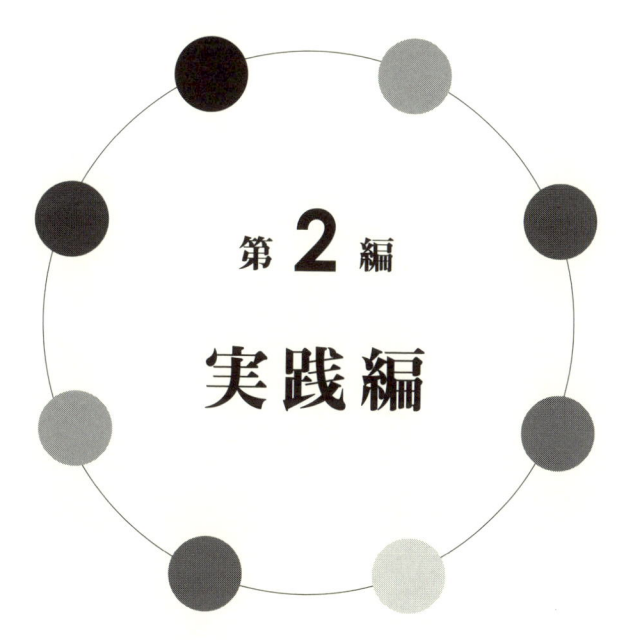

第1章 MI理論の観点からみる教育目標と語彙指導

1.1 「個性化教育」とは何か―学習指導要領における教育目標と MI 理論の相違

　第1編では，個人の得意な知能を生かす MI 理論を英語・外国語指導に応用できる可能性について，理論的側面から個人の特性と一般的特性の分野を検討しました。個人の特性については，学習者の興味・関心・理解，言語適性，学習スタイルなどを検討し，一般的特性については，脳の働き，外国語教授法の変遷，理解のための指導法などについて検討しました。第2編では，MI 理論を応用した協同学習による統合的指導法について実践的指導の側面から検討し，4つのスキルを向上させるための指導法を紹介します。本章では，学習指導要領における教育改革および外国語科の教育目標と指導内容の変遷を取り上げ，教育目標の中核となる「個性を生かす教育」の概念について，学習指導要領が目指す内容と MI 理論が目指す内容の違いを考察し，指導内容の厳選によって削減された指導語数が外国語教育に及ぼす影響について検討します。

　学習指導要領は10年ごとに改定され，教育目標と指導内容は時勢の流れに沿って変化しています。戦後から今日までの英語・外国語教育の流れの中で比較的近年に変化したものとして，およそ50年間にわたり選択科目であった英語が必修科目になったことが挙げられます。英語は選択科目のときから実質的には必修科目と同じように扱われており，日本の外国語教育は英語一辺倒でした。しかし，英語が必修科目となった後も，英語力の低下が叫ばれています。英語力に影響を及ぼしているのは，1976年代以降，改訂の度に教育目標が「個性を生かす教育」を基盤に「ゆとり教育」「生きる力」となり，学力の向上とは逆の方向へ変化して，授業時数や指導語数が大幅に削減されていることです。学習内容の削減に至った教育目標の変遷を辿りながら，MI 理論の観点から「個性を生かす教育」とは何をすべきかについて考えてみましょう。学習指導要領の告示および実施年は，中学校の英語・外国語教育課程を中心に述べます。

　学習指導要領[1]は，1947(昭和22)年から1953(昭和28)年までは，英語編(試案)となっており，連合国軍の司令下にありましたが，英語教育の目標は，英語で考える習慣を作ること，聞き方と話し方は英語の第一次の技能(primary skill)

で，読み方と書き方は第二次の技能(secondary skill)であり，この技能の上に作文と解釈との技能が築かれること，英語を話す国民について知ること，特に風俗習慣および日常生活について知ることでした。1958(昭和33)年度告示・1962(昭和37)年度実施(中学校)のものから，独立国家として国際社会に新しい地歩を確保し国民の教育水準を高めるために，教育課程の基準が設けられています。中学校および高等学校ともに「系統学習」を重視し，科目数に幅をもたせ，生徒の能力・適性・進路などに適応する指導が目標でした。外国語科の目標は，音声に慣れさせ，聞く・話す能力の基礎を養い，基本的な語法に慣れさせ，読む・書く能力の基礎を養い，外国語を通してその外国語を使用している国民の日常生活，風俗習慣，ものの見方などについて基礎的な理解を得させることとなっていました。指導語数は，中高総語数4700－4900語が設定されていました。

1969(昭和44)年告示・1972(昭和47)年実施(中学校)の教育目標は，高度な科学技術の発達，経済・社会・文化などの急激な進展に伴い，国際理解と国際協調の精神の涵養を図り，個性・適性・能力などの理解，職業についての基礎的な知識や技能の修得および勤労を尊重する態度の育成でした。外国語科の目標は，外国語を理解し，表現する能力を養い，言語に対する意識を深めるとともに，国際理解の基礎を培うことでした。指導語数も中高の総語数は3600語－4850語という幅広い語数が設定されましたが，私立・公立の学習レベルには差がなく，高度な教育が行われました。

一方，高度な教育を目指した過密カリキュラムのもとで，「詰め込み教育」に対する反動で「授業についていけない生徒」が大量に増えて，1976(昭和51)年には，公立学校では学習内容を削減する提言が出されました。1977(昭和52)年告示・1981(昭和56)年実施(中学校)の学習指導要領では，教育目標は「ゆとりと充実」になり，自ら考え正しく判断する力，強靭な意志力，自律的精神を養うことでしたが，中学校では生徒の個性や能力に応じた教育が，また高等学校では個人の能力・適性に応じて選択履修を重視する教育が行われました。外国語の教育目標は，外国語を理解し，外国語で表現する能力を養い，言語に対する関心を深め，外国の人々や彼らのものの見方などについての理解を得るというものでした。ゆとり教育のもとでは，中高の指導総語数は2300－2800語と極端に削減されました。1970年代後半から1980年代にかけて，高度経済成長や共通一次試験とともに大学進学率も上昇し，受験戦争の激化や能力主義がもたら

されました。そこで，1989(平成元)年に告示され，1993(平成5)年に実施された中学校の教育目標は，情報化，国際化，価値観の多様化などの社会の変化とともに，豊かな心，たくましく生きる人間の育成，自ら学ぶ意欲と社会の変化に主体的に対応できる能力の育成，個性を生かす教育の充実を図ることを目指して改訂されました。個々の生徒の能力・適性などに応じる必要があるということです。外国語科の目標は，「コミュニケーションを図ろうとする態度」「国際理解の基礎を培う」となり，指導語数は中高総語数2900語です。

1998(平成10)年告示・2002(平成14)年実施(中学校)の学習指導要領では，豊かな人間性や社会性，国際社会に生きる日本人としての自覚，自ら学び，自ら考える力を育成すること，個性を生かす教育を充実することが掲げられ，本格的な「ゆとり教育」が始まり，学校は完全週5日制となって「総合的な学習の時間」が新設されました。外国語科の目標は，聞くことや話すことなどの実践的コミュニケーション能力の育成になり，英語の指導語数は益々大幅に削減されて，中高総語数は2700語になりました。2002年には，『「英語が使える日本人」の育成のための戦略構想―英語力・国語力増進プラン―』が作成され，英語教員が備えておくべき英語力の目標値として英検準1級，TOEFL550点，TOEIC730点という設定がなされました。それ以降は生徒の英語力の測定にもTOEICが使用され，中学校から大学に至るまでTOEIC中心の授業がなされています。それにもかかわらず，TOEFLやTOEICなどの世界的指標で見られるように日本人の英語力は下位に位置しています。その主な原因は，「ゆとり教育」を掲げて，学習内容の厳選を求めて指導時数や指導語数を大幅に削減していることです。ここでの大きな問題は，「個性化教育」のあり方です。「個性化教育」は，すでに備わっている個性・適性・能力に応じて学習内容を減らすことでもなければ選択履修を重視することでもなく，教育によって知能や能力を伸ばしていくことです。

2008(平成20)年に小・中学校学習指導要領が公示され，小学校英語活動は2011(平成23)年から，中学校は2012(平成24)年度から完全実施されます。外国語科の目標は「積極的コミュニケーション態度の育成」となり，1976年以来減り続けてきた授業時数は，中学校では年間105時間から140時間に増加し，指導語数は900語程度から1200語程度へと増加させて，中高総語数は3000語となります。しかしながら，このような目標は，単に指導語数や授業時数を増減

させているだけに過ぎず，根本的には何一つ変わっていないのです。学習指導要領に「個性を生かす教育」とはどのような指導法であるのか，明確な定義がなされていないことが，長年にわたる学習時数や指導語数の削減となり，英語力の低下を引き起こしているということを考える必要があります。

　MI 理論の観点からすると，「個性を生かす教育」とは，第1編第2章，第6章，第7章の MI 学習法で述べたように，学習者にとって得意・不得意な知能，あるいは強い・弱い知能がありますが，協同学習によって学習者がお互いにもっている知能を尊重し，8つの知能を用いて課題について情報収集し，問題点を考え，討論し，実体験に基づいて問題が解決するまで意欲的に取り組む姿勢や問題解決力を高める姿勢を身につけることです。学習者にとって最初から得意な知能を見出すことは難しいことであり，また不得意・苦手な能力は教育によって得意な知能になる可能性があります。英語の指導法で「個性を生かす教育」も同じことです。協同学習によってお互いの知能を尊重し，弱い知能は強い知能によって助けられ，自ら学び自ら考える力を育てる学習者主体型の指導法に基づいて4つの技能をバランスよく使いながら，英語力を教育の中で培い伸ばすことが大切です。語彙指導は，教科横断型の指導を実施することによって，体育，音楽，数学，理科など学習者の得意な科目の内容を英語で知ることができるので，幅広く多くの語彙を学ぶことができます。

　教室で一様に指導しても，すべての学習者が1つの教科に対して同じ結果を示すとは限りません。幼少の頃より培われた文化的背景や個人・家族の価値観によって，得意な知能は異なり，興味・関心も異なります。そこで，学習者の得意な科目や能力を認め，自信をもたせ，協同学習によって苦手な科目を克服させることも「個性を生かす教育」の1つです。語彙力も機械的な暗記によるか文脈から推論できるかは，学習者の得意な能力によって異なります。画一的な観点ですべての学習者に同じ成果を期待して，結果が悪ければ落ちこぼれとするのではなく，得意な分野から始めて苦手な分野を伸ばすことです。そのためには教科横断型指導などによって語彙数の増加も考える必要があります。指導内容の削減ではなく，どのようにすれば語彙力や英語力を向上させるかを考える必要があるのではないでしょうか。語彙数の減少が英語力に及ぼす影響について，語彙数と TOEFL の国際比較調査から見てみましょう。

1.2 外国語としての英語指導語彙数の国際比較

小池科研研究グループが，中学校および高等学校の英語教科書に基づくアジア3か国と日本の英語指導語数，および TOEFL 得点を比較した結果，日本は TOEFL も指導語数も一番低くなっています（表1.1）（小池，2008）。日本の指導語数は，中国や台湾のほぼ半分です。韓国は，日本の3倍の語数を指導しています。しかし，韓国の場合，指導語数は多いですが，TOEFL 合計得点は中国や台湾よりは低くなっています。

表 1.1 外国語としての英語指導語数と TOEFL 得点

指導語数	TOEFL 得点(2003-2004年度)
日本：中学校〜高校　3080語(2008年度)	P520　CBT190
中国：小学校〜高校　5750-6150語	P550　CBT213
韓国：小学校〜高校　7050-8200語	P550　CBT213
台湾：小学校〜高校　5180語	P537　CBT203

(P：ペーパー版，CBT：コンピューター版)

同じく小池科研研究グループで，投野が教科書における総語数について韓国と日本を比較しています（表1.2，緑川（2008）を基に林が作成）。中学校および高校の教科書で用いられている語数も，韓国と日本では3倍の違いがあります。東アジア高校英語教育調査（2004）の結果でも，総合得点の平均が韓国は 414.1 点に対し，日本は 407.8 点であり，語数や文章の数などが読解に影響を及ぼすという結果を示しています。

表 1.2 英語教科書の比較

```
韓国中学校教科書の総語数　36,108 語
日本　　　〃　　　　　　　10,202 語
韓国中学校教科書の文章の数 5,077 文（うち1文の平均語数は 9.61 語）
日本　　　〃　　　　　　　1,445 文（うち1文の平均語数は 7.96 語）

高校リーディング教科書総語数：
韓国高校2年まで総語数　　13,396 語
必修　高校3年前期　　　＋ 6,906 語
　　　　　　合計　20,302 語（異なり語数 5,976 語）
----------------------------------------------------------------
日本の教科書　　英語 I, II　16,252 語（異なり語数 3,661 語）
```

指導語数は，読解力や英語力とどの程度の関連性があるのでしょうか。語彙力は，どのようなレベルの語彙を知っているかによっても読解力や英語力にも影響します。語彙数と語彙レベル，そして4技能の関連性について見てみましょう。

1.3 語彙数と4技能の関連性

表1.3は，Laufer(1992)，Nation(1983)，そしてHayashi(2002)の調査結果に基づいて，語彙数と読解力の関係について示したものです。語彙レベルについては，West(1953)が*General Service List of English Words*を開発しましたが，その後，Nation(1990)によって新たに見直され，2000, 3000, 5000, university word, 10000語レベルの5段階の語彙レベルテストが開発されました。

表1.3 英語語彙数と読解力の相関

Laufer(1992)	$r = .5$ (p<.0001)	3000語レベル
Nation(1983)	$r = .75$ (p<.0001)	5000語レベル
Hayashi(2002)	$r = .598$ (p<.01)	合計語数

Laufer(1992)がヘブライ語およびアラビア語を母語とした中学生を対象に行った調査では，読解力と語彙数との間には，相関係数 $r = .5$(p<.0001)の相関性があります。それは，3000語レベルにおいて有意な相関性があるということです。Nation(1983)は，5000語レベルにおいては，読解力と語彙数には，$r = .75$(p<.0001)の高い相関性があるという結果を示しています。Hayashi(2002)が英語を一般教養として学ぶ大学1回生を対象に行った調査では，TOEFLスコアと語彙数には，$r = .598$の相関性があります。語彙レベルとして，2000 $r = .343^{**}$, 3000 $r = .345^{**}$, 5000 $r = .326^{**}$, uw $r = .352^{**}$, 10000 $r = .393^{**}$, total $r = .598^{**}$ ** p<.01)のように，すべての語彙レベルに有意な相関性があります。いずれの語彙レベルがもっとも必要であるかということではなく，2000語から10000語までのあらゆる語彙レベルの語彙数を増やすことが大切です。語彙レベルと読解力の関係は，調査対象者となる被験者によって異なります。中学生を対象とした調査では3000語レベルですが，大学生であっても専攻によって異なります。大学2回生で言語コミュニケーションを専攻する学習者の場合は，次のような相関性があります(Hayashi, 1999b)。

表1.4　TOEFL　4技能と語彙数の相関性

語彙数 vs. Reading	$r = .457$**
語彙数 vs. Listening	$r = .400$**
語彙数 vs. str. & writing	$r = .296$**
語彙数 vs. TOEFL total	$r = .495$**

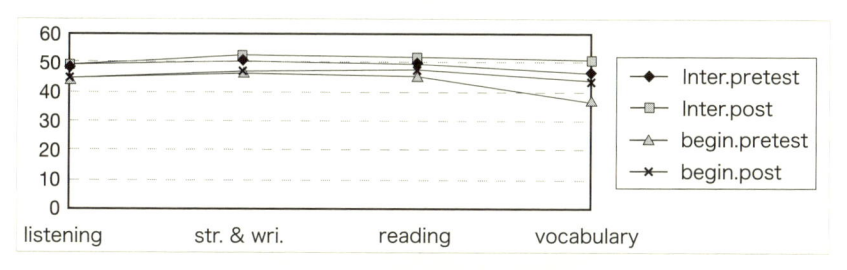

図1.1　4技能と語彙数の関連性

　図1.1で示しているように，語彙数が少ないと読解力(リーディング)も低くなります。語彙数はリーディングやリスニングにも影響しています。語彙数は，TOEFLの言語構造やライティングとの関連性はあまり高くないようです。語彙数は読解力や英語力には，このようにある程度の相関性があり，英語力の基盤となります。では，語彙力を高めるための語彙指導にはどのような方法があるでしょうか。先行研究の理論を踏まえて見てみましょう。

1.4　外国語としての英語語彙学習と指導法

　語彙は文法規則とは異なり，生物学的にすでに頭に存在しているものではなく，経験によって学習することになります。したがって，効率の良い記憶の仕方を考えることが大切になってきます。

　語彙学習には，人との相互作用を通して，あるいはたくさんの本を読んで自然に覚える場合と，単語帳を作り何度も書いて，意識的に覚える場合とがあります。前者の記憶の仕方は，「手続き的・潜在的記憶(procedural/implicit memory)」，そして後者は宣言的・顕在的記憶(declarative/explicit memory)」と呼ばれる記憶法に相当します。

　次の方法は，語彙研究者や大学生が中学校から大学に至るまでに覚えている方法です。どのような方法がたくさん覚えられて，長期記憶に保持されるでしょうか。

1. 繰り返し書いて覚える。
2. 試験前に単語ノートを作成して，丸暗記する。
3. 「英語単語4000」などの単語・熟語集や辞書を暗記する。
4. 多読をする。易しいストーリーをたくさん読む。
5. 学習目的に応じて同じテーマ本を何冊か読む。
6. 未知語は文脈から推測する。
7. 得意な科目の用語，トピック，専門用語などにさまざまな場所で毎日触れる状況をつくる。
8. コーパス・データ，コロケーション，リズム，チャンクを利用する。
9. 同義語・反義語，接頭辞・接尾辞などから意味を推測する。
10. 類似性，相違性，規則性，実例に気づいて取り込む。

1-3は，日本人の多くの学習者が試験前に一夜漬けで試験を目的として一時的に覚える方法です。機械的学習（rote learning）と呼ばれるもので，単語・熟語のみを反復・復唱します。文脈から離れてすでに知っている語の意味を当てはめると，干渉が生じる恐れがあります。そして，1つの語だけを覚えるので，記憶の保持期間が短くなります。この機械的学習に対して，4と5は多読によるもので，物語を読んで，繰り返し出くわす単語を自然に覚えてしまう付随的学習（incidental learning）によって語彙を獲得します。6は未知語を文脈から推測するものです。Ausubel（1968, p.108）は，機械的学習に対して，有意味学習（meaningful learning）の重要性を指摘しました。7のように，日常生活での場面設定や物語では，全体的な意味概念を位置づける語彙を自然に覚えることができるので，記憶の保持も長くなるということです。

Krashenが理解可能なインプット（comprehensible input）の重要性を指摘して以来，多読による語彙の付随的学習の効果についての研究も行われました。付随的学習の効果は語彙の難易度にもよりますが，多くの英文を読むだけでも語彙力に影響します。大学2回生が授業外に楽しく読む（pleasure reading）という多読の課題で，4月から12月までの10か月間に読んだ本のページ数（中級群，平均827；下位群，690；平均，759ページ）と語彙力の相関性を見ると，$r = .481^{**}$ （p<.01）の有意な相関性が認められました（Hayashi, 1999）。読んだページ数とTOEFL合計スコアとの相関性は，$r = .513^{**}$ （p<.01），TOEFL読解力との相関性は$r = .427^{**}$ （p<.01）で，多読が付随的に語彙学習に影響していることを示しています。

未知語を文脈から推測することは文全体の意味を把握することにつながります。一般教養で英語を学習する大学1回生の読解授業で，テキストを用いて10課までを指導し，文章の応用文の（　）内に適切な語句を入れるクローズテストと，その内容に関連した単語だけのテストを試みたところ，中位群の単語力は94.3%，下位群は72.7% で語彙力はともに高かったのですが，文脈からの推測力は，中位群は62.5% で，下位群は37.3% でした（林，2009）。大抵の学習者には語彙の暗記はできますが，文脈から未知語を推測することは，学習した内容を応用した文であっても難しく，どのように推測力を伸ばすかが問題です。未知語の推測には，5-7の学習方法を導入して，MI 理論を生かして得意な分野で同じトピックについて英文教材を読み，背景的知識の範囲を広げるスキーマを活性化させると文脈からの推測が可能となります。

　8は，イギリスでコーパスが使用されるようになって以来，指導法として提示されている方法ですが，日本人の学習者にはあまり馴染みがない方法です。9-10 は形態的特徴，語と語の連結指導も推測力を高めます（Hulstijin et al., 1996）。

・形態素　e.g. kindness = kind（形容詞）+ ness（名詞）
・接辞：接尾辞(-ation, ful, ky)，接頭辞(bi-, co-, in-)
・類義語・反意語・上位語・下位語
・背景的知識・スキーマ　例：台所のフレーム – sink, faucet, kettle
・語と語の連結（collocation）

　以上の記憶法が，一般に用いられる機械的学習と有意味学習の語彙学習法です。機械的な暗記学習は，保持期間が短く，文脈から意味を把握する習性が身につきにくいという欠点があります。記憶の節（p.54）で述べたように，イメージや意味的なつながりを考えて，短期記憶から制御過程でのリハーサル・レコーディングという繰り返しによって長期記憶へと辿ります。文脈から未知語を推測する力もまた，馴染みのあるものは推測が可能となります。得意な科目やトピックについて，挿絵や写真入の英文題材を読み実際の体験と結びつけたエピソード記憶などを使い，語彙を豊かにすることができます。MI 理論を生かした語彙指導の実践例を挙げてみましょう。

実践例 1.1　Use Fluency-related Rhythm and Chunks　（高校・大学生用）

新学期の授業の最初に，学習者同士で自己紹介します。学習者同士でお互いに得意なもの，好きなものを聞きます。その教材として，本書 p.vii の Find Someone Who … を用います。（　）内にできる人の名前を書き込みます。その後，指導者が下記の質問をして，リズムをとって順番に学習者が知っている友達の名前を入れて答えます。

- Who likes working together in group projects?
   (　　) likes working together in group projects.
- Who wants to be a musician?
   (　　) wants to be a musician.
- Who likes to work with his or her computer?
   (　　) likes to work with his or her computer.
- Who likes math?
   (　　) likes math.
- Who likes speaking in English?
   (　　) likes speaking in English.
- Who likes drawing a picture?
   (　　) likes drawing a picture.

実践例 1.2　Trees are for Climing　（中学・高校・大学英語科教育法学習者用）

さまざまな分野の語彙の意味を把握できるように，詩のリズムを生かして物の形をイメージします。順番にリズムを取りながら，音読してください。

- Words are for rhyming,
- Bikes are for riding,
- Bushes for hiding.
- Blocks are for stacking,
- Suitcases for packing.
- Clothes are for dressing,
- Riddles for guessing.
- Bells are for clanging;
- Drums are for banging.
- Stamps are for sticking,
- Ice cream for licking.
- Shoes are for walking;
- A voice is for talking.
- Tears are for weeping;
- A bed is for sleeping.
- Milk is for drinking;
- A brain is for thinking.

(Dr. Fitzhugh Dodson)[2]

実践例 1.3　Collocation　（中学・高校・大学生用）

傘，かばんなど日常生活で使う物を用いて絵を描いたり，動作したりします。グループで順番に類義語，反意語，物語を作ります。黒板にグループでどれだけたくさん書けるか競います。最後に，みんなで一斉に復唱します。

例1　Umbrella（意味的連結）
　Close: fold [put down, turn down] an umbrella
　Open: hold [put up, raise, spread] an umbrella

例2　Car（文法的連結）
　He gave me a ride in his car, but I wanted to get out of the car because I got carsick.
　I want my own car.
　I want to go out.

1.5　まとめ

　外国語としての英語指導語数も文部科学省が定める教育目標に応じて変化しています。今から50年ほど前の1958年から1970年代まで，高度経済成長のもとで高度な教育が必要とされて，教育目標には個人の能力・適性・進路に応じた「個性化教育」が求められました。中高の指導総語数も現在の倍近く，4700－4900語でした。その20年後，1970年代後半から，「詰め込み教育」に対する反動で「落ちこぼれ」が増えて，本格的な「ゆとり教育」が始まり，同時に情報化・国際化社会の下で「コミュニケーション能力の育成」を目指して指導内容の大幅な削減が続いてきたことが，読解力や英語力に影響しています。日本で定められている指導語数はアジア4か国でもっとも低く，中国や台湾の2分の1，韓国の3分の1です。このような指導内容の削減に至った理由として教育目標で掲げられている「個性化教育」の考え方が挙げられます。本章の第1節で，「ゆとり教育」の弊害と同時に，MI理論の観点から「個性化教育」について論じました。学習者の得意・不得意な科目や特性を見極め，強い能力を生かし，弱い能力を高める教科横断型で語彙数を増やすことが可能だということです。

　語彙学習あるいは指導についても，実践例を挙げました。学習者の多くは未知語を文脈から推測することが難しく，干渉が生じることや記憶期間が短いという欠点があります。MI理論に基づいて，学習者の得意な科目やトピックの

挿絵，写真入りの英文教材をたくさん読むという多読からの付随的学習によって，背景的知識を豊かにしてスキーマを活性化することが重要です。

注
1) 学習指導要領の教育課程の改善の方針や英語・外国語科の目標については，国立教育政策研究所「研究資料」(2011)を参照。
2) 2009年8月にハワイ大学で開催されたCAPEでSandra McKayより入手した資料。

第2章 リーディング・読解のための指導法

2.1 リーディングの目的と指導法

　リーディングの目的は何でしょうか。リーディング，すなわち，読む目的は情報を得ることであり，その意味内容を知ることです。では，リーディングにおけるコミュニケーションとはどのようなことを意味するのでしょうか。

　効果的なリーディングのためにさまざまな指導法が考案されています。しかし，どの方法が効果的であるかは，学習者のレベル，学習目的，教材・課題によって異なります。中学校のリーディングの授業では，英語という未知の外国語の言語構造を通して，読み方を教わります。中学校1年の学習初期からいきなり文法について説明されると学習者は戸惑ってしまいます。苦手意識はそのようなことから生じてきますので，学習者のレベルに合わせた指導法が大切です。読解指導法には次のような方法が考案されています。

---

1. 精読(intensive reading) ― 1語1語訳し，細かいところまで読む。
2. 速読(faster reading) ― 普通より速く読む。
3. 多読(extensive reasing) ― たくさん読む。
4. スキミング(skimming) ― すくい読みして概要を把握する。
5. スキャニング(scanning) ― 必要な情報を素早く見つけ出す。
6. ジグソー・リーディング(zigsaw reading) ― 文やパラグラフのばらばらの情報を並べ替えて統合する。
7. シャドーイング(shadowing) ― CDや読んだ人の後を辿りながら読む。
8. リード・アンド・ルックアップ(read and look up) ― 数行の英文を数秒間で読んだ後，顔をあげてテキストを見ないで声に出して言う。
9. ストーリーテリング(story-telling) ― 物語をグループで語り継ぐ。
10. セマンティック・マッピング(semantic mapping) ― 概要を意味図で表す。
11. 要約・概要(summary) ― 要約する。
12. 音読(read aloud) ― 声に出して読む。

　いずれの読み方も読む目的，教材の難易度，学習者のレベルなどによって異なります。それぞれの読み方について簡単に説明し，必要に応じて実践例を挙げておきます。

1. **精読**：文法訳読式を用いて，語彙や文法に焦点をあて，1語1語，丁寧に読む方法です。大抵は英語学習の初級の段階で，精密機械取り扱い説明書，研究用資料などを読む場合に用います。

2. **速読**：TOEIC，TOEFL，英検などの資格試験で時間制限のある場合，速読法が役立ちます。1行に3-4語をひと固まりとして読みます。読み終えたら，教材の語数と読むためにかかった時間から計算して1分間に読んだ語数を測定し速度記録表(time record chart)に記録します。comprehension check の問題を解答し，70％以上の正解率があれば適切な読み方であると言われています。1分間に読む平均語数はレベルや内容によって異なりますが，英語母語話者の場合は300-600語です。日本の大学1回生が1分間に読む語数は平均100-150語です。

3. **多読**：速読法を学ぶと，たくさんの新聞や本を読むことができます。多くの本を読むと，やろうとする意気込みよりむしろ楽しんで読む習性が身につくので，読解力は向上します。読む量が多い学習者ほど語彙力，文法力，英語力も高いという結果も出ており，多読の効果が検証されています。大学生が多読の効果を上げるには，1か月に読むページ数はおよそ100ページ，1年に最低850ページは読む必要があります(Hayashi, 1999b)。

4. **スキミング**：救い読みとも言われるように，文章構成，重要語句，主題文を中心に，繋ぎことば(接続詞や副詞によって前文とのつながりを示す語)も利用して全体的な意味を把握します。

5. **スキャニング**：問題を先に読んで，必要語句を探して解答する場合に用います。時間制限の問題を解く場合にこの方法が効果的です。

6. **ジグソー・リーディング**：
　最初のグループのメンバーはトピックの異なる情報を受け取ります。受け取った情報のトピックごとにグループを再編します。再編グループのメンバーは同じ情報をもち，教材に精通し，他の学習者に教えられるようになります。

最初のグループに戻り，他のメンバーと情報を分かち合い，情報を繋ぎ合わせてストーリーを再現します。文章構成を理解するための良いタスクです。

7. シャドーイング：TV, CD, モデルの英語を聞き，その後を辿る練習をします。人の後を辿ることに必死で，全体の意味内容を把握できないという欠点があると指摘する指導者もいます。言語情報処理に関わるワーキングメモリの働きを検討している苧阪（2000, p.163）によると，読みの処理と保持の関連性を見るリーディングスパンテスト（reading span test: RST）では，RSTの成績と読みの内容理解が強く関連しています。リーディングにおいては，内容理解に焦点をあてることは重要なことです。

8. リード・アンド・ルックアップ：数行の英文を数秒間繰り返して読み，目線をあげて声に出すという方法です。繰り返すことによって短期記憶から長期記憶へと導くことになりますが，それだけではなく，自分で考えて話すこの活動は，異文化理解とコミュニケーションのための統合的活動です。

実践例 2.1　リード・アンド・ルックアップ（Read and Lookup）（高校・大学生用）

Card 1　The Customer

Customer: "Waiter, this hamburger does not taste right. I don't think I should have to pay for it."
Waiter: "＿＿＿＿＿＿＿＿＿＿＿＿＿＿"
Customer: "Well, I kept thinking it was going to get better."
Waiter: "＿＿＿＿＿＿＿＿＿＿＿＿＿＿"
Customer: "Then I will not eat here again. You've just lost a customer."

Card 2　The Waiter

Customer: "I would like to come here again, but I'd not come anymore if..."
Waiter: "You have already eaten almost all of it. (to himself: This guy has done this Before He eats almost the whole thing and then refuses to pay, saying it doesn't taste good.)"
Customer: "At that time, the taste was good, but this time is not."
Waiter: "You know, you did the same thing last week. I think you will have to pay for it."
Customer: "I would say that this time is not good."
Waiter: "I am very sorry you feel that way." (to himself: "That is no losss. This guy was losing us money.")

(Via (1976)[1] に基づいて作成)

実践例2.1は、ハンバーガーショップに入った客とウェーターのやり取りです。Card 1と2を使って読み、質問に適切に答えます。文を読んで、内容を考えて、相手によって処し方を考えさせるため対人的知能の促進につながります。高校生から大学生までのリーディング、リスニング、スピーキング、ライティングの4技能の統合的活動ができます。

9. ストーリーテリング・タスク：読んだ内容について人に語り継いで、最後にその物語の正確さについて確認します。多読の課題として好きな物語を読んで、英語で概要をまとめたものをグループで回し読みすれば、学習者にとって馴染みのあるものが多く分かりやすいです。

実践例2.2　ストーリーテリング・タスク（Storytelling Task）　（高校・大学生用）

> 4人のグループで下図のように座ります。最初のAは、多読の課題で人がまとめた物語の英文概要を読み上げて、そのストーリーの書いたペーパーを見えないところにおきます。Bは、読まれた内容のものを繰り返して、Cに語ります。またDは、聞いた内容をAに語ります。Aは、聞いた内容とあっているかどうかをもう一度みんなの前で読み上げて、確認します。
>
> ```
>         A❶
>        ↙  ↘
>      B②    D④
>        ↘  ↙
>         C③
> ```
> ストーリーテリングの座り方

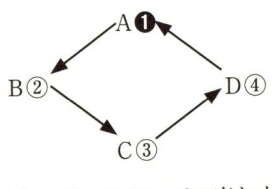

この活動は、内容理解を中心に、リーディングコースでの多読、速読、ライティング、リスニング、スピーキングの4技能の統合的活動となります。読む題材は、学習者の興味や好みに合わせて学習者が選択します。

10. セマンティック・マッピング（semantic mapping）・意味図：文章全体の内容が難しい場合に、主題文と重要語句を軸として、関連する内容の語彙、類似語、反意語となることばを分類し、最後に概要をまとめます。黒板に次のような意味図を書き入れると分かりやすくなります。

実践例 2.3　セマンティック・マッピング（Semantic Mapping）（高校・大学生用）

下記の図はセマンティック・マッピング（semantic mapping）の例です。テキストを読み，key word を中心に全体を把握します。真中に重要な語句となる key word を入れ，その下の欄に相違性と類似性に分けてことばを入れます。意味図を黒板に書き，key word からのように意味内容が発展しているかを説明します。本文の内容の問題点と問題解決策も考えて説明します。この活動では，難しい内容の概要を明確にするためにグループで役割分担を決め，イメージや視覚・空間的知能を活性化して理解します。

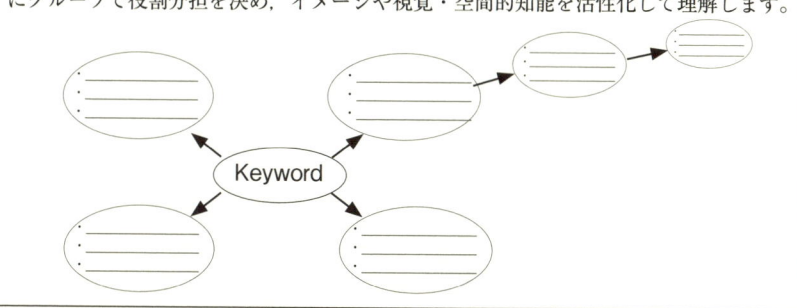

2.2　リーディングにおける理解のための学習方略の指導

　リーディング指導では理解を中心としますが，その効果は，学習者の認知能力，学習方略，情動，異文化理解などへの関心によって異なってきます。学習方略には，メタ認知方略，認知方略，社会情意方略などがあります。メタ認知方略は，予習や復習等の自己管理学習，社会情意方略は人に聞くなどの方略ですので，ここではリーディングに関する認知方略のうちのトップダウン処理の指導について，表 2.1 のような目標設定を行います。トップダウン処理方式は，速読や多読に効果的です。読み方は目的によって異なりますが，未知語について辞書を使用して 1 語 1 語訳して読むより，文脈から推測できるように指導するほうが効果的な場合が多いようです。リーディングにおけるトップダウン処理方式の学習方略の一例として次のような方法があります。

　(1) トピックセンテンスおよびキーワードを把握する。
　(2) トピックについて自分の背景的知識を利用する。
　(3) 各パラグラフをスキミングして内容を把握する。
　(4) 書き手の意図や結論を予測する。
　(5) 本文の意味内容をイメージ化する。
　(6) 繋ぎことばを利用する。

(7) 文脈から意味を把握する。
(8) 問題を先に読み重要語句をスキャニングする。
(9) 問題点を探り,問題解決策を考える。
(10) 予測した答えを確認する。

表2.1 理解のための英語・外国語指導：読解方略指導の目標設定

Ⅰ. コースの目標設定(Throughlines) 1. 各単元の課題について理解を深めるために,テキストを用いてトップダウン中心の読解方略を指導し,英文の文章構成に気づき,リーディング力の向上を目指す。 2. 課題として社会的に重要な課題を選択し,学習者同士で話し合いや討論をして,文章の理解を深めさせることができる。
Ⅱ. 発展性のある課題(Generative Topics) 1. 各単元の課題は,社会的に中核をなす重要な課題で,学習者の興味に応じて選ぶ。 2. 社会的に重要で,価値ある課題を選ぶ。
Ⅲ. 各単元の理解の目標(Understanding Goals) 1. 各単元の課題について,読解法として,パラグラフ構成,繋ぎことば,トピックセンテンスおよびメイン・アイディアの把握の仕方を説明する。仲間同士で話し合い,社会的価値などの問題点を把握できること。 2. 課題について,リーディング教材や既存の資料を基に基本的な概念を理解すること。
Ⅳ. 理解のための実践活動(Performances of Understanding) 1. リーディングについては,理解の目標で説明した読解法を用いて教材を読み,自分の見解を英語でまとめる。 2. 学習者の経験や社会的に問題となっていることについて,学習者同士がブレーンストーミングによって問題解決策を教材から考える。 3. 内容について経験したことを述べ,重要な概念の理解を深め,相手の立場にたって客観的に考える。
Ⅴ. 継続的評価(Ongoing Assessment) 1. 読解方略の文章構成の理解などについて,コースの最後にアンケート調査を実施する。 2. 協同学習による理解や達成度については,チェックリストを作成し,4点法で自己評価する。指導者はそのチェックリストに基づいて今後の指導法を検討する。

　クラスで一様に指導しても,読解方略には個人差が見られます(第2編第4章参照)。上級・中級レベルは,文章構成を探るかのように,「トピックセンテンスやキーワード」「繋ぎことば」「文脈から意味を把握」「スキミングによ

る推測」の使用頻度が高くなっています。初級レベルは,「辞書使用」「和訳」などのボトムアップ処理方式(bottom-up processing)の使用頻度が高いですが,トップダウン方式も使います。最もよく使われる方略は「背景的知識の利用」で,トピックによって理解度が異なってきます。英文が読めない学習者は馴染みのある背景的知識から推測して徐々にトップダウン処理方式(top-down processing)に移行する可能性があります。初級レベルにとっては,新しい文章をトップダウン処理方式で読むことは,背景的知識を利用してブレーンストーミングをすることで,話し合いの中から本文の意味内容を推測することも可能となります。読解力を高めれば,語彙や文法だけに頼らず,パラグラフのつながりから文章構成にも注目して要約することもできるようになります。

2.3　MIと五感を用いた読解のためのトピック重視の実践例

　トピック重視の指導として学習者が感動する物語や題材を選ぶことは,理解のための指導の基本的要素の1つです。さらに,1つ1つの単語や文法規則を説明するのではなく,理解を中心とした活動をするために,協同学習において学習者同士でジェスチャーして話の筋を推測するようにします。実践例2.4は,The life of Helen Kellerの物語です。ヘレンの奇跡の物語は,8つの知能の働きが入力の仕方や五感に大きく影響されていることが分かります。劇やジェスチャーは身体運動的知能を用いることになり,イメージ化は視覚・空間的知能を用いることになります。

実践例2.4　MIと協同学習による文章理解: The life of Helen Keller(高校・大学生用)

トピックについて理解を深めるため,読む前に写真を見せて,

Who is it?
What do you know about her?

など,ヘレンについて知っていることを話し合ってみましょう。

Helen Keller with Anne Sullivan

(出典: http://www.google.co.jp/images?hl=ja&q=Helen+Keller&um=1&ie=UTF-8&source)

指導手順：
(1) テキストを用意します。こうした有名なストーリーはインターネットからでも入手できます。
(2) 読む量が多い場合，最初の10頁ぐらいを目安にジェスチャーなどのグループ活動ができる英文を選択してパラグラフに番号をつけておきます。
(3) 最初に，ストーリーの全体を速読します。読み方は，速読の項で説明した通りです。1分間に何語読むかを記録できるように Time Record Chart を用意して配布します。語数表から1分間の語彙数を計算して書き込みます。読み終わったら，次の質問に答えます。

　　Q1 What is the story about?
　　Q2 What words did Anne try to teach at the beginning?
　　Q3 Did Helen understand the meanings of those words?
　　Q4 Finally what word did Helen notice?
　　Q5 What sense did Helen lose, and what sense did she use to understand the word?

(4) 英文の物語を理解するために，グループで役割分担します。英文が読める人，日本語で話の筋を知っている人，パラグラフごとにジェスチャーで演じる人など，それぞれができる役割を演じます。例えば，3つのグループに分かれて，グループ1は人形とケーキを用いて，それに相当するパラグラフの演技の役割分担を決めてジェスチャーで演技をします。グループ2以降もそれぞれの担当箇所の役割演技をします。聞き手は，それぞれのグループが演じるジェスチャーからストーリーのイメージを描き，意味内容を探ります。
(5) ヘレンの絵を見せて，ヘレンの知能も水と手の触覚・味覚などの五感と人から教わる対人的知能と関連していることに気づき，ストーリーのイメージを鮮明に描き，理解を深めることができます。
(6) 最後に全員で comprehension check の答え合わせをします。comprehension check の正解率が70％以上であれば，適切な読み方をしているということになります。

内容とMI使用：ヘレン・アダムス・ケラー (Helen Adams Keller) は，生後2歳のときに熱病にかかり，視覚と聴覚を奪われ，そして言葉を話す機能も奪われました。両親はヘレンの躾に困り，わずか20歳のアン・サリヴァンがヘレン7歳のときに家庭教師としてやってきました。お土産に人形とケーキをもってきて，手話を用いてヘレンの手のひらに"Doll"や"Cake"を綴りましたが，ヘレンには理解できませんでした。ある日，アンがポンプでヘレンの手

に水を流し，"water" と書いたとき，ヘレンは理解できたのです．人形やケーキに触れても理解できなかったのに，手の平に「水」という感触を得て，皮膚感覚・触覚によって，ヘレンはアンが手の平に書いてくれていた文字の意味が理解できたのです．理解したことを人に伝えようとする感動の心，内省的知能と対人的知能が働き，手文字で書いてもらっていた経験が結びつき，手話という身体運動的知能と言語的知能がともに働くことになったのです．ヘレンの言語脳は，触覚―感動・心・対人的知能―理解―言語という段階を経て，理解から言語表現ができるようになったと考えられます．散歩の道すがらスイカズラの花の香りを楽しんでいます．目が見えなくとも，嗅覚によって博物的知能が働いています．アンのヘレンに対する強い対人的知能と内省的知能によって，ヘレンにとって弱い視覚は，強い触覚・感覚野を通して手話という言語的知能を発達させることができたのです．図 2.1 に示しているように，五感と 8 つの知能は異なりますが，それぞれ独立した器官と知能でも，補い合って発達させることができます．

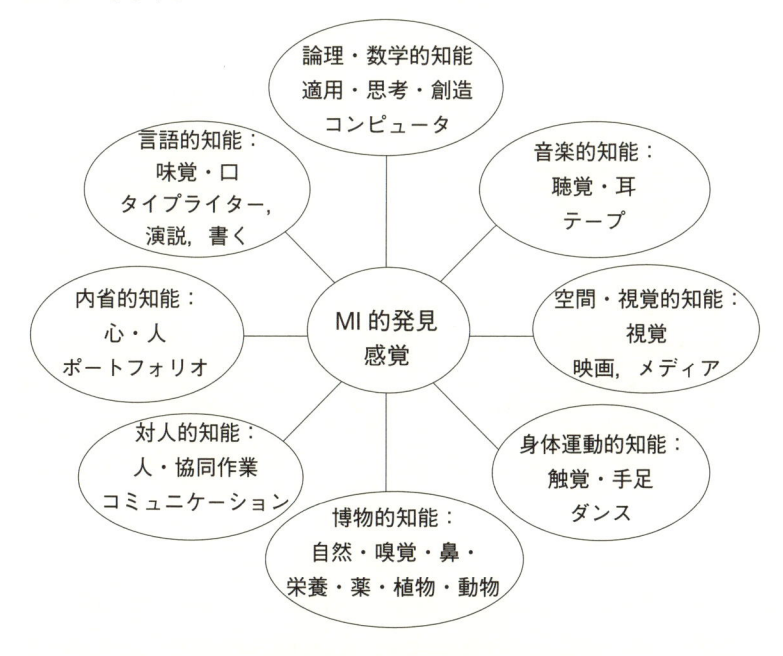

図 2.1 多重知能と五感および関連テーマ

2.4 MI 使用と協同学習についての学習者の反応

英語を一般教養として学ぶ日本人の大学1回生を対象として，上記の通り，ヘレンケラーについて指導した結果，表2.2のように，中位群も下位群も自分の役割を演じるジェスチャーをしたり(1)，仲間で話し合ったり(3)して英文を理解できたという学習者は70％以上に達しています(林, 2008a)。

表2.2　ヘレンケラーの物語が理解できた理由　(70名)

中位群 (34名)	(1)実際のジェスチャー・動作で演じて理解できた(30％)。 (2)事前に知っていた(10％)。 (3)みんなと話しあって分かった(40％)。 (4)一部しか理解できなかった(5％)。 (5)読めば分かった(10％)。 (6)グループで話し合う時間が少なかった(5％)。
下位群 (36名)	(1)実際のジェスチャー・動作で演じてイメージして理解できた(50％)。 (2)文を理解しないとマントマイム・ジェスチャーはできない(4％) (3)みんなと話しあって分かった(22％)。 (4)読みやすい文章であった(10％)。 (5)トピックセンテンス・キーワードを読み取ることができた(10％)。 (6)グループでのコミュニケーションが難しかった(4％)。

　ヘレンの単語の理解過程は，聴覚野や視覚野の知覚ではなく，皮膚感覚などの体性感覚野(頭頂葉の一部)を通して言語に気づかせることができたものです。すでに教えられていた手話という経験が体性感覚野と結びついたことで，理解に至ったのです。

　大学生が英文を理解する場合は，ジェスチャーやイメージという身体運動的知能と視覚・空間的知能によって文章全体の内容を理解することができるのです。脳は，このように五感やイメージを用いてさまざまな知能を活性化させて理解を促進させることができると考えられます。さらに，仲間で話し合うブレーンストーミングによってコミュニケーション能力が育成され，対人的知能が発達します。第1編第5章で述べたように，Jensen が入力は五感，想像，反射作用から生じると主張したことにも通じます。言語入力と五感の関係については，さらなる研究を必要とするため，今後の研究課題とします。

2.5 MI理論に基づくリーディング教材

　学習の動機を高めるリーディング教材として，学習者の興味ある内容で，将来なりたい職業に関するものがあります。学習者が自分の目標をどのような方法で達成するかについて考える機会を作ります。そのために，次のような実践をします。

実践例2.5　A Tale of a Great Man/Woman and MI（偉人伝とMI）　（高校・大学生用）

　第1編第6章の表6.2の多重知能の種類と職業の欄の中から有名人あるいは偉人の名前を提示して，その有名人の強い能力，弱い能力をグループで話し合います。偉人伝，自叙伝，英雄物語を読んで，その能力をどのように偉人が培ってきたかなどを語り，学習者の将来の目標と達成法について考える機会を作ります。

指導手順
(1) 次のような人物の偉人伝，自叙伝，英雄物語について学習者が好きな人物を選んで読みます。テキストは指導者が読み物を用意しておくか，あるいは学習者が好きな人物の英文教材を自分で探して読みます。
　　・　Martin Luther King, Oe Kenzaburo (Linguistic Intelligence)
　　・　Albert Einstein, Bill Gates (Logical/Mathematical Intelligence)
　　・　Elvis Presley, Hibari Misora (Musical Intelligence)
　　・　Charlie Chaplin, Naoko Takahashi (Bodily/Kinesthetic Intelligence)
　　・　Pablo Picasso, Christopher Columbus (Visual/Spatical Intelligence)
　　・　Charles Darwin, Marie and Pierre Curie (Naturalist Intelligence)
　　・　Mother Teresa, Florence Nightingale (Interpersonal Intelligence)
　　・　Mahatma Gandhi, Sigmund Freud (Intrapersonal Intelligence)
(2) どんな能力を仕事に発揮していたかなど下記の例のような質問します。
　　① T: What intelligence did or do they possess?
　　② T: What were/are their occupations? Why were/are they famous for?
　　それぞれの人物の強い知能について話し合い，感動した内容をクラスで発表します。そして学習者同士で質疑応答します。
(3) 次に学習者自身の強い知能について聞きます。
　　③ What is your strongest intelligence? Why do you think so?
　　　 Did it come naturally, or did you have to work at it?
　　④ What is your weakest intelligence? Why?
　　　 What could you do to develop your weakest intelligence?

実践例 2.6 European Union and Language(EU 欧州連合と言語) (大学生用)

欧州連合の統合によってヨーロッパの動向を知ることを目的とします。EUの統合について英語で書いている資料と地図を利用して，世界の位置づけや世界では英語以外にどこでどのような言語が用いられているかを学びます。課題は世界の国々で生じている問題について話し合います。地図上の国と距離など視覚・空間的知能，言語的知能，対人的知能を活性化します。
　テキスト：The History of the European Union から一部抜粋

A peaceful Europe – the beginnings of cooperation

The European Union is set up with the aim of ending the frequent and bloody wars between neighbours, which culminated in the Second World War. As of 1950, the European Coal and Steel Community begins to unite European countries economically and politically in order to secure lasting peace. The six founders are Belgium, France, Germany, Italy, Luxembourg and the Netherlands. The 1950s are dominated by a cold war between east and west. Protests in Hungary against the Communist regime are put down by Soviet tanks in 1956; while the following year, 1957, the Soviet Union takes the lead in the space race, when it launches the first man-made space satellite, Sputnik 1. Also in 1957, the Treaty of Rome creates the European Economic Community (EEC), or 'Common Market'.

1990-1999

A Europe without frontiers

With the collapse of communism across central and eastern Europe, Europeans become closer neighbours. In 1993 the Single Market is completed with the the 'four freedoms' of: movement of goods, services, people and money. The 1990s is also the decade of two treaties, the 'Maastricht' Treaty on European Union in 1993 and the Treaty of Amsterdam in 1999. People are concerned about how to protect the environment and also how Europeans can act together when it comes to security and defence matters. In 1995 the EU gains three more new members, Austria, Finland and Sweden. A small village in Luxembourg gives its name to the 'Schengen' agreements that gradually allow people to travel without having their passports checked at the borders. Millions of young people study in other countries with EU support. Communication is made easier as more and more people start using mobile phones and the internet.

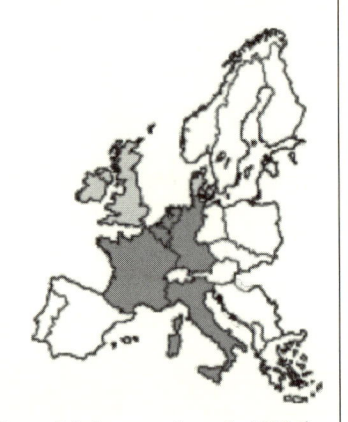

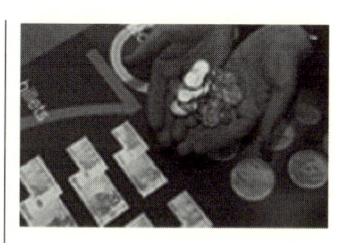

2000-today

A decade of further expansion

The euro is the new currency for many Europeans. 11 September 2001 becomes synonymous with the 'War on Terror' after hijacked airliners are flown into buildings in New York and Washington. EU countries begin to work much more closely together to fight crime. The political divisions between east and west Europe are finally declared healed when no fewer than 10 new countries join the EU in 2004. Many people think that it is time for Europe to have a constitution but what sort of constitution is by no means easy to agree, so the debate on the future of Europe rages on. (出典：http://europa.eu/abc/history/index_en.htm)

指導手順
上記のテキストを用意します。内容を分かりやすくするために，読む前に EU の地図や硬貨を見せて下記の質問をします。
- Q1　What is EU?
- Q2　What is the purpose of the European Union?
- Q3　How many countries are united in Europe as of 2007?

テキストを読み，EU について学びます。その後，下記のような質問で楽しく世界の言語や EU の意義を学びます。
- Q4　How many official languages do they have?
- Q5　What language do the EU students learn in their secondary school?
- Q6　Look at the map. What country is this?
- Q7　What language is spoken in Sweden? (A: Swedish)
- Q8　How do you say hello/Thank you/Goodbye in Swedish? (A: God dag/Tack/Adjö.)
- Q9　What country is this? It is a country that occupies the greater part of the Iberian Peninsula.
- Q10　How do you say hello/Thank you/Goodbye in Spanish? (A: Buenos días/Adiós/Gracias)
- Q11　How do you say hello/Thank you/Goodbye in Finnish? (A: Hyvää päivää/Kiitos/Näkemiin)
- Q12　How do you say hello/Thank you/Goodbye in French? (A: Bonjour/Merci/Au revoir.)

2.6 言語的知能・音楽的知能・視覚・空間的知能とリーディング教材

歌は，ことばの繰り返しによってリズムや意味を文脈から把握します。小学生から大学生まであらゆるレベルの学習者が，意味内容，文法，語彙を自然に楽しく学ぶことができます。グループで詩を書いたり，替え歌を作ったりして自分たちの思いを表現し，馴染みのある歌曲を用いて皆で歌います。言語的知能，音楽的知能，視覚・空間的知能，身体運動的知能，内省的知能などを活性化します。

実践例 2.7 (1) The Sound of Music （中学・高校・大学生用）

The sound of music のテープ，あるいはビデオを用いて teacher と生徒が繰り返し歌います。繰り返し使われている単語で note のようにいくつもの意味のある単語について聞いてみます。辞書を引かないで，文脈から意味を把握するようにします。

Maria and the Children - Do-Re-Mi Lyrics

    Let's start at the very beginning
When you read you begin with A-B-C
When you sing you begin with do-re-mi
Do-re-mi, do-re-mi
    The first three notes just happen to be
Do-re-mi, do-re-mi
    [Maria:]
Do-re-mi-fa-so-la-ti
Doe, a deer, a female deer
Ray, a drop of golden sun
Me, a name I call myself
Far, a long, long way to run
Sew, a needle pulling thread
La, a note to follow Sew
Tea, a drink with jam and bread
That will bring us back to Do (oh-oh-oh)
    [Maria and Children: Repeat above verse twice]

（出典：http://www.stlyrics.com/lyrics/thesoundofmusic/do-re-mi.htm）

実践例 2.8 (2) Twinkle, Twinkle, Little Star の替え歌で作詞 （小・中学生用）

> キラキラ星は，第 6 章実践例 13 でダンスの仕方とともに紹介していますが，ここでは，学習者に馴染みのある歌の曲を聴いて，歌詞を変えてイメージ化します。家族や友達をモデルにして，感動の心を生み出す詩をつくります。下線は例です。
>
> **Sing the song and write a poem.**
> 　Twinkle, twinkle, little star.
> 　How I wonder what you are?
> 　<u>Look at the ceiling and close your eyes.</u>
> 　<u>It looks a diamond in the sky.</u>
> 　<u>You see a lot of stars.</u>
> 　<u>What do the stars look like?</u>
> 　<u>That looks my daddy.</u>
> 　<u>What star is this on the left?</u>
> 　<u>That's my mom.</u>

2.7 まとめ

　英文を深く理解するためには，語彙，発音，文法だけでなく，読み手と書き手の背景的知識を豊かにして，読み手は書き手の意図を知ることが必要です。学習方略などの指導目標を設定して学習者に応じた課題を与え，ジェスチャーなどで実際に運用してみると，気づきや理解が促進されます。

　英文を読むことがあまり得意でない学習者の場合，学習者の興味ある課題で社会的に問題となっているトピックに焦点をおいて，背景的知識を利用して仲間同士で話し合うことによって理解が可能となります。学習者同士で各パラグラフの内容についてジェスチャー，ジグソー・リーディング，グループ・ワークなどで助け合って理解を深めることができます。読むことや話すことが得意な学習者には，リード・アンド・ルックアップを用いて教材の内容に応じて自分で答えることなどの指導も，相手がどのように反応するかという好奇心に駆られて話します。

　リーディングには，さまざま指導法が考案されています。いずれの読み方も学習者がもっている得意な知能を生かした指導をすることによって，トピックの内容を理解し，感動を覚え，読むことの楽しさが広がります。トピックについての興味は学習者によって異なりますので，理科，社会，数学，偉人伝，音

楽など他教科にまたがるさまざまな課題を与えることによって，内容に興味・関心をもって読むようになり，動機づけも高められると考えられます。

注
1) 2009年8月にハワイ大学で開催されたCAPEの講義でGraham Crooks, Professor of Second Language Studies University of Hawaii より入手した資料。

第3章 ライティングのための指導法

3.1 ライティング指導における課題と問題点

　ライティング能力は，日本だけでなく，世界の国々においても，リーディング，リスニング，文法などの言語スキルの能力と比べてもっとも低くなっています。ライティングは，語彙，文法，文章構成が問題となりますが，さらに，アイディアを生み出し，自分の意図をいかに適切な文章構成で人に伝えるかという思考の過程でもあり，他のスキルよりも難しい作業の1つです。それゆえに，いかに指導するかが問題となります。本章では，4技能および文法とライティングの関連性，パラグラフ・ライティングの構成，フィードバック・修正のあり方，語彙の影響，8つの知能とライティング活動，MI理論に基づくディベートからライティングへ，ポートフォリオの導入について検討します。

　ライティングといえば文法が問題となります。第1編第1章表1.6を見ると，上位のスウェーデンからオランダ，そしてスペインにおいても文法能力にほとんど差がないのですが，スペインのライティング能力は極端に低くなっています。デンマークは文法能力が低くとも，ライティング能力はフィンランドやオランダと同じです。したがって，文法能力が高ければライティング能力も高くなるとは限らないということです。ライティング能力が高い国は，リーディング能力やリスニング能力が高くなっています。フィンランドのように英語を聞く機会が少ない場合は，リーディングに重点をおく場合もあります。

　同じく第1編第1章表1.11の4つのスキルの関連性を見ると，ライティングは，リーディングともっとも高い相関性($r=.8$)があります。そこで，リーディングがライティングにどのような役割を果たしているかを検討する必要があります。

3.2 リーディングがライティングに与える影響

　英作文の評価は，一般に，内容(content)，文章構成(organization)，文法(grammar)，語彙(vocabulary)，綴り・句読点(spelling)に重点がおかれています。それぞれの配分はテストや論文・ジャーナルなど，ライティング能力を

見る目的によって異なります。文法, 語彙, 綴り・句読点, 文章構成は, リーディングで学習した一定の規則にしたがって書くこともできますし, 評価もその規則性に応じて間違っているかどうか判断し易いのです。ところが, 内容は, 読み手と書き手がトピックについてお互いの背景的知識を共有しているかどうかによって理解や評価が異なります。書き手は, 書こうとする背景をもとに自分が伝えたい意図をさまざまな語彙や文法を用いて読み手に伝えようとします。読み手に分かりやすく書き手の意図を伝えるためには, 語彙, 文法, 文章構成などの言語スキルと同時に, 内容についてもできるだけ多くの人の深い理解を得る工夫が大切です。そこで, いかにライティング能力を向上させるかについての先行研究をもとに考えてみましょう。

　リーディングがライティングに与える影響について, 大学英語教育学会(JACET)関西支部ライティング指導研究会の廣田・岡田・奥村・時岡(1995)が, 近畿7大学26クラス, 1,027名の大学の新入生を対象に大学入学までの英作文に関する経験についてアンケート調査を実施しました。その結果, 大学入学以前に英語による読書経験が乏しい学生が多いことがわかりました。高校段階で授業中に教科書や練習問題以外に, 新聞, 雑誌, 物語を読んだ経験のある者は非常に少なく, 「まったくない」と「ほとんどない」を合わせて73.8%が経験がないという状況です。8年後, 281名の大学1回生および2回生を対象にJACET関西支部ライティング指導研究会のメンバーで同じ内容の調査を実施しました(林・正木・時岡, 2003)。その結果, 66.7%の学生はリーディングの授業で教科書以外に, 新聞・雑誌, 物語などを読んだ経験がほとんどないということでした。授業外でも, 平易な英語で書かれた新聞・雑誌, 物語を楽しみや情報のために読んだ経験がないとする学生は60%にもなります。日本の大学生の多くは, 英語で書かれている書物や新聞・雑誌を読む習慣は身についていないようです。こうしたことがライティング能力にも影響していると考えられます。

　Janopoulos(1986)は, 第1言語の場合, 多読の一種である楽しみのために読むプレジャー・リーディング(pleasure reading)の量とライティング能力にはかなり高い相関性があるとしています。第2言語の場合も同じく, 第2言語で読む量がライティング能力に明らかに影響するということです。

リーディングはライティングにさまざまなヒントを与えてくれます。何をどのように書いてよいか分からないときに，関連した記事を読むと，語彙，文法だけでなく，自分自身の概念的枠組み(schemata)を作ることもできます。着想や書き出しのヒントを得ることができ，内容や文章構成が見えてきて，書くことへの重要な手がかりを得ることができます。

　リーディングからライティングを向上させるもう1つの効果的な方法は，要約を英語で書くことです。要約は模倣などの生じる恐れもありますが，書き手の意図するメイン・アイディアを把握し，目的に応じた具体的な表現の仕方や形式，パラグラフ・ライティングの構成なども学ぶことができます。大学1回生を対象としたOkumura(1997)の調査では，要約練習をしてよかったこととして，①トピックセンテンスの把握(76.0%)，②要約するのに自分の言葉を用いる(77.3%)，③適切な繋ぎことばの使用(66.7%)，④パラグラフ構成の把握(62.7%)，⑤支持文とメイン・アイディアの違いの区別ができる(68.3%)というような結果が報告されています。リーディングから着想，文章構成，トピックセンテンスの導入の仕方，繋ぎことばの使用などを学ぶことができるのです。

3.3　パラグラフ・ライティング

　英作文をする場合に最初に問題となるのが，何をどのように書くかということです。そのために学習者同士でアイディアについてブレーンストーミングをして，話し合うことによってトピックについてアイディアを思い浮かべることができます。お互いに思いついたことをノートに書き留めるということになります。この順序を実践例で示すと次のようになります。

実践例3.1　Think-Write-RoundRobin（グループライティング）　（高・大学生用）

RoundRobinは円卓討論の意味で，グループで順番に自分の見解を述べる討論形式です。ディベートなどで討論すべき重要な課題の内容について，考える時間を与えます。学習者はグループでアイディアを共有するまでに自分の考えを英語で書きます。グループの仲間がすべて書き終われば，1人の学習者が自分の考えを述べ，次の学習者が順に述べ，全員で討論の内容をまとめます。具体的には次のような指導順序を辿ります。

(1) アイディアについて
　① 何を書くか，書きたいか — 指導者や相手が要求している課題や内容，自分のよく知っていること，是非書かねばならないことをまとめる。
　② ブレーンストーミング — トピックに関連するアイディアを仲間で討議する。
　③ ノートに書き留める — 図書館の本や雑誌，インターネット，新聞などで調べたり人と話したりしてトピックの関連情報をできるだけ収集し，主題となる重要ポイントと結論を項目ごとにまとめる。出典も記録すること。
　④ 情報分析の意味図(semantic mapping) — キーワードを発展させて問題点を整理する。相違性・類似性，賛成・反対，歴史的・現代的，原因・結果，比較・対照などに基づいて最終的にどのような結論に達するかを見る。

(2) 文章構成について
　アイディアが決まれば，時間を図り一定の時間内に自由に英語で作文を書く練習をします。そのためには，一般に用いられている次のようなパラグラフ・ライティングの文章構成を，一例として指導する必要があります。

　　Introduction（導入）　Main idea/central idea;
　　　　　　　　　　　　　Topic sentence（主題文）
　　Discussion（本文）　　Supporting details（支持文）;
　　　　　　　　　　　　　Specific information, Explanation, Examples（事実，実例，証拠）
　　Conclusion（結論）　　Summary, restatement（要約・再陳述）

(3) 気づき(noticing)について
　次に，書いた作文が上記のようなパラグラフに基づく文章構成になっているかどうかを，パラグラフ・ライティングのモデルを見て書き手が読み返し，グループでチェックします。こうした協同学習を通して，人の作文を読んで自分の作文の書き方に気づく(noticing)ことになります。

　自分の作文について書き方や誤りに気づく方法として，プロセス・ライティングの方法があります。

3.4　プロセス・ライティング

　プロセス・ライティングは，具体的には，次のような順序を辿ります。

　　　　概略→第1ドラフト→第2ドラフト→校正→編集

(planning/outline, the first drafting, revising, the second drafting, proofreading, editing)

　それぞれの過程では，次のような実践的活動を行います。

3.5 フィードバック・添削指導　*141*

実践例3.2　プロセス・ライティング　（高校・大学生用）

(1) Outline（概略）
(2) The first draft（第1ドラフト・第1原稿・草稿）
- Outlineを文章化する。自分の意図するアイディアについて人をひきつけるための工夫をする。実例(examples)や統計的な数値を使う。書き手の意図したメッセージを読み手と共有する。

(3) Peer-editing（読み合い）
①どのようにそのアイディアがでてきたかを話す。
②仲間にメイン・アイディア，読み手が誰であるか，作文の目的は何か，どのように詳細を説明しているか，もし追加するところがあればどこに入れるか，どこが不明確かなどを聞く。
③それぞれの修正箇所を比較する。

(4) Revising（修正）
- 人から質問やコメントによって得たフィードバックで自分の書いた作文を修正する。自分の書いたものがもっとも良いものになるまで何度か修正する。ただし，人のコメントが自分の言いたいことと無関係な場合は，書き手は自分が判断し，削除するか修正するかを決める。

(5) The second draft/proofreading（校正）
- もう一度，自分の言いたいことが明確に書けているかどうかをみて，書き直すこともできる。大きな声で読み上げるとどのようになるか。何度も見直して修正するものはする。そして指導者へ提出する。

(6) Teacher's feedback（指導者のフィードバック）/editing
- 指導者からのコメントを検討する。元の原稿とどこがどのように違っているか，クラスメートが訂正箇所を指摘してくれたところがどのようになっているかを見る。利用価値が高い情報は次の機会にも利用する。

以上のような手順で，学習者が書いた英作文の内容・文章構成・文法・語彙・綴り・句読点などを，協同学習や添削指導でフィードバックします。ただし，フィードバックの効果については賛否両論があり，その効果は指導法や学習者によって異なります。

3.5　フィードバック・添削指導
3.5.1　文法修正に効果はあるか，ないか？

英文の添削・修正がライティング能力の向上に効果的であるかどうかについては20年以上にわたって問題となっています。廣田・岡田・奥村・時岡(1995)

の調査によれば，「作文を提出して指導者から受けた添削の中心は文法事項にある」ということです。1980年代に発表されたライティング関係の論文の多く（例：Zamel, 1985; 1987; Robb, Ross & Shortreed, 1986）は，「学習者は指導者に修正をしてくれるように望むが，修正を受けても必ずしも理解していない」としています。また，「指導者が学習者の意図を理解しないで間違って修正している場合がある」ことや，「単に句読点・綴り（mechanics）だけの訂正が多い」などの事例も挙げて，修正に対して肯定的でない見解を示しています。

　Ferris（1995）が，第1回目のドラフト（第1原稿あるいは草稿ともいう）の段階で学習者は指導者の修正やコメントを望み，修正に対して注意し，内容，文章構成，コメントにも注目しているという調査結果を報告したことに対して，Truscott（1996）は文法の修正はまったく効果がないと主張しました。そのことは多くのライティング指導研究者が注目しているところです。Truscottは，多くの指導者は文法修正を慣習のように行い，それが効果的であると信じているが，文法修正はいかなる効果もなく，むしろ百害あって一利なしで，時間の浪費とエネルギーの消耗であるとしています。一方，Ferris（1999）はその後も，指導者が印をつけた誤りに対する修正率は80％も成功したなどと発表しています。しかし，学習者によっては書き直されることを嫌がったり，誤りを犯したことを繰り返し言われたくない，赤ペンをみると落胆してしまうという人もいます。また，誤り（errors）を恐れて，難しい文法規則を回避（avoidance）する可能性もあります。例えば関係代名詞は，ペルシャ語やアラビア語を母語とする人々は日本人や中国人と比べて2倍の誤りを犯しても使うが，日本人は誤りを犯さないけれどもほとんど使っていないという有名な調査結果があります（Schachter, 1974）。問題は，指導者が懇切丁寧に文法修正をしても，学習者のライティング能力の向上に役立つかどうかです。Truscottは，文法などの規則性については特殊なコードを用いて包括的修正をして再度書かせてもさほど効果がないとしていますが，内容についてはコメントを入れることによって流暢さ（fluency）につながり，語彙の面では修正が効果的であるとしています。さらに，賞賛を受けた学習者は技能を伸ばしたという報告もしています。

3.5.2　なぜ文法修正に効果がないのか？

　Truscott（1996）は，普遍的な発達順序があり，学習者がまだ獲得準備のでき

ていない時期に文法を修正された場合，修正されても理解できないとしています。これは，形態素の発達順序からそのように主張していると考えられます。発達の段階に合わせた文法の修正に対する調査はありませんが，EFL言語環境で文法指導をしても同様の結果を考えねばなりません。Truscottは，文法は語彙のように1つ1つ個別に学習するものではなく，新しい知識が学習者の言語体系に統合されなければ真の学習は成り立たないとしています。編集(editing)の段階で修正されたものは，表面的な知識の移行としての擬似学習(pseudo-learning)に役立つだけです。指導者がいかに説明しても学習者は理解できないとすぐに忘れるということです。指導者のフィードバックを学習者は望みますが，指導者は学習者が望むことをするのではなく，あくまで促進者(facilitator)に徹することです。

修正については，日本では，文法修正は必要だという意見はかなり多くなっています。文法指導に関する調査として，次のような結果が報告されています。

(1) ある程度の文法力がある学習者の場合，第1原稿の段階で，パラグラフ構成に大きく影響を与える箇所だけを学習者同士でチェックさせて，後で指導者がみるという方法は効果的であった(Hayashi, 1998)。

(2) チェックリストを与えて学習者同士で誤りの修正をさせると，指導者の書いたチェックリストに合わせて修正することは実にわずかであり，あまり効果がない(正木，1998)。

(3) 直接的フィードバック(direct feedback)として指導者が正しい形式の答えを与えるか，あるいは間接的フィードバック(indirect feedback)として誤りを指摘はするが修正はしないというやり方もある。修正コードを用いて間接的フィードバックを受ける方が，文法的に考えるようになる(例：Lalande, 1982; Semke, 1984)。

Ferrisが主張しているように，アメリカの学習者と同様，日本人学習者の多くは，文法，語彙，文章構成などの誤りに対するフィードバックを求めますが，修正が生かされるかどうかは疑問です。ただ，作文の内容を全体的に見て(holistically)，一貫性に重点をおいてコメントや説明を入れるなどの方法は効果的でしょう。

3.6　文単位の和文英訳とパラグラフ・ライティング

　ライティングの練習に関しては，教科書の本文の新出語句を用いて1文英訳をする問題が多くの教科書で見られます。パラグラフ・ライティングなどの練習が非常に少ないことが，日本の学校教育の特徴のように思われます。廣田・岡田・奥村・時岡(1995)の調査では，「2段落以上の長い文章を書いた経験のある学習者は2割，書いたことがないとするものが8割以上で，9割以上が講読や文法の学習の補助として行われた文単位の和文英訳の練習であった。日記，手紙，創作・自由作文というものを書いた経験がほとんどない。要約や感想文は，5割は書いている経験がある」という結果を報告しています。和文英訳の練習について大学1回生を対象とした調査(Hayashi, 2003)では，1文英訳はライティングにおける内容や構成はもちろん，文法的にもほとんど効果がありませんでした。その例として，'what'を用いる関係代名詞を知識として知っていても1文英訳ではうまく使えない，語彙を知っていても受動態の主語と述語が一致していない，長文の文章構成を書くことができないなどです。1文の練習よりは，原因・結果，結論，比較・対象などの情報分析の意味図(semantic mapping)を描けるような文章構成やパラグラフ・ライティングの指導が効果的です。

3.7　正確さと流暢さ

　効果的なコミュニケーションをするためには，文法能力も必要です。しかし，ライティングにおける流暢さを身につけるためには，文法の正確さに重点をおくよりは，文章構成を学習して英作文の課題を繰り返し，ライティングに自然に慣れ親しむことが大事です。正確さは，一定の文法の説明後，英作文を書き，仲間同士でチェックして気づくようにします。流暢さとライティング能力の関係を見るためには，時間制限を設けて1つのタイトルを与えて一定の時間内にどれだけ書けるか(timed writing)，量を測る方法があります。第2編第4章で，制限時間内で書いた語数とライティング能力の関係を調査した結果を報告しています。スピード・ライティングの語数が多いほど，英語力もある程度高いということになります($r = .4, p<.01$)。英語を一般教養科目として学習する大学2回生46名が，制限時間内で書いた作文の語数とルーブリック(rubric，評定基準：一般にはルーブリックと呼ばれている)を用いて評価したライティング能力との相関性を見た結果，事前テストでは，$r = .471 (p<.01)$，3か月後の事後テ

ストでは，$r = .58 (p<.01)$ でした (Hayashi, 2003)。

　同じく，一般教養科目として英語を学習する大学2回生60名を対象とした調査では，日本人英語教師2人 (林・奥田) がライティング能力の評価を行った結果，次のような相関性を示しています (Hayashi & Okuda, 2006)。評価者の相関性は，事前テストでは，$r = .751 (p<.01)$ の高い相関性が認められました。事前テストでは，語数とライティング能力の関係は，$r = .533 (p<.01)$ (Hayashi) および $r = .551 (p<.01)$ (Okuda) でほぼ同じ程度の高い相関性を示しています。3か月後の事後テストでは，$r = .518 (p<.01)$ (Hayashi) と $r = .477 (p<.01)$ (Okuda) でやや差はありますが，有意な相関性が認められます。

　以上のような結果からすると，ライティング能力とスピード・ライティング，制限時間内の書く量，すなわち語数にはかなり高い関連性があります。したがって，正確さに注目するよりも，流暢さにつながるタスクを考える方がライティング能力は向上すると考えられます。さらに，ライティング能力は語彙力と有意な相関性があり，語彙力はライティングに大きく影響します。

3.8　語彙の豊富さ

　上記の調査結果が示すように，必ずしも語彙が豊富であればライティング能力が高いということではないのですが，英文を書くという作業において，語彙を知っていなければ書けないことも明白です。廣田・岡田・奥村・時岡 (1995) の調査でも，学習者は「内容や文法の側面よりも単語，熟語，表現が最も難しい」と感じています。語彙を獲得するためにどのような方法が効果的でしょうか。語彙の学習法については第7章で述べましたが，林・諏訪 (1997) の調査結果では，英語の単語を1つ1つ覚えるよりも，文脈から語彙の意味を推測する力や長文読解力をつける方が効果的です。物語，劇，詩，批評，論文を書くときも，背景的知識が豊かで書こうとする意図と語彙が一致すると書く意欲が湧いてきます。話を創造的に広げていくこともできます。語彙の習得も単語帳に書いて覚えるよりも，多読によって話の関連性から繰り返し現れる語彙を自然に覚える方が効果的でしょう。

3.9　ライティング指導における課題と問題点

　先行研究に基づいてライティング指導における課題と問題点を取り上げまし

た。その結果をまとめると次のようになります。
(1) リーディングの量がライティング活動に影響する。多読，すなわち，プレジャー・リーディングや新聞・雑誌などを読み，要約することがトピックセンテンスやメイン・アイディアの把握，パラグラフ構成，繋ぎことばの使用につながる。
(2) 文法の修正や1文練習をするよりは，日記，手紙，創作・自由作文などの課題を与え，長文の練習を多くすることによって流暢さが身につく。

(1)や(2)を経験した日本人学習者が非常に少ないことは問題です。こうした問題点を踏まえて，MI理論に基づくライティング指導法を考えてみましょう。

3.10 MI・8つの知能とライティング活動

表3.1は，日本のEFL言語環境での学習者を対象に，MI理論に基づく8つの知能をライティング活動に生かす方法です。学習者が家庭や学校などで学んだ知識や経験によって培われた知能，得意性を生かし，ペアやグループでの協同学習法を考察しました。それぞれの活動は，学習者の生活環境，レベル，得意性，性格に影響される場合もあります。各々の知能は個別に働く場合もありますが，複数の知能を組み合わせて(amalgam)活動することもできます。8つの知能を生かす環境を与えることによって，物事についての知識を蓄え，理解し，ライティング活動を通して運用しながら，ライティング能力を向上させます。

言語的知能を用いたライティング活動では，カードを用いてことば遊びをします。物語を読んで感想文を書き，話し合います。これらの活動は，年齢，経験，学習目的によって異なります。高校生や大学生が言語的知能を生かして協同学習によってライティング活動に取り組める課題として，日本人学生があまり経験していないものに，新聞や雑誌の記事を集め，社会的問題となっている課題について概要をまとめ，話し合って問題解決法を見出し，自分の見解を英語で書かせる方法があります。この課題では，ブレーンストーミングによって学習者同士が自由に意見を出し合い，社会的な共通の認識をもつことにもなります。また，集めた資料をどのように解釈していくか，統計処理の読み方や理解については，論理・数学的知能に強い学習者が仲間に加わって相違性・類似性を見出し，論理的に分析することによって促進することができます。ライティング活動には，言語的知能，対人的知能，論理・数学的知能を育成する環境が組み合わされていることになります。

表3.1　MI・8つの知能とライティング活動

知能と能力	環境	ライティング活動
言語的知能	グループで話し合う機会を多くし，言語的表現に耳を傾けるようにする。	物語を読んで感想文を書く。カードによる語遊び，詩，物語，日記を書く。ブレーンストーミングによってアイディアを出し合い，自分の表現したいことを概略し，話し合い自分の考えをまとめ，ディベートして発表内容を英語でまとめる。
論理・数学的知能	数字，表，図を示して類似性・相違性，物事の因果関係の分析，論理的に考える機会を与える。そろばんや計算機の使用。計算方法を提示。	数，表，図形を用いて，ペアかグループによって状況を理解・分析し，自分の見解・判断をする。原因・結果の因果関係，相違点・類似点を考察して作文する。表の読み方，表を見て何を意味しているかを英語で書く表現を指導する。
音楽的知能	音楽を聴いて，メロディーを口ずさむ，リズムを楽しむ。歌・作詞・作曲の意味を考える。	語彙や文法の学習について，歌詞のクローズテストなどを作成。メロディーを口ずさみ，歌詞を穴埋めする。歌を聴いて，リズムに合わせて作詞を書き直して，学習仲間で語り合う。
視覚・空間的知能	家，教室などの建物の空間的配置などを考えさせる。写真，スライドなどを見せて，3次元的空間のイメージを考える。絵や地図について話す。	ペアで家や建物について自分の将来の夢を語り合い，イメージして図示する。どのような家に住みたいか，大きさ，色，形などに触れる。学習者が描いたものを学習仲間で語り合い，自分の好きな形や色を言わせて，文を作る。意味図，チャート，写真，スライド，映画，位相幾何学などを応用する。
身体運動感覚的知能	スポーツや手，足，指を用いて，数字を数える，身体的活動によってリズムと語彙・文法，文に気づかせる。	TPR(Total Physical Response：身体全身反応)によるジェスチャーや手，足，指を用いて，数字の数え方，計算の仕方を教える。運動競技やダンスなど身体言語を用いてグループかペアで物語を作り，作文する。
対人的知能	社会的相互作用によって問題解決，知識を得るための情報入手，話し手・書き手の意図を理解する。	協同学習を目的に，グループ・プロジェクトの課題を与える。社会問題などに関心を抱き，内容を中心に問題解決できるようにグループで話しあい，文法や意味理解など仲間同士が教えあう機会を与える。ディベートでの意見を英語で書く。
内省的知能	学習者自身の感情，好み，方略を話させ，彼ら自身の望み，恐怖心を理解させてどのように対処するかを考えさせる。	個人的な課題を与え，日記，手紙，ジャーナル，物語，レポートなどを作成し，学生同士でお互いにフィードバックさせる。ポートフォリオを用いて，反省の機会を与えるなどする。
博物的知能	植物や動物の種類を識別できるゲームをする。規則的に野外に出る。植物や動物の図鑑を与える。	植物や動物の観察を通して，感じたことを英語で書かせる。教室の中だけでなく，美術館や博物館に行き，作品について批評し，作品の作り上げられた過程や信条を仲間で話し合い，英語で書いて報告する。

(林桂子作成)

一方，こうした協同学習に加わることができない学習者がいます。ライティングは，人と打ち解けにくい性格や自分の意見を表現したいと思っている学習者には自分の意思表示ができるもっとも効果的な活動です。そのような学習者には，ポートフォリオ形式で自分の行動を反省させ，内省的知能を生かします。自分の好き・嫌いを把握して将来の仕事などに関する著書を読み，自分なりのやり方を見極める学習スタイルを見出すようにします。日記，課題についての感想文などを書かせて，仲間に読んでもらい，人を尊重して相互にやりとりする習性を身につけられるようにします。

3.11 MI理論に基づくディベートからライティングへ

ライティング能力の向上にはリーディング活動が大きく影響していることを述べました。ディベート活動は，リーディング，スピーキング，リスニング，ライティングの4技能を用いて，MIを生かしたトピック重視および内容重視の統合的英語指導法です。トピックについての知識を豊かにし，内容をより深く理解するために，テキスト，本，インターネット，新聞・雑誌など多くの資料や文献を読むことによって，リーディングの習性を身につけることができます。読んだ内容の概要を英語でまとめ，自分の意見を英語で書き上げることによって，パラグラフ・ライティングの文章構成，トピックセンテンスやキーワードの把握，文の繋ぎことばなどに気づくことができます。人前で討論することによって，相手に自分の意見を適切に伝えているかを悟りますし，スピーキングの運用力を身につけることができます。人の意見を聞いてリスニング力も身につけることができます。最終的に，ディベートによって得た意見を参考にして(intake)，課題についての問題とその解決策について英作文を書き上げて提出します。その書き方としては，内容の側面においては，ディベートの評価と同じように，文章構成(organization)，論理的思考(reasoning)，問題点の分析の仕方(analysis)，資料証拠(evidence)が明快に打ち出されているかどうかを基準にします。

3.12 学習者に対する評価とポートフォリオの導入

評価といえば，最近では，学習者が観察やポートフォリオを用いて自己評価や相互評価するアセスメント(assessment)ということばが用いられています。

MI理論においても，学習に対して反省を促すという側面からポートフォリオによる評価が適用されます。アメリカやヨーロッパですでに作成され利用されているポートフォリオを中心に，その利点と問題点について考察してみましょう。

ライティングはスピーキングが苦手であってもできる能力です。英語学習にあまり興味のない学習者，スピーキングの苦手な学習者が多いクラスでの授業では，内省的知能を生かし自己分析するために，学習者自身の感情，好み，学習課題に対する対処の仕方について英語で書き，ポートフォリオとして提出させます。日記や本の感想文などの個人的な課題を与え，グループでフィードバックし，ジャーナルを作ることもできます。協同学習によって1つのプロジェクトに取り組むこともできます。こうした課題についてどのように評価するかが問題です。

ライティングの評価基準(assessment criteria)は，実践活動において学習の到達目標が明確であること，作文の課題が目標に密接に関連していることが大切です。課題作品の評価は，一般には内容，構成・展開，文法，語彙，句読点・綴りについて，4-6点法で点数をつけているものが多くなっています。点数の判断は，一定の評価基準を設けて作成されたルーブリックに基づいています。最近では学習者の課題や反省を取り入れたポートフォリオを用いている国や学校が多くあります。ポートフォリオの作成の仕方や用い方は，国，学校，使用者によって異なります。ヨーロッパ(オランダやドイツなど)の場合は，EU諸国の「外国語学習・教育・評価のための欧州言語共通照枠組み」(CEFR)[1]があります。これは一定の基準に基づいたルーブリックで，A1・A2-C1・C2のような数値に合わせてグリッドが作成されており，学習者の成績を評価するものです。アメリカ式のポートフォリオは，学習者が書いた作文を1つ1つホルダーに入れて保管します。その積み重ねによって進歩や達成度の度合いを見ることができます。学習者がいくつかの作品から最も適切なものを仲間や指導者に選択してもらって提出します。ポートフォリオの特徴は次のような点にあります(林，2006e)。

(1) 成績評価 — ①自己評価に対して自己責任を持つ。②学習者の記録とルーブリックに応じて評価する。

(2) 作品の選択と反省 — ①学習の内容，活動，教材，方略，目標およびその効果に対して，学習者がその課題にどれだけ取り組んだかを毎回の課

題について反省するためにチェックリストを用いて，何度も書き直すこともある。②指導者は学習者評価を見直す。③自分の強い部分と弱い部分を自ら知ることによって明確な目標をもつ。
(3) フィードバック ― 単元の初めから終わりまで，理解や目標達成の実践活動として頻繁に行う必要がある。ディベートやプレゼンテーションなどにおいては学習者のグループ活動の際にもコメントを入れたり答えたりする。学習者に対して今後の授業活動計画や自己評価，級友に対する助言や批評，指導者との相互評価などについても説明する。

ポートフォリオはライティング能力を向上させることを目的として学習者の得意性を生かした指導法として多くの利点があります。
(1) 明確な目標のもとに，自発的な活動を行うための動機付けを与える。
(2) 作文の進歩の進み具合やレベルの達成度においても，自分の行為に対する強い点と弱い点の反省を促し目標を達成することにもなる。これはMI理論の視点から，内省的知能を取り入れて学習者の反省を促すことになる。

一方，日本の教室のようにクラス人数が多い場合は，ポートフォリオを実施することは必ずしも効果的とは言えないでしょう。ライティングの作品回数は，平均8回必要となります。批判や反省のために定期的に指導者がチェックして，学習者と達成目標や問題点を話し合います。チェックリストの作成，点検，個人的話し合い(conference)をします。その場合に次のような問題が生じます。
(1) 人数 ― ①人数が少ない場合は個人的に接しやすいが，30－60名以上のEFL環境では指導者に負担がかかりすぎる。②個人差があると作品の選択などグループ活動が難しい。③人数が多いと個人的に話し合う機会が少ない。授業時間外の時間が必要となる。
(2) ファイルの保管場所 ― 保管場所がある環境は良いが，授業ごとに教室が変わる大学制度ではファイルを保存するような整備ができていないので無理である。
(3) 成績評価 ― ①ポートフォリオの記録とルーブリックに応じて評価できるとしても，自己評価や学生同士の採点に信頼性や妥当性があるとは限

らない。②ライティングの作文能力を信頼度(reliability)の側面から検討する場合に，評価をする評価者(rater)となる同僚がいない。
(4) 指導の工夫 ― ポートフォリオという概念を学習者に伝えるための時間が必要である。例えば，反省がどのように行われるのか，修正をどこまで行うのか，ライティング能力を伸ばすには修正は必要であるのかなど。
(5) レベル差 ― 大学院レベルでは書き直しや修正はできるが，低学力の学生に自己修正や書き直しは難しい。

以上のように，ポートフォリオを実施するには，指導者は学習者の書いた作品をチェックしてコメントを書き，さらに個人的に話す必要もでてきますので，少人数のクラスにする必要があること，指導者に十分な時間が必要なこと，ファイルの保管場所が必要なことなど，指導者側には解決すべきさまざまな問題が生じます。一方，学習者側においても，学習者同士の採点や自己評価に信頼性や妥当性があるとも限らないこと，同僚とチェックすることが難しいことなどの問題があります。したがって，日本でポートフォリオを実施するには多くの問題があります。しかし，一定の基準が明確なルーブリックやチェックリストを作成することによって，学習の反省をもたらし，自発的な学習に導くことはできます。学習者に指導者の授業評価をさせるやり方よりは，はるかに効果的でしょう。

実践例 3.3　When I grow up (成人したら)　(中・高・大学生用)

成人したらどんな職業につきたいか。自分の目標を達成するにはどんなことをすべきかについて作文します。
What is your future job? What do you want to do when you grow up? Describe what actions you must take to achieve your goal.

When I grow up ... _____
_____
_____
_____

Things I need to do ... _____
_____
_____
_____

実践例3.4　Book Report（読書感想文）　（中・高・大学生用）

多読で読んだ本の概要をまとめ，コメントを書く。主人公はいつの時代の人で，何をしたか，どのような点でおもしろかったかなど，筋書きを書きながら自分のコメントを書く。書いたコメントをグループで読み合い，主人公や話の内容について話し合う。
Write a brief summary of the book you read and your comments about the book. Use RoundRobin to share your book report with teammates.

　　Title _____
　　Author _____
　　The period of the story _____ Page _____
　Summary
　_____
　_____
　_____
　Comments _____
　_____
　_____
　_____
　_____

3.13　まとめ

　ライティング能力は他の言語スキルと比較してもっとも低く，学習者が困難を感じるスキルです。ライティング能力を向上させるためには，ライティングともっとも高い関連性のあるリーディング能力を伸ばすことが効果的です。ライティングの後にディベートを行うことは，学習者がトピックに関してインターネット，新聞・雑誌，本など多くの資料を読むことで背景的知識が豊かになり，問題解決策を生み出し，適切な文章構成，文法，語彙を学ぶことにつながります。新聞・雑誌などの実社会に結びつくトピックについて多く読むことによって，書き手と読み手の意図がお互いにわかり，内容の理解を深めます。
　英文の文章構成法を理解して要約することによって，ライティングにおける文章構成も学び，文章・文法および語彙も豊富になります。ライティングの指導として，文法の修正をしたり1文練習をさせたりするよりは，日記，手紙，創作・自由作文などの課題を与え，パラグラフ・ライティングの練習を多くすると流暢さを身につけることができます。ライティング評価にはポートフォリオやルーブリックを利用するほうが，学習の反省を促し，自発的な学習へと導くことができます。

ライティング活動の特徴は，協同学習でなくとも個人の個性や得意性を生かすことができることです。学習者のもっている知能の強い部分や弱い部分を内省的知能によって生かします。さらには，詩，歌，音楽，植物，花など学習者の得意なものと関連する言語学的知能，音楽的知能，博物的知能は内省的知能と結びつけるなど，MI理論は，さまざまな知能を組み合わせてライティング活動に応用することができます。

注

1) CEFR:『EUの言語教育政策』（大谷他，2010）の基本用語解説に基づく。

第4章 リーディングとライティングの統合的指導法

4.1 リーディングとライティングの関連性

　第2編第2章リーディングの指導法および第3章ライティングの指導法では，それぞれのスキルの指導法についての先行研究を紹介し，MI理論に基づく指導法の実践報告と実践方法について述べました。ライティングの指導では，リーディング活動がライティング能力を高める方法についても検討しました。本章では，リーディングとライティングの統合的活動を通して英文の文章構成に気づく(noticing)指導法について，実践報告によって検討します。

　リーディング能力とライティング能力の関連性については，いくつかの先行研究があります(Grabe, 2004他)。しかしながら，多くの調査は第2言語としての英語(ESL)環境に基づくものであり，外国語としての英語(EFL)環境における指導の効果についての研究はほとんど行われていないようです。外国語として英語を学習する日本人大学生の多くは，逐語訳に慣れており，パラグラフ構成やトピックセンテンスの摑み方などを理解することが困難なようです。英文の文章構成の理解のための指導法として，学習者が自ら書くというライティング活動から英文の構成法を認識させる逆説的な統合的指導法を導入することが理解を促進させると考えられます。

　本章では，各スキルの指導において，理解を促進するための指導法の1つとしてコースの目標設定を取り上げます。MI理論に基づく理解のための目標設定では，知識として知っていることを色々な行動や実践によって新しい方向に展開し，示すことができます。学習者がいつでも何かの情報を取り出せるということは，記憶や学習経験に基づく知識をもっているということです。理解とは，ただ単に暗記して知っているということではなく，さまざまな知能を用いて，協同学習で学び，気づいたことを実際に使用するということです。以上の理解のための指導の枠組みを基盤としたコース目標の設定と，その実践活動の効果を見てみましょう。

　テキストの内容を容易に理解するには，MI理論を応用する際に，学習者および指導者にとって社会的に重要で興味ある課題を選ぶことが必要です。選択

した課題について英語で書かれた記事を読み，自分の見解をまとめます。英文の読み方については，トピックセンテンスやキーワードの把握，繋ぎことばによる文章構成の指導をします。英文の書き方については，内容・展開，構成，文法，語彙，綴り・句読点などの個々の内容を説明し，点数化しているルーブリック (Nishijima, et al., 2007)[1] を用いて，学習者が人の意見を聞き，話し合って，仲間の英作文を評価するように指導します。仲間の英文の書き方から書き手の意図を理解し，トピックセンテンスやキーワードに注目し，繋ぎことばによって文章構成が分かるようになります。なお，ライティング能力に関しては，制限時間内の語数がライティングにおける流暢さと匹敵すると考えられており，スピード・ライティングの練習が英語力を高めることが報告されています (Tokioka, 1997; Sakikawa, 1999)。ライティングの語数は，C-test[2] との関連性において，$r = .266^*(p<.05)$ の相関性があり，TOEFL のリーディング能力との相関性は $r = .381^{**}(p<.01)$ (Hayashi, 1999c)で，有意味ではあっても，必ずしも高くはありません。しかし，リーディングとライティングの関連性は，文章構成などに焦点をおいた読み方をすることによって深まります。その実践例について見てみましょう。

4.2 リーディングとライティングの実践例

この実践の目的は，MI 理論を応用して学習課題や読み方について指導目標を明確に設定し，リーディングとライティングの関係を明確にすることです。読み方として文章構成について理解を深めるためトップダウン処理方式を使用して，トピックセンテンスおよび繋ぎことばの把握練習，文脈による推測力について調査します。調査方法として次のような仮説と手順に基づいて，実際に半期の2か月間を指導して検証します。

仮説 1. MI 理論を応用した理解のための指導の目標設定は，効果的な授業を促進させる。社会的に重要で，学習者に興味ある課題を選ぶトップダウン処理方式のリーディング指導は，文章構成がわかり，推測力を高め，読解力は向上する。

仮説 2. ライティングにおける流暢さを示す制限時間内語数と英語力およびリーディング能力には必ずしも高くないが有意な相関性はある。

仮説3. ルーブリックを用いたライティング能力の評価は英文の構成に気づくことができ，トップダウン処理方式の読解方略の理解を深める。

調査対象者：英語を一般教養として学習する大学1回生（A群男女共学34名）と英文学コースで英語を必修として学習する大学1回生（B群女子のみ35名）。2つのクラスに，読解方略の指導でライティング活動を導入したが，ルーブリックに基づくライティング評価については，A群34名のみとする。

実践例 4.1　リーディングのためのライティング（大学生用）

指導手順
(1) リーディングの文章構成の理解のために，ルーブリックを用いたライティング活動と読解方略の指導に対するコースの目標を設定する。
(2) 英語力については，4月に事前テスト，7月に事後テストとして，C-test 1とC-test 2をそれぞれ15分間実施する。
(3) 英作文の課題として，'What is communication?'「コミュニケーションとは何か」について，4月と7月に事前および事後ライティングとして15分間作文を実施して，語数を数える。学習者が書いた英作文を各自の名前を削除し，仲間の作文を読んで，ルーブリックを用いて内容・展開(content)，構成(organization)，文法(grammar)，語彙(vocabulary)，綴り・句読点(mechanics)について4点法で評価する。4月末から6月末までの2か月間の授業中に，50分は教科書，40分は「コミュニケーションとは何か」について，インターネット，新聞，雑誌から英文記事を入手し，グループで話し合い，発表する。
(4) リーディング能力については，教科書の10課題の英文をトピックセンテンス・キーワード，繋ぎことばなどを把握する読解練習をして，文脈による推測テストと語彙テストを実施する。問題は，テキストの著者が作成したものである(Malarcher, Morita, & Harada, 2006)。読解推測として，テキストを用いて読解方略を指導した最後に，テキスト内容の応用問題として157語と110語からなる長文2問（1問につき10個所で合計20箇所）からなり，（　）内の空欄に語句を入れるクローズテストを実施する。語彙は英語で書かれている定義と語句を合わせる問題(30問)である。
(5) コースの最後に，自分が使用した読解方略と学習活動について自己評価票(self-assessment check list)を用いて反省，評価し，コメントを書く。

4.3 リーディングとライティングの調査結果と考察

仮説1の検証 リーディングとライティングの統合的アプローチの目標設定の効果

理解のための基本的要素に基づき，先に示したリーディングとライティングの統合的活動によるリーディング力の向上を目的に設定しています。

表4.1 リーディングにおけるルーブリックを用いたライティング活動の目標設定

Ⅰ．コースの目標設定(Throughlines) 1. 各単元の課題について理解を深めるために，テキストを用いて文章構成を指導し，英作文によって英文の文章構成に気づき，リーディング能力の向上を目指す。 2. 課題として社会問題となっているコミュニケーションとは何かを認識させ，人や文章の理解を深めさせることができる。
Ⅱ．発展性のある課題(Generative Topics) 1. 各単元の課題は，社会的に中核をなす重要な課題および学習者の興味に応じて選ぶ。 2. 討論課題は，社会的に重要で価値ある課題を選ぶ。例：「コミュニケーションとは何か」 3. 討論に必要な教材を新聞，雑誌，本，インターネットから入手する。
Ⅲ．各単元の理解の目標(Understanding Goals) 1. 各単元の課題について，パラグラフ構成，繋ぎことば，トピックセンテンスおよびメイン・アイディアの把握の仕方を説明する。仲間同士で話し合い，社会的価値などの問題点を把握できる。 2. 課題について，リーディング教材や既存の資料を基に基本的な概念を理解する。
Ⅳ．理解のための実践活動(Performances of Understanding) 1. リーディングからライティングへの活動については，理解の目標で説明した読解法を用いて教材を読み，自分の見解を英語でまとめる。 2. 内容について経験したことを述べ，重要な概念の理解を深め，人の立場にたって客観的に考える。
Ⅴ．継続的評価(Ongoing Assessment) 1. 読解方略および英作文からの文章構成の理解などについて，コースの最後にアンケート調査を実施する。英作文は4点法のルーブリックを用いて，学習者同士で評価する。 2. 協同学習による理解や達成度については，チェックリストを作成し，4点法で自己評価する。指導者は，そのチェックリストに基づいて今後の指導法を検討する。

Ⅰ「コースの目標設定」(Throughlines)は，テキストを用いて文章構成を指導します。テキスト以外の課題については，インターネット，新聞，雑誌から資料を入手して要約し，内容についてグループで話し合います。今回は，'What is communication?' という課題に焦点をあて，インターネットで入手したテキストを利用し，その課題について書いた英作文を仲間で読み合い，ルーブリックを用いて，内容・展開，構文，文法，語彙，綴り・句読点について評価して，英文の文章構成に気づかせることが目標です。

　Ⅱ「発展性のある課題」(Generative Topics)として，学習者や指導者にとって，興味ある課題，日常生活において社会的に重要な課題について学習者のレベルに応じて考えます。現在，文部科学省が「コミュニケーション能力の育成」を外国語教育目標としており，学習者にとっては人々とのコミュニケーションはもっとも重要とされながらも，うまくコミュニケーションができない学習者が多いことから，'What is communication?'「コミュニケーションとは何か」について考えます。

　Ⅲ「各単元の理解の目標」(Understanding Goals)として，インターネット，新聞，雑誌，本などから資料を収集し，内容をより深く理解するために，テキストを用いてパラグラフの構成，トピックセンテンス(主題文)やキーワード(重要語句)，繋ぎことばなど詳細な読解方略を指導します。

　Ⅳ「理解のための実践活動」(Performances of Understanding)では，実際に読んで，自分の見解を英語でまとめるように指示します。読んだ内容については，一方的に憶測で理解しないようにするために，ブレーンストーミングによって相手の意見から学び，内容の重要なポイントを絞り，学んだ知識を経験・体験によって洞察する力を高め，理解を確実にします。

　最後に，Ⅴ「継続的評価」(Ongoing Assessment)として，ライティングのためのルーブリックを用いて仲間の英作文を無記名にして評価します。仲間の英作文から文章構成法について気づかせるようにします。自己評価のためのチェックリストは，トピックについての理解，効果的な学習法，学習目標の達成，反省すべき点などについてのコメントを書くことにします。

　表4.1の目標設定に基づいて授業を展開した結果，指導者はコースの最後まで授業の準備に迷わず，明確な目標に到達できるように導くことができます。

文章構成の理解について，IV「理解のための実践活動」で説明しているように，学習者が「理解する」ということは，実際にそれを適切に用いているということです。

リーディング力と推測力および語彙力の関連性

理解のための指導目標を設定し，リーディングからライティングへ，ライティングからリーディングへの読解方略および文章構成を指導した結果，C-testによる英語力の伸び率は表4.2に示したように，かなり高い向上率が見られます。また，C-testとリーディング能力の推測力に高い相関性を示しています。

事前テスト(pretest)および事後テスト(posttest)に用いるC-test 1とC-test 2の内容は異なりますが，Yoshimura(1999)がその2つの妥当性について検証しています。本調査では，表4.4に示している通り，2つのテストには，$r = .765^{**}$ ($p<.01$)の高い相関性が認められます。

表4.2 C-testによる英語力とライティング語数の向上率

クラス(n)		C-test (100点満点)			15分間作文語数		
		Pretest	Posttest	Gain(%)	Pretest	Posttest	Gain(%)
A群 (34名)	平均	53.3	69.3	+30.0	47.8	91.4	+91.2
	SD	14.0	11.3		22.7	28.6	
B群 (35名)	平均	46.5	62.7	+34.8	69.7	120.4	+72.7
	SD	16.5	13.8		46.3	51.0	
合計 (69名)	平均	49.9	66.0	+32.3	58.9	106.1	+80.1
	SD	15.6	13.0		38.0	43.7	

A群のC-test 1の平均は16大学1,440名(JACET関西支部ライティング研究会，1998)の平均(52.81)よりやや上のレベルです。B群は，英文学専攻ではありますが，事前テストでは全体の平均よりやや下回っています。しかしながら，B群の事後テストの平均は高くなり，向上率はA群より高くなっています。リーディングからライティングへ，その逆からの文章構成についての読解方略の指導を受けたことによって，英語力の低い学習者もC-testの点数は高くなっており，読解方略の指導の効果が高いことを示しています。

次に，文章の理解に関連する文脈からの推測力が語彙力とどのように関連しているかを見るために，テキスト読解力における推測力と語彙力の関連性につ

いて，表4.3にテスト点数を示し，表4.4でその相関係数を示しました。
　テキスト読解力テストについては，A群は，合計，推測，語彙のスコアのすべてにおいてB群より高くなっています。特に推測のスコアが高くなっています。これは，文章全体を読んで文脈から推測し適切な語句を（　）に入れるものです。

表4.3　テキスト読解推測力と語彙力　（N=69）

		合計(90点)	推測(40点)	語彙(30点)
A群 (*n*=34)	平均 SD	69.4 12.9	23.3 8.4	28.1 4.5
B群 (*n*=35)	平均 SD	54.3 17.2	15.5 10.0	24.2 6.5
合計 (*n*=69)	平均 SD	61.8 17.0	19.4 10.0	26.1 5.9

表4.4　C-testと読解率およびライティング語数の相関係数(r)　（N=69）

	Ctest 1 (4月)	Ctest 2 (7月)	15分間語数 (4月)	15分間語数 (7月)	テキスト読解力 合計	推測	語彙
C-test 1(4月)	1						
C-test 2(7月)	**.765****	1					
15分間語数(4月)	.400**	.272*	1				
15分間語数(7月)	.302*	.208	**.673****	1			
テキスト読解合計	.684**	.588**	.247*	.225	1		
テキスト読解推測	.681**	.547**	.308*	.199	.917**	1	
テキスト語彙	.498**	.422*	.109	.230	.813**	.579**	1

*p<.05　**p<.01

　表4.4を見ると，英語力全体の能力を示すC-testとテキストの読解力の間では，高い有意な相関性（C-test 2 vs. テキスト読解力：r = .684**，p<.01）が認められます。文脈から判断する推測テストの結果もほとんど同じ割合でC-testと有意な高い相関性（C-test 2 vs. テキスト読解：r = .681**，p<.01）があります。語彙とC-testの関係にも，r = .498**（p<.01）の相関性があり，語彙は英語力全体に影響していることがわかります。したがって，読解力全体の能力は，推測力の方が語彙力より高く関連していることになります。語彙力と推測力はr = .579**（p<.01）で高くなっていますが，語彙を知識として知っているだけでは理解を深めるには不十分であり，推測力を高める読解方略を学ぶことで英語力も伸びることになります。

読解方略の使用頻度の関係

　リーディングにおける文章構成を理解するために，教科書やインターネットから 'What is communication?' のリーディング教材を用いて，トピックセンテンスやキーワードを把握する練習，繋ぎことばを使って文章を構成するといった読解方略の練習と同時に，英語でまとめる練習を実施しました。その結果は表4.5の通りです。A群とB群のうち，すべての読解方略のアンケートに回答している学習者のみを対象としました。また，英語力のレベルによって読解方略の違いがあるかどうかを考察するために，上に述べた16大学1,440名の平均(52.81)より上を中位群(34名)，下を下位群(36名)の2つに分けて，読解方略の使用頻度を「いつも＋かなり」と「ときどき＋まったく」の2つの頻度に分けて検討しました。

表 4.5　レベル別による読解方略使用度　(N=70)(%)

	中位群 (n=34)		下位群 (n=36)	
	いつも＋かなり	ときどき＋まったく	いつも＋かなり	ときどき＋まったく
(1) トピックセンテンス・キーワード	**67.5**	32.5	**58.3**	41.7
(2) トピックについての背景的知識	29.4	70.6	**58.3**	41.7
(3) 書き手の意図や結論を予測	32.4	67.6	**50.0**	50.0
(4) 予測した答えの確認	58.9	41.1	**75.0**	25.0
(5) 繋ぎ言葉	**76.4**	23.6	66.6	33.4
(6) 文脈から意味を把握	**85.3**	14.7	69.4	30.6
(7) 問題についてスキャニングする	**61.7**	38.3	30.3	69.7
(8) 概要を英語で理解	47.1	52.9	38.9	61.1
(9) 本文の意味内容のイメージ	70.6	29.4	72.2	27.8
(10) 未知語について辞書を使用	55.8	44.2	**69.4**	30.6
(11) 和訳して読む	41.2	58.8	**66.7**	33.3
(12) トピックによって理解が異なる	56.0	44.0	**86.1**	13.9
(13) 文法規則を考えて読む	35.2	64.8	33.3	66.7

(太字は，中位群および下位群と比較して，顕著に使用頻度数が高いものを指す)

　中位群と下位群には読解方略の差異が見られます。中位群は，文章構成を探るかのように，「トピックセンテンスやキーワード」「繋ぎことば」「文脈から意味を把握」「問題についてスキャニングする」の使用頻度が高くなっています。したがって，中位群は文脈からの推測力も高くなっています。下位群は，「トピックセンテンス」の使用頻度は58.3%で高くなっていますが，「未知語

に対する辞書使用」「和訳など」のボトムアップ方式の使用頻度がかなり高くなっています。なかでももっとも著しい方略は，「背景的知識を利用している」「トピックによって理解が異なる」などです。初級レベルの学習者は，新しい文章を読むとき，馴染みのある既知の知識・母語での背景的知識・既知の知識を利用することで，本文の意味内容を推測しようとします。読解力を高めるには，語彙や文法だけに頼らず，文章構成に関連した読解方略を使用することが効果的であると言えます。

次に，英語力と流暢さを示す英作文語数について見てみましょう。

仮説2の検証　リーディング能力とライティング英作文語数の関連性

'What is communication?' を課題として15分[3]で書いた英作文のライティング語数については，4月の事前ライティングと7月の事後ライティングの結果は$r = .673^{**}$ ($p<.01$)で，有意な高い相関性があります（表4.4参照）。表4.2を見ますと，A群の事前ライティングの語数はB群より低くなっています。しかし，向上率はA群の方が高くなっています。B群は英語力を示すC-testの平均点はA群より低くなっていますが，語数は事前ライティングおよび事後ライティングにおいてA群よりかなり高くなっています。4.1でも述べたように，Tokioka(1997)やSakikawa(1999)によってスピード・ライティングの練習が英語力を高めることが報告されています。制限時間内英作文語数とC-testによる英語力の相関性（表4.4）は，事前テストでは，$r = .4^{**}$ ($p<.01$)で，ある程度の相関性はあります。事後テストでは$r = .208$と低くなっています。英語力が向上することによって作文力も向上することは当然のことですが，語数だけが問題ではなく，文章構成力などを思考することによって語数が必ずしも高くはならないこともあります。また，A群のようにリーディングという読解力が高いからライティングの語数も高くなるとは限りません（表4.2）。作文の語数は言語能力の流暢さを示しますが，同じ言語的能力であってもリーディングの語彙や文法の規則性を含めた正確さとはやや異なることを示しています。

英語力が高い学習者は自分の方略を知っていますが，低い学習者の場合は，学習方略を学ぶことが効果的であることを示しています。書くことは個人の創造性によるものであり，語彙が豊富で内容が充実していればある程度の分量は書けますが，きちんとした構成の文章を書くには，伝えたい内容や意図につい

ての表現力や首尾一貫した文章を書く力が求められます。高い表現力があれば，冗長な文章より短く簡潔な文章を書くことが出来ます。逆に，英文を読むことは，書き手の背景的知識や意図から文の構成法を理解しなければなりません。すなわち，書くことと読むことは，個人の自由な創造性と相手の文章に対する理解との間に「ずれが生じる」ために，リーディング能力と英作文の語数との関連性は低くなります。しかし，一般に見られるパラグラフ・ライティングの文章構成の側面においては，リーディングとライティングに共通性があります。

次に，ルーブリックを用いた英作文評価から，リーディング能力とライティング能力の関連性について見てみましょう。

仮説3の検証　ライティングのルーブリックにおけるリーディングへの影響・気づき

ルーブリックに基づくライティング能力の評価は，表4.6に示した通りです。4月の事前ライティングでは，学習者は英作文の書き方については指導を受けない状態で，'What is communication?'について15分間の時間制限内で書いた内容です。7月の事後ライティングでは，4月から90分授業のうちの40分を「コミュニケーションとは何か」についてグループでブレーンストーミングして，アイディアを共有し，資料を読み，究極的なキーワードとなるものをグループで選び，黒板に書いて，討論しています。そして7月に'What is communication?'について英作文を書いたものです。

表4.6　英作文のルーブリックに基づくライティング評価(4点法)　(N=43)

			内容	文章構成	文法	語彙	綴り・句読点	20点満点
4月	学生評価	平均	2.9	2.6	2.6	2.7	3.1	13.9
		SD	0.7	0.7	0.6	0.6	0.6	2.6
	指導者評価	平均	2.3	2.0	2.0	2.2	2.2	10.7
		SD	0.6	0.8	0.8	0.6	0.8	2.7
7月	学生評価	平均	3.5	3.3	3.4	3.5	3.5	17.2
		SD	0.5	0.5	0.5	1.0	0.5	1.9
	指導者評価	平均	3.0	3.2	2.4	2.6	2.2	13.4
		SD	0.7	0.7	0.6	0.6	0.6	2.3

評価法として，英作文の書き手の名前を切り取り，3-4人のグループに分

かれて，内容・展開，構成，文法，語彙，綴り・句読点，合計評価についてルーブリック表に基づいて，4点法で評価しています。

事前ライティングも事後ライティングも，内容・展開，構成，文法，語彙，綴り・句読点，合計点において，学生評価のほうが指導者評価より高くなっていますが，事後ライティングに対する評価は学生，指導者ともに高くなっています。学習者評価は，クラスでコミュニケーションについて読んだことや話し合った過程を反映していると思われます。

表4.7　ライティング能力とリーディング能力（読解力）の関係　（N=43）

	読解力テスト				学習者評価						指導者評価					
	読解	推測	語彙	語数	内容	構成	文法	語彙	綴り	合計	内容	構成	文法	語彙	綴り	合計
読解力	1	.91**	.71**	.17	.33*	**.36***	.28	.23	.00	**.31***	.16	**.44****	.29	.32*	.02	**.34***
推測	.91**	1	.43**	.19	.32*	**.36***	.31*	.27	.00	.33*	.10	**.36***	.29	.35*	.07	.31
語彙	.71**	.43**	1	.11	.19	.18	.06	.05	-.03	.13	.27	**.37****	.20	.06	-.22	.17

$*p<.05$　$**<.01$　（内容＝内容・展開，構成＝文章構成，綴り＝綴り・句点）

これらの評価が英語力や読解力とどのように関連しているかについて，その関連性を表4.7に示しました。事後ライティングのみとリーディング能力の関係について考察します。

リーディング能力とライティング能力の相関性については，Grabe（2004）は，Tierney & Shanahan（1991）らの調査結果に基づいて，一般に2つの能力の相関性は$r = .5 - .7$であるとしていますが，評価法がどのような基準に基づいているかによって関連性の度合いは異なります。

ルーブリックを用いた本調査結果（表4.7）では，読解方略の指導後のリーディング能力と内容・展開，構成，文法，語彙，綴り・句読点の5つの要因の合計から見たライティングとの関連性は，学生評価および指導者評価においては，ともに有意な相関性はありますが高くはありません（$r = .31 - .34, p<.05$）。リーディング能力ともっとも著しい有意な相関性を示している要因は，ライティングの文章構成です。特に，指導者評価から見た文章構成は，リーディング能力の影響を示しています。ライティング評価の際に学習者が気づいた文章構成が，リーディングの文章構成の理解に役立つことになります。実際に，英作文の評価の際に気づいた繋ぎことばを，文章構成の際にうまく利用した作文が見られ

ます。そして，読んだ文章の模倣も多く見られます。模倣で培われた文章はライティング能力に表れますが，リーディング能力にほとんど影響することはありません。リーディングにおける語彙力も，ライティングの語彙力とはほとんど関連性がありません。ライティングは学習者自ら創出する能力であると同時に，英語で文章を書く際には，リーディングの中で見出した文章を模倣としてうまく利用することになります。しかし，リーディングでは書き手の背景的知識や意図を理解しなければ十分な理解を促進することにはなりません。したがって，学習者はリーディングにライティングを導入して，あるいはライティングでルーブリックを用いた活動によって英文の文章構成に気づき，リーディングでの文章構成に応用して，読解力を促進させることができるようになります。

4.4 ルーブリックを用いたライティングからリーディングへの学習者の反応

　ライティング活動がリーディング活動に影響を及ぼすこともあり，また逆に，リーディングがライティングに及ぼす影響もあります。その実践的な活動の過程での学習者の「気づき」が理解を深めることを考察するために，ライティングとその評価作業がリーディングにどのような影響を与えたかについて，自由記述方式でコメントを求めました。その結果は，表4.8に学習者の反応と気づきを示しています。

表4.8　ライティングがリーディングに影響を及ぼす学習者の反応　（N=70）（%）

レベル	コメント	n	%
中級 n=34	(1) 文章構成，速読のコツを学んだ。	14	41
	(2) どうすれば人に伝わるかを考える。	2	6
	(3) リーディングのトピックセンテンスなどをライティングに応用する。	4	12
	(4) いつも書きたいことを書いていたけど，文の組み立て方が分かった。	4	12
	(5) 人の意見をしっかり読み，多くの表現に触れて，自分の意見を英語で表す。	4	12
	(6) リーディングができればライティングもできるようになる。つながっている。	8	24
	(7) とっさに書く能力が身についた。	2	6
	(8) リスニングも身につけたい。	4	12

初級 n=36	(1) トピックセンテンスやキーワードの摑み方を学んだ。書くときもそれを伝える。	8	22
	(2) リーディングの文章構成が身についた。	3	8
	(3) 繋ぎことばの大切さを学んだ。	2	6
	(4) リーディングの語彙がライティングにも役立つ。	6	17
	(5) 文章構成でリーディングとライティングがつながっている。	13	36
	(6) 他人の表現から英作文を参考にできた。	2	6
	(7) リスニングもつながっている。	2	6

中級レベルと初級レベルともに，リーディングとライティングが文章構成においてつながっているということに気づいたことは，注目に値します。文章構成については，すでに述べたように，ルーブリックに基づくライティング評価においてもその結果を示しています。リーディングコースにおいて，ライティング活動をすることによって文章構成を理解し，速読のコツを掴むこともできます。リーディングで学んだトピックセンテンスやキーワードの把握をライティングに応用することができます。リーディングができれば，ライティングもできるようになると気づきます。文章構成を学び，読み手に伝えようとします。したがって，リーディングとライティングには文章構成という点で関連性があり，指導法によって気づかせることができます。

4.5 まとめ

日本人大学1回生を対象に，トップダウン処理方式による文章構成やトピックセンテンスの摑み方などの読解方略の理解を深める方法の1つとして，リーディングコースにライティング活動を導入し，リーディングとライティングの統合的指導法の効果を3つの仮説をもとに実践的活動によって検証しました。

MI理論に基づく「理解のための指導の目標」を設定し，トップダウン処理方式の読解方略とライティング活動を導入した指導の効果については，C-testおよびリーディング能力，英作文などの事前および事後テストで検証した結果，C-testによる英語力および英作文の語数は向上していることが認められました（表4.2）。また，C-testとテキストによる読解力は大きく関連しており，文脈からの推測力が読解力に大きく影響を与えることが分かりました（表4.4）。語彙力，推測力，英語力の関連性についても，調査結果では，文脈から把握する推測力が英語力に大きく影響しています。その推測力は，英文構成を知る読解

方略と関連しています。英語力の低い学習者のリーディング能力が向上した要因は，事前テストの段階では，和訳や辞書に頼ることが多かったのですが，読解方略を学ぶことによって自分の慣れ親しんだトピックについては背景的知識を利用するトップダウン処理方式を使うようになったことが挙げられます。

リーディング能力と英作文の語数の相関性は高くはないですが，英語力を示すC-testと語数にはある程度の相関性があることは検証されました($r = .4^{**}$, $p<.01$)。英作文において，書くという行為は個人の創出によるもので，文章構成においては，伝えたい内容や意図についての表現力や文章の一貫性が影響します。多くの語彙で長い文章を書くより，少しの語彙で短く簡潔に書く方が，読解力と語数の相関性はやや低くなります。

リーディングとライティングの関連性については，仮説3で考察したように，英作文のルーブリックに基づく評価において，読解力と著しい関連性が見られるのは文章構成です($r = .44$, $p<.01^{**}$)。文章構成は，読解の推測力や語彙力とも関係しますが，学習者が最も注目しているのは，繋ぎことばです。繋ぎことばに焦点をあて，文章の一貫性を考え，人にわかりやすい文章構成を考えようとしています。読解方略の反応で示しているように，学習者は文章構成という過程によって，リーディングとライティングがつながっていることに気づいています。

以上の結論として，トップダウン処理方式の読解方略の指導で，英作文を書かせてルーブリックを用いて評価させ，文章構成，トピックセンテンス，キーワードなどに気づかせる統合的指導法は，単に文法訳読式で読みを指導するよりは，リーディング能力の向上に効果的です。

注

1) ルーブリックは，西嶋久雄，林桂子，正木美知子，久留友紀子，金志佳代子が2年間に亘りさまざまな文献を参照し，考察して作成したものです。ルーブリックの内容については，Nishijima et al.(2007)を参照。
2) C-testについては，Writing Research Group, JACET Kansai Chapter(1999)を参照。
3) ライティングにおける流暢さは，制限時間内で書く英作文の語数(語数を「長さ」と表現する研究者もいます(Sakikawa, 1999))。ライティング指導研究会では，大学1回生の英作文に慣れていない学習者には，制限時間を15分が適当としています。本章においても，語数とライティング能力の調査を比較検討するため，同様に15分としました。

第5章 MI理論と4技能の統合的指導法
―ディベート活動の効果―

5.1 理解と統合的指導の必要性

　文法規則や語彙を知識として知っていても(knowing)，コミュニケーションにおいて適切に適用し，運用(performance)しなければ，理解に至ることにはなりません。意識的であれ，無意識的であれ，学んだ知識を適用し，実際に運用して，話し手と聞き手，書き手と読み手が1つの課題について相互に意見が理解できる状態が必要です。英文の内容を理解し，自分の表現したいことを人に理解してもらうためには，「読み」「書き」「聞き」「話す」という4つの技能をバランスよく使用することが大切です。本章では，MI理論の「理解の枠組み(understanding framework)」および外国語学習における7つの原理を基盤にして，4技能の統合的指導法としてのディベートの効果について考察してみましょう。

5.2 理解のための統合的指導の目標設定

　MI理論に基づく「理解のための指導」の基本的要素については第1編第7章で紹介しました。第2編第2章では，それを基盤にして外国語としての英語での読解のための学習方略の目標設定について考察しました。いずれのコースの指導においても，学習者のレベルやトピックへの関心に合わせてコースの目標を設定することが，理解のための指導へと導くことになります。本章では，4技能を統合的に育成するために，リーディングの教材を用いた課題について問題点を取り上げ，その問題解決策を考えるためにグループ討論やディベートを行って，思考力およびコミュニケーション力を引き出す事を目的とします。コミュニケーション能力を育成し，4つの技能をバランスよく使用できるためには，理解のための基本的要素を基盤にしたディベート活動は，目標と指導手順が明確となり効果的であると思われます。コースの目標設定は学習者のレベルが日本の大学1-2回生で，外国語を専攻する国際コミュニケーション学科の学生および一般教養として英語を学ぶ日本の平均的な大学生を対象としています。

表 5.1　理解のための英語・外国語指導：4 技能の統合的指導の目標設定

Ⅰ．コースの目標設定（Throughlines） 　1．コース全体の目標を考える。課題について理解を深め，問題解決力を生み出し，4 技能を高める。そのためには，トピックに関連した記事を多く読み，概要と問題点を英語でまとめ，英語で討論する。 　2．英語学習の動機の低い学習者も興味ある課題を選び，協同学習による話し合いや討論をすることによって，理解を深める。
Ⅱ．発展性のある課題（Generative Topics） 　1．各単元およびディベートの課題は，社会的中核をなす重要な課題で，学習者がグループで自分たちの得意分野，経験に応じて興味ある課題を選ぶ。 　2．トピックは，社会問題となっている重要な課題，社会的価値のある課題，ディベートに相応しい課題のテキストを選ぶ。 　3．討論に必要な証拠や洞察力となる社会科学的根拠に基づく表，グラフ，写真，図などを準備できる課題を選ぶ。
Ⅲ．各単元の理解の目標（Understanding Goals） 　1．各単元の課題について，読解法として，パラグラフ構成，繋ぎことば，トピックセンテンスおよびメイン・アイディアの把握の仕方を説明。仲間同士で話し合い，社会的価値などの問題点を把握できること。 　2．課題について，リーディング教材や既存の資料をもとに基本的な概念を理解することに焦点をおく。既存の資料を読まず，相手の話を聞かず，理解せずして勝手な創造，表現，発話はしない。討論に必要な教材を新聞，雑誌，本，インターネットから入手する。 　3．理解を妨げるような共通の誤解，憶説，障害について話し合う。
Ⅳ．理解のための実践活動（Performances of Understanding） 　1．リーディングおよびライティング活動については，リーディングおよびライティングコースで説明した指導法を実践する。テキストの理解については，問題となっている対立的な見解を把握し，著者および自分の意見を英語でまとめる。 　2．社会問題となっていることについて，学習者の経験や実例をあげて考える。 　3．重要な概念の理解を深め，自分や人の立場において客観的に考える。
Ⅴ．継続的評価（Ongoing Assessment） 　1．4 つのスキルおよびディベートによるコミュニケーションの達成度については，ポートフォリオ式チェックリストを作成し，学習者が課題の理解や学習態度について 4 点法で自己評価する。指導者はそのチェックリストに基づいて今後の指導法を検討する。

Ⅰの「コースの目標設定」では，課題の選択が中核となります。学習者にとって興味ある社会問題を課題として選びます。なぜこの課題を学ぶかを考え，その問題解決策を見出すことを目的として，トピックについてブレーンストーミングして，賛否両論の立場から英語で討論することによって理解を高めます。グループでの討論の後，クラスみんなの前で討論することによって4技能を向上させることを目指します。また，英語学習の動機の低い学習者も自分たちに密接した課題であれば，その課題から学ぶ意義を見出し，協同学習による話し合いや討論をすることによって，内容の理解を深めることができます。

Ⅱの「発展性のある課題」としては，コースシラバスを構成するにあたって，教科書の選定を行う際に学習者のレベル，社会的経験，文化的背景，興味などを考慮して，学習者が理解しやすく興味を深めることができる課題を選ぶことです。その課題は，同時に，指導者にとっても専門的な知識や経験に基づいて，興味や情熱をもって指導できる課題であることが必要です。

Ⅲの「理解の目標」には，各単元の内容理解を目標にする場合(unit-long understanding goal)とコース全体の内容理解を目標にする場合(throughlines)があります。コース全体の目標は，単元全体を集約した課題の内容を理解します。単元ごとの目標には，学ぶ意義を見出し社会の中で活用できる価値を見出すことができるように，学習のためにもっとも重要であると思われる「理解の目標」について明確に知らせ，学習者の理解を発展させるようにします。

人がお互いにもっている知識や経験を生かしてブレーンストーミングという集団思考法によってアイディアを出し合い，トピックの内容について話し合います。そのためには，英語で読んだものをトピックセンテンス(主題文)やキーワード(重要語句)，繋ぎことばなどに焦点をあて，英語で要約する方法を指導します。テキスト教材を用いていくつかのユニットを要約することも必要となります。読み書きに慣れた段階で，討論に必要な教材を新聞，雑誌，本，インターネットから入手するように指示すると効果的です。その段階で，学習者は，社会的中核をなす重要な課題，グループで自分たちの得意分野，経験に応じた興味あるものを選ぶことができるので，学習者の得意な知能を生かすことができます。グループ活動においては，得意な課題を生かし，不得意な課題について学ぶこともできます。

Ⅳの「理解のための実践活動」は，理解力を発展させるためにもっとも中核

となる活動です。協同学習や野外活動を取り入れたりして実践活動を行い，すでに知っている語彙や文法知識を用いて実践の中で新しいことに挑戦し，目標に向かって理解を発展させ表現できる活動を工夫します。読んだ内容について理解を深めるためには，課題について討議・話し合い，スピーキングとリスニング活動を含めたディベートという実践的活動を通して確かめることができます。人に話し，聞くことによって誤解している内容も気づかせることができます。グループで話し合った意義のある課題について，1回90分のレッスンの中で6人1組30分としてクラス全体でディベートを共有します。そうすることによって，日本人学習者にとって得意とする文字を使い，リーディングとライティングで問題内容を把握して，スピーキングからリスニングへと実際に運用して相手の話に耳を傾けることで，4つの技能を使用することになり，ディベート活動が効果的となります。ディベート活動では内容について理解を深め，人を説得するために必要な証拠や洞察力となる科学的根拠に基づく表，グラフ，写真，図などを準備します。

最後に，Ⅴの「継続的評価」として，自分の学習してきた行動によって理解を深めることができたかどうかについて，ポートフォリオやチェックリストを用いて評価し，コメントを入れて今後の学習課題について考えさせることができます。ポートフォリオを導入し，学習者が受けた指導を振り返り，一定の判断基準に基づいてさらに継続した評価と指導を受けるようにします。学習者が学んだことを指導者がどのように適切に評価できるかが問題となります。単に，テストなどで評価するというのではなく，学習者が理解したこと，学習者に対して授業活動計画や自己評価，級友に対する助言や批評，指導者との相互評価などについても説明します。評価の基準(assessment criteria)は，「理解のための実践活動」において明確であること，「理解の目標」に密接に関連していることです。

以上のような理解のための外国語指導法として，ディベートを目標設定することは，統合的なコミュニケーション能力の向上を目指した指導法として適切であると考えられます。ディベートのために，グループ内でお互いに興味があり，社会的に問題となっている学ぶ意義のある課題を選択して，多くの資料を読み，賛成派と反対派に分かれて問題点を指摘し，グループで討議し，問題解

決策を考えることは，学習意欲，読解力，思考などを高めることになります。また，人前で議論するために何度も英語で練習し，文章構成を無意識に学び，スピーキングを豊かにします。このように，学習者同士が1つのトピックについて実際に英語で話し合う協同学習は，問題解決能力の向上と同時に，リーディング，ライティング，リスニング，スピーキングを用いた4技能の統合的活動へと導くことになります。

継続評価については，ディベートした内容について英語で書き，その作文を提出します。さらに，ポートフォリオに基づく自己評価チェックリストを提出します。学習者がディベートで討議し，相手を説得するために，証拠や例を探し，実際に研究調査したかどうか，インターネットや図書館で資料を収集したかどうか，主張すべき内容について概略を書いたかどうか，グループの討議で人の考えを理解できたかどうか，英語による口頭発表の練習をしたかどうか，明瞭なスピーチができたかどうかなどについて4点法を用いて評価点を入れます。こうした活動によって，内省的知能を活性化します。

次に，実際にディベート活動を実践して，協同学習にあまり関心のない学習者が，理解のための7つの原理に基づいて社会的に重要な課題について理解し，協同学習によって問題解決法を考え，英語の4つの言語的スキルと理解力の向上を目指すことができるかどうかについて検証してみましょう。

5.3　7つの原理に基づく統合的指導とグループ活動の問題点

ディベート活動を実施するためには，課題についての根拠となる資料を自ら入手し，人との討論の中で，どのように相手を説得するかを考えるための言語的知能，論理的知能，そして対人的知能が伴います。外国語大学のように言語的知能に優れ，英語学習に興味のある学習者の場合は，討論が好きで積極的に相手と話し合うため，ディベートは効果的です(Hayashi, 2001)。しかし，人と話すことが得意でなく，内向的で，クラス全体の雰囲気が活発ではなく，英語で討議することに慣れていない学習者にとってディベート活動は効果的でないこともあります(林, 2006d)。本項では，そのような学習者のことも考えて，ディベートをどのようにすると効果的になるかを考察します。

学習者にはそれぞれの学習スタイルがあります。協同学習が好きな学習者も

いれば，一人学習のほうが好きという学習者もいます。特に，ディベートを実施する際に問題となるのが，協同学習をするグループのメンバーです。学籍順，仲間同士，トピックなどで選択する方法もあります。しかし，平素あまり話し合っていない学習者同士の場合，性格的に合わないということで他者を排除する傾向もあります。またリーダーシップを取りすぎる学習者もいます。さらには，人前でよく話すものの内容に一貫性がない学習者や，他者に発表の機会を与えない学習者もいます。逆に，おとなしい性格の学習者の中にも，課題の内容について熟知していて教えることができる人もいますし，そうした発見を学習者自らができる場合もあります。お互いに誤解していたために見抜けなかった相手の良さをディベートを通して発見し，相手を認めることにもつながります。したがって，お互いに相手から学ぶことの大切さに気づき，コミュニケーションに必要な対人的知能を向上させるきっかけを作るために，学習者のさまざまな知能や個性を考慮する必要があります。そのために，どのような科目が得意か，リーディング，スピーキングなどのうちどのスキルが得意か，誰がリーダーシップをとれるのかなどについて，4月の最初の授業で学習者に聞いておいて，各グループにさまざまな知能の学習者を入れておくことが望ましいのです。そして，すべての学習者が得意な知能を生かして，自己責任をもってそれぞれの役割を果たすように導きます。人前で自分の見解を述べるきっかけを与えるために，まずはグループ討論してからクラス全体の中で討論・発表をさせる機会を作ると，学習者の内省的知能を発達させることにもなります。

5.4　7つの原理に基づく統合的活動とディベートの効果

　討論する課題については，「なぜこの課題を学ぶのか」について話し合い，社会的に意義のある課題を選択し，証拠となる資料を本やインターネットから自発的に入手しているかどうか確認します。グループで課題内容についての理解を確かめた後，肯定側と否定側に分かれて，さらに，自分の見解を示す証拠資料などを集め，グループで意見を交換して，英語で討論する練習を繰り返し，クラスでディベートを披露します。聞き手(audience)はディベートの実践者が話す内容について，証拠を用いて理論的推論に基づいて適切に討論しているかどうか，話し方は適当であるかなどについて評価します。このようなディベートの実践的活動は第1編第7章で述べた7つの原理(知識の適用，実践，経験，

協同学習，統合的活動，相互作用，多学問分野）に基づいていることになります。その効果については，次のような仮説と調査対象者を基にディベートを実践して検証してみました。

仮説1. 英語学習に関心の高い学習者にはディベートは効果的であるが，英語学習に関心が低い場合は，教室での学習者の雰囲気が協同学習に協力的であるか否かによって異なる。

仮説2. 理解のための英語教育の目標設定に応じて，社会的に意義のある課題を選び，資料や証拠となる教材を自発的に入手し，7つの原理を生かした協同学習は課題の内容や話し手の理解を深めるために効果的である。

実践例5.1　ディベート活動（大学生用）

指導手順
1. テキストのユニットからグループで興味あるトピックを選ぶ。課題として日本や世界各国の出来事，自分たちの身の回りで起こっている知的経験などを考慮して，討論にふさわしい課題を選ぶ。
2. その課題の焦点についてブレーンストーミングしてアイディアを出し合い，学習者同士が話し合って，概略（アウトライン）を討論する。
3. 内容について調べるため，インターネット，新聞，本などからたくさんの資料を収集し，読み，書きして，お互いに話し合い知識を豊かにする。
4. 肯定側と否定側に分かれ，ドラフトを書いてその知識をグループ内で何度も討論し，内容を理解する。
5. 本章の最後に座席の配置図と投票用紙を示したように，肯定側3名と否定側3名に分かれて座り，クラス全員の前で各グループがディベートし，他のグループもオーディエンスとして参加し，質疑応答する。評価票に各討議者は示している話し方について，構成(organization)，論理的推論(reasoning)，分析(analysis)，証拠(evidence)，話し方(delivery)に焦点をあて4点法で評価点を入れる。
6. ディベートした内容について英語で書き，その作文を提出する。
7. 最後に，ポートフォリオに基づくセルフ・チェックリストによって，学習者が自分自身の学習態度について内省的考察をする。実際にインターネットや図書館で資料を収集して，証拠例をあげて自分の見解を述べることができたかどうか，明瞭なスピーチができたかどうか，英語による口頭発表の練習をしたかどうか，グループの討議で人の考えを理解できたかどうかなどを記述する。

実践対象者

(1) 外国語大学で，英語以外の他言語専攻（主に中国語）の2回生119名を被験者として，上記の手順でディベートを実施した結果報告に基づく。
(2) 英語を一般教養として学ぶ大学1回生で，クラスの雰囲気が仲間意識の強い外交的なAクラス（37名）と，クラスの雰囲気がお互いに馴染めず個人学習を好む典型的な内向的性格の多いBクラス（38名）の2クラスを対象に実施した結果報告に基づく。

仮説1の検証結果とディベートの効果

調査対象者(1)については，学習者の反応はディベート活動を通した外国語学習が大変効果的であることを示しています。英語学習に対する興味と性格に関連して，外国語専攻の学習者を対象としたディベート活動は，119名のうち2名を除いて，98％がディベートによってさまざまなことを学ぶことができてよかったと満足な反応を示しています(Hayashi, 2001)。多くの資料を読み，どのように伝えるかなどの準備は大変だったものの，人の意見を聞くことができて多くのこと（人の意見を理解することの大切さ，トピックの内容について深く理解することの大切さ，お互いに人と協同学習することの大切さなど）を学んだことが示されています。学習者の反応は次の通りです。

- I learned how to help others understand my opinion.
- I learned to think about the topic deeply, to write my opinions in English, and to cooperate with others.
- I learned logical thinking, how to discuss and write, and the importance of group work.
- I took a lot of time to prepare for the debate, but I found it very useful for learning English. I heard others' views too. I came to understand my topic in depth.
- Though there were many things to be prepared for the debate, I really enjoyed it. We worked together and worked very hard.
- Debating in English is very difficult, but it's a good way to study language. We have to tell our opinions to others.
- It's one of the most interesting classes and tasks that I have ever done with group work.

以上の反応は，自分たちの選んだ課題について，その出来事が実際にどのようなものであるのかを考え，人を理解し，自分に関わる問題について人の立場を客観的に理解できたこと，解決策を見出すことができたこと，英語で討論できたことなどを挙げています。これらの学習者以外にも，教育学部や工学部の1回生に理解のための目標を設定してディベートを実施した結果，積極的に協同学習やディベートに取り組み，同じような反応を示しています（林，2006d）。以上の結果から，英語・その他の外国語専攻だけでなく，課題への関心があり，人から学ぼうとする学習者にとってはディベートによる統合的指導法は効果的であると言えます。

　次に，調査対象者(2)の場合について見てみましょう。性格が対照的な2つのクラスに対する調査では，次のような結果を示しています。

表5.2　ディベート活動におけるチェックリストによる自己評価（4点法）

	A ($n=37$)	B ($n=37$)	平均 ($n=37$)
1. 書く前にグループのみんなと話し合った。	3.49	3.27	3.38
2. 概要をまとめ，自分の考えを打ち出した。	3.38	3.16	3.27
3. 自分の見解や感情を英作文で表現するために，授業で学んだことやインターネット，図書館で学習した単語や語句を用いた。	3.22	3.40	3.31
4. 書いた英文が意味をなしているかどうかをチェックして，人から得た情報などを追加・修正し，余分なものは削除した。	3.16	2.88	3.02
5. 自分の英作文をグループ仲間に読んでもらった。	2.97	2.35	2.66
合計平均	3.24	3.01	3.13

　表5.2の数値を見ると，Aクラスの方がトピックの内容について，グループでブレーンストーミングや討論をしてよく話し合っていることがわかります。概略も文章構成も考えています。最後の編集の段階で提出原稿を仲間に読んでもらい，修正する割合もAクラスの方がやや高くなっています。一方，内向的性格の多いBクラスは，自分でインターネットや図書館などで資料収集した内容を書いている点はやや高くなっていますが，読む量は多くありません。

この結果，全体的にはAクラスの方がBクラスより協同学習によるライティング活動の評価は高くなっています。因みに，C-testによる事前テストは，2つのクラス(A: M(平均) = 59.7, SD = 11.6; B: M = 60.2, SD = 13.4)はほとんど変わらないにもかかわらず，事後テストの結果は，Aクラスは M = 64.14(SD = 11.88)，BクラスはM = 54.41(SD = 13.81)でAクラスの方が伸び率は高くなっています。

　同じように，私立大学の工学部で英語を学ぶために，協同学習や討論することに違和感をもたない学習者が多い2クラス(XとY)でディベート活動をした結果，両クラスがともに事前テスト(X: M = 39.4, SD = 12.3, Y: M = 45.8, SD = 6.36)と事後テスト(X: M = 61.2, SD = 16.2, Y: M = 60.3, SD = 15.5)の間で高い伸び率を示しています。こうした結果は，ディベート活動が協同学習を通して対人的知能を生かし，リーディングやライティングを向上させる効果的な指導法であることを示唆しています。しかし，協同学習を好まない学習者が多くいるクラスの場合は，授業の最初の自己紹介の導入の仕方，課題の選択，グループ仲間への配慮などが必要です。本書のviiページに紹介しているFind Someone Who ... は，お互いの特性を見出す良い機会であり，多くの仲間の得意性を認め合う良い導入法であると思われます。

　一方，どんなに内向型クラスであっても，協同学習やディベート学習の可能性がないということではなく，実際にディベートが反省のきっかけになった学習者は数多くいます。Bクラスの学習者を見ると，項目1,2の評価によれば，課題内容についてインターネットや図書館などで資料収集に80%以上の学習者が取り組んでいます。項目3の評点では，グループでの話し合いで人の言ったことを理解した点数は高くなっています。しかしながら，項目5の英語で話す運用力についての評価はかなり低くなっています。コメントには，「グループ活動は大変難しかったが，ディベート活動は楽しかった。身近な話題について考えられてよかった。みんなで協力して英語を頑張ったのは受験以来。自分の考えを英語で表現することができた。英文を作ることが楽しかった。ライティング能力を向上させることができた。しかし，英語で流暢に，そして明瞭に話すことができなかった。今後，もっと練習してうまく話したい。声を大きくすることが大切。ペーパーを読むだけでは良くない」など，自分の運用態度についての反省が見られます。英語に興味のない学習者も繰り返し実施すれば

運用力も高まる可能性があります。書き上げた作文内容についても，肯定側と否定側のお互いの意見を聞いて，内容を理解して書いたようです。

　ディベート活動は，各個人がもっている複数の知能を組み合わせてそれぞれのスキルを発展させることができます。言語的知能，論理・数学的知能，対人的知能，内省的知能，視覚・空間的知能を活用し，社会的な問題の解決を考えるために，社会学，心理学，統計学，論理・数学などあらゆる学問分野の領域を利用しています。協同学習は問題解決のためにお互いの知恵を出し合う協同作業であり，学習者中心の授業形態(learner-centered instruction)でもあり，学習者が能動的に学習し理解することができる可能性を生み出すことになります。言語スキルとしてもリーディング，リスニング，スピーキング，ライティングを含む統合的活動です。課題内容についても口頭発表と英作文によって理解したことが伺えます。各個人がもっている複数の知能を組み合わせて，「理解のための指導」の過程を経て，学習した知識を運用しています。

　英語に興味がなく，英語で発表することが恥ずかしく，質疑応答に慣れていない学習者，性格的に人と話すことが苦手な学習者の場合でも，トピックに興味を抱くこと，人前で話す練習をすることによって積極的にコミュニケーション活動ができるようになることを示しています。年齢的には，小学生の頃から話し合いに慣れることが大切です。大学生の場合，他教科・多学問領域から教材を選択して，自己分析によって自分を知り，他人を理解し，学習に対する反省をするためにポートフォリオを用いることが効果的であると考えられます。グループ・プロジェクトは，自分自身の良さを見つけることから始め，それぞれのもっている得意な才能を生かす機会でもあります。

5.5　ディベート活動に対する学習者への評価

　ディベート活動に対して，学習者への評価をどのように決めるかが問題となります。ディベートした課題はすでに多くの資料を読んで論争しているため，学習者は十分理解しているようですが，評価の配分として次の点を考慮します。

　(1) 学習者同士で討論したときの話し方について，構成，論理的推論，分析，証拠，話し方に焦点をあてて評価します。
　(2) 学習者同士がオーディエンスとして参加し，質疑応答して4点法でつけ

た評価点も考慮します。
(3) 最終的にディベートした内容について提出した英作文を点数評価します。課題についての問題点を資料から把握しているかどうか，賛成側と反対側の意見を検討して自分の見解を結論づけているかどうかを見ます。
(4) ポートフォリオに基づく自己査定評価表(self-check assessment sheet)によって，学習者が実際に調査し，あるいはインターネットや図書館で資料を収集したか，グループの討議で人の考えを理解できたかどうか，証拠例をあげて自分の見解を述べることができたかどうか，明瞭なスピーチができたかどうかなどについて評価するとともに，自己反省しているかどうかについても評価します。

5.6 まとめ

本章では，協同学習による4技能を用いた統合的指導法の例としてディベートの効果について検討しました。ディベート活動は，次のような有益な役割を果たします。
(1) 社会的に問題となっている課題を討議することによって，なぜこの課題を学ぶのかを考えさせ，学習への興味・関心を高めます。
(2) 多くの資料を読み，学習者同士で記憶，経験，体験を用いて問題解決策を考えることによって，自然に理解を深め，読解力を向上させます。
(3) 科学的根拠に基づいた統計的資料や社会的実例を示し，論理的に説明することによって，論理的知能が活性化します。
(4) 課題については，それぞれの背景的知識や経験による具体例を挙げたりして，問題の重要さに気づくきっかけになります。
(5) さまざまな課題に対する問題解決策を考える学習であり，得意な知能を生かして，相互作用を通して理解を深め，コミュニケーション能力も育成されます。
(6) 協同学習による実践活動を通して，7つの原理を生かして理解を深め，4技能をバランスよく用いることができる統合的外国語指導法です。
(7) ディベートの効果は，読む，聞く，話す，書くという言語的知能，統計処理や人の意見を客観的に考えるなどの論理・数学的知能，対人的知能

を活性化します。

　以上のように，ディベート活動は学習者中心の協同学習で，さまざまな課題に対して問題解決策を考えるために，社会学，心理学，統計学，数学などの専門的な領域からあらゆる学問分野の領域に取り組む学際的活動であり，英語以外の分野にも多くの課題に興味・関心をもって読むことに慣れ親しみ，背景的知識を豊かにします。協同学習でお互いの得意な知能を生かして，相互作用によって理解を深めることができます。コミュニケーションに必要な対人的知能や内省的知能，さらに論理・数学的知能，音楽的・空間的知能を伸ばす環境を作ることができます。ポートフォリオを用いてディベートの学習過程で反省し，個人の才能を生かすような課題やプロジェクトによって学習意欲が高くなる可能性もあります。

　一方，英語学習に関心が薄い，あるいはスピーキングが苦手な日本人学習者には，ディベートが適切な指導法であるかどうかは導入の仕方によります。まずはグループについて，学習者同士が友達の得意なことを理解していないことが多く，相手の良さを発見させるきっかけを作ることです。個人を尊重する機会であり，MI理論の究極的な理念となるところです。「理解のための指導の要素」を導入して，課題，実践の仕方，評価についての目標を設定すれば，内向的な性格の学習者もディベートができます。

　参考のため，次ページに座席の配置図と評価票を示しておきます。1グループは6名からなり，肯定側3名と否定側3名に分かれて，各グループで練習した後，最終的にはクラスみんなの前で1グループ30分程度討論します。他のグループは聴衆者として，最後で質疑応答も行い，評価票に点数を記入します。

図 5.1 ディベート(Debate)の仕方

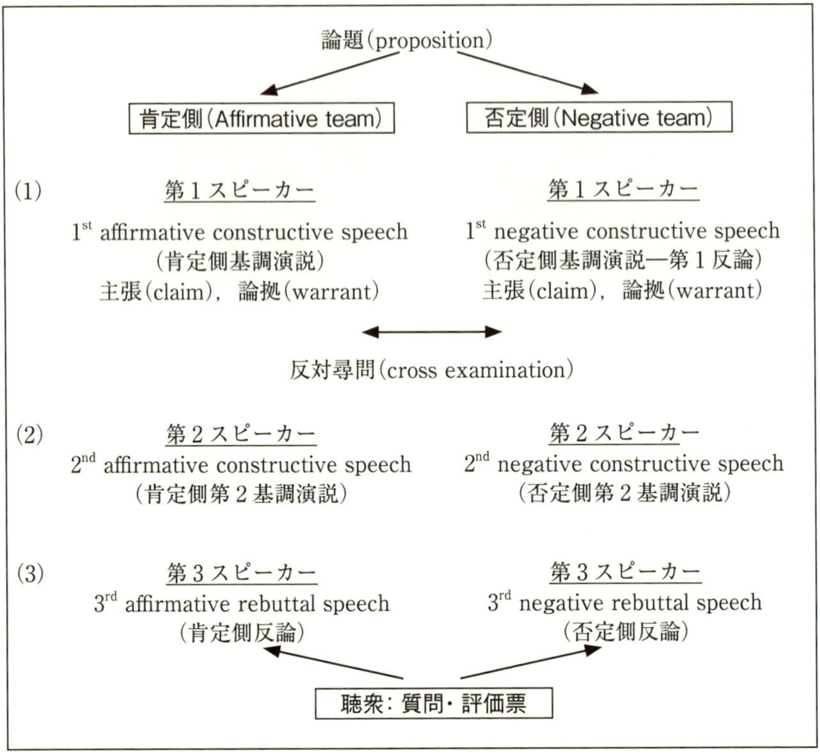

論題(proposition)

肯定側(Affirmative team)　　否定側(Negative team)

(1) 第1スピーカー　　　　　　　　第1スピーカー
　　1st affirmative constructive speech　　1st negative constructive speech
　　　　（肯定側基調演説）　　　　　　（否定側基調演説―第1反論）
　　主張(claim), 論拠(warrant)　　　　主張(claim), 論拠(warrant)

反対尋問(cross examination)

(2) 第2スピーカー　　　　　　　　第2スピーカー
　　2nd affirmative constructive speech　　2nd negative constructive speech
　　　　（肯定側第2基調演説）　　　　　　（否定側第2基調演説）

(3) 第3スピーカー　　　　　　　　第3スピーカー
　　3rd affirmative rebuttal speech　　3rd negative rebuttal speech
　　　　（肯定側反論）　　　　　　　　（否定側反論）

聴衆：質問・評価票

評価票　（4点法で記入）

発表者名 _____　　発表者名 _____
構成(organization) ____　　　構成(organization) ____
推論(reasoning) ____　　　　 推論(reasoning) ____
分析(analysis) ____　　　　　分析(analysis) ____
証拠(evidence) ____　　　　　証拠(evidence) ____
発表の声(delivery) ____　　　発表の声(delivery) ____
合計(total) ____　　　　　　　合計(total) ____

＊ディベートの評価基準として証拠資料に基づいて分析し、理論的推論を行っているかどうかを評価する。理解を妨げるような共通の誤解、憶説、障害について問題として評価する。

第6章 MI を生かした協同学習と統合的指導法
──小学校から大学まで──

6.1 MI を生かした指導法

　MI 理論および4技能に関連した統合的指導法については，第1編第5-7章でも理論とともに提示しましたが，第2編では実践編として，語彙，リーディング，ライティング活動の実証的研究とともに実践例を紹介しています。自己紹介については Find Someone Who … の活動を紹介しました。個人の得意性を見抜き，個々の能力を生かすようにすることが，学習者にとっては自分を認めてもらうということになり，その後の授業も活性化します。読解のための教材としては，個々の将来の仕事について，英作文などを書かせてどのようにその仕事を達成するかを聞いてみます。リーディングの教材で紹介したように，仕事の達成法を，偉人伝の中で紹介されている人たちの得意な知能と結びつけて考えると効果的です。その能力はどのような努力で達成されたかなどについて知るために，英語で書かれた資料などを読むことが問題解決法の発見にもつながり，リーディングにも効果があります。その他，リーディングやライティングの指導法については各章で紹介しましたが，本章では，コミュニケーション能力の向上を目的として，MI を生かした協同学習による統合的指導法について，小学校から大学までのスキル別の教材と指導法を紹介します。

6.2 MI 理論に基づく協同学習の心得

　クラス人数が多い教室の授業では，学習者の一人ひとりが社会的，経済的，文化的に異なった背景をもち，興味や知能などにおいても異なった能力をもっているため，その多様性を認識することは指導者にとって難しく，学習者にとっても個人の能力を発揮する機会が少ないのが現状です。ペア・ワークやグループワークで協同学習をすることによって，すべての学習者が参加できる機会を与えますが，グループ活動では，特定の人だけが参加し，参加できない学習者もいることに注意が必要です。協同学習ですべての人が参加できるには，MI 理論を応用して，お互いの個性を尊重して強い能力を発揮して困っている人を助け，弱い能力については仲間から学び伸ばすことです。協同学習の基本的原理として，Kagan & Kagan(2004)は次の4点を挙げています。

```
P   Positive Interdependence: "Is my gain your gain?"
I   Individual Accountability: "Is individual public performance required?"
E   Equal Participation: "How equal is the participation?"
S   Simulataneous Interaction
```

図6.1　4 Basic Principles—P I E S

(1) P（肯定的相互依存）：教師主導型であれ，参加型授業であれ，いつもよく手を挙げて発表する学習者がいる一方で，知っているのになかなか手が挙げられない学習者がいる。MI理論では，このような競争的な精神を招く指導ではなく，わかる者はわからない者が答えられるように助ける。自分の強い点を生かしてその点が弱い人を助け，自分の弱い点を教えてもらう相互依存による協同学習。

(2) I（個人の責任）：協同学習では，グループの中で特定の学習者だけが積極的に話をまとめるのではなく，一人ひとりが個人の責任をとり，全員の前で運用・発表をする。

(3) E（平等・公平な参加）：ペア・ワークやグループワークでは，積極的に意見を話す学習者とほとんど話さない学習者がいるので，参加者全員が平等かつ公平に参加できる機会をもつことが大切。ディベートなどでは，すべての学習者が1人最低5分間は話す機会をもてるように時間配分をして，時間を守るように指示しておく。

(4) S（同時性）：身体の動作をするときは，手や指などを同時に動かすように，グループの誰かが話せば，同時に全員が積極的に活動する。

ペア・ワークやグループワークなどの協同学習においては，一人ひとりの学習者が積極的に参加しているかどうかについて，指導者はこれらの4つの要素に気配りすることが大切です。小学校から大学へ至るまでに共通するグループでの協同学習を促進するためには，学習者が精神的に安定して参加できるように，次のような環境作りに配慮します。

　(1) 話し合いの座席は，円になってお互いに顔を向かい合わせて座らせる。
　(2) グループの一員として自分の役割に対して責任をもって行動し，仲間を

大切にして，お互いに対立する意見を認め，尊重し，違う意見を述べる勇気をもたせる。
(3) すべての学習者が活動に参加し，相互作用をするにはグループの人数を配慮する。
(4) グループ活動による目的を明確にして，その目標を達成するように導く。
(5) 人には強い能力と弱い能力がある。人の能力の多様性を認め，さまざまな意見に対する価値を認める。すべての学習者がお互いの個人差を尊重するように導く。
(6) 指導者は時には学習者となり，学習者に指導者の役割を担わせる。
(7) プロジェクトや課題は学習者にとって興味のあるものを選び，学習者に挑戦することを学ばせる。
(8) 対立が生じたときには，その解決の仕方を学ぶことを進める。
(9) 学習者が過去の経験や知識を利用するように導く。
(10) 学習者に自律学習を促す。

(Workshop: Cooperative and Collaborative Learning, thirteen edonline, 2006 を一部参照)

以上の協同学習においてグループの仲間とうまく話し合うことができたかどうかについては，図 6.2 のような評価表（質問は Christison, 1998）を用います。

Self-assessment Check Sheet for Groupwork

Name: _____ Date: _____

本日の協同学習はグループでうまくできたかどうか，自分にあてはまる番号に○してください。
　　1. うまくいかなかった　　2. あまりうまくいかなかった
　　3. まあまあうまくできた　　4. うまくできた

- I shared in my group today.　　　　　　　　　1. 2. 3. 4.
- I encouraged others in my group to share.　　1. 2. 3. 4.
- I listened to others.　　　　　　　　　　　　1. 2. 3. 4.
- Others talked with me.　　　　　　　　　　　1. 2. 3. 4.
- I felt supported by people in my group.　　　1. 2. 3. 4.
- We worked on the task cooperatively.　　　　1. 2. 3. 4.

図 6.2　グループワークの自己評価表

協同学習では，指導者はさまざまな答えがでるような問題を提供し，問題点をグループで考え，解決できればチーム・プロジェクトに貢献することになります。次に，8つの知能と英語学習者のレベルに応じた英語教材と4技能を用いた統合的指導法を紹介します。

6.3 言語的知能と4技能の統合的活動

言語的知能は，語彙や文を使用して考え，思考を表現するために用いられます。言語的知能を英語教育に生かす方法として，プレゼンテーション，エッセイ，要約，ディベート，リード・アンド・ルックアップがあります。言葉遊びをしたり，冗談を言ったり，論争したり，詩を書いたり，ノートに書いたりする統合的活動をすることによって，言語的知能に関連する語彙，文法，英作文などの英語力を伸ばします。ここでは，賢人名言集を使った言葉遊びと，将来の職業についてのリード・アンド・ルックアップを例に挙げます。

1. 賢人名言集

知者や賢人が語った名言集や知恵の哲学的処世訓を英語で語り，意味を理解して実際に適用して，使うことができます。

実践例6.1　賢人名言集（高校・大学生用）

グループで下記のような賢人のことばや好きなことわざを集め，表裏のカードを作り，1人は読み上げ，他の者は賢人の名前を言いあてるマッチングゲームをします。
- A man falls in love through his eyes, a woman through her ears.
  　(Woodrow Wyatt: 1918-1997)（男は目で恋に落ち，女は耳で恋に落ちる）
- At the touch of love, everyone becomes a poet.
  　(Plato: 427-347 B.C.)（愛に触れると誰でも詩人になる）
- As selfishness and complaint pervert and cloud the mind, so love with its joy clears and sharpens the vision.
  　(Helen Keller: 1880-1968)（わがままと不平によって，心は歪められたり曇ったりするように，愛はその喜びによって，視覚というものを明確なものにすると同時に，鋭敏なものにする。）
- Good friends, good books, and a sleepy conscience: this is the ideal life.
  　(Mark Twain: 1835-1910)（良き友，良き本，眠りかけた良心，これぞ理想の人生）
- Life is 10 percent what you make it, and 90 percent how you take it.
  　(作者不詳)（人生は，10パーセントは自分で作り，90パーセントはどう受け止めるかだ。）

(出典：加藤，2008; http://www.kkgs.net/maxim/19.html)

2. 将来の職業

　リード・アンド・ルックアップは，第2編第2章の読解指導法でも実践例を示しています。与えられた英語の文章を読み，即座に英語で文章を作る練習です。次の実践例は，4技能を用いる職業に関する例です。将来，営業マンになることを目指して，売り手と買い手になって商売の駆け引きを学習します。内容を読んで，自分なりに高く売るか安く買うかについて交渉します。自然なことばで相手に意図が伝われば，リーディングやスピーキングに自信を高められます。

実践例6.2　将来の職業（高校・大学生用）

* Seller of a bicycle:

You are selling your bicycle because you need money to buy your books for the new semester. You know it is almost like new. You haven't had it long and have always kept it in good condition. You know it is worth $150, but you are willing to take less. You really need the money. The lowest you will accept is $100. This is the only call for the bicycle that you have had. You really want to make the sale.

* Buyer of a bicycle:

You have answered a classified ad in the newspaper for a bicycle. You have inspected the bicycle and conclude that it is a good bike. You need this bike for transportation to and from school, but you have limited funds. The top amount that you are able to pay is $75. You have looked at other bicycles for sale, but they were not nearly as good as this one. You really need this bike. Try to make a deal with the seller of the bicycle.

（出典：Via, 1976）

6.4　論理・数学的知能とリーディング活動

　論理・数学的知能は，数，問題解決，原因・結果，物事の分析，抽象的思考，特定の問題を解く計算法や問題解決の段階的手法，論述などに使います。

1. パラグラフリーディング・ジグソーパズルによる文章構成

　文章構成を理解するために，パラグラフごとに文章を切り取り，グループでキーワードを手がかりに，元の文章にします。文章構成は論理的知能を使います。

実践例6.3 パラグラフリーディング・ジグソーパズル （高校・大学生用）

チームメイトのそれぞれがパラグラフの文章を受け取ります。チームメイトは受け取ったパラグラフ文を読んで，全体の文章を成立させるために，各パラグラフの情報の重要語句をてがかりとして文章構成を考えて全体を繋ぎ合わせ，その問題解決策を考えます。一人ひとりのもっているパラグラフを読んで，自分のもっているパラグラフの位置を考えます。すべての情報をテーブルに置けば，他のチームはその文章が正しいかどうかをチェックできます。

2. マジック・プレイ

論理・数学的知能をリーディング活動で使う方法として，次のような数に関するマジック・プレイがあります。グループで数字の強い人は問題の意味を考え，読むことが強い人はマジックが意味していることをグループの人に伝え，スピーキングの強い人はみんなの前でパフォーマンスしてマジックを演じると，各人の知能を生かした役割分担，数学的知能が発展します。数学で使う語彙も自然に学びます。

実践例6.4 Blackboard Magic[1] （高校・大学生用）

1. You are blindfolded.
2. Instruct a volunteer to write a 4 digit number. Example: 4592.
3. Tell him or her to multiply that number by nine and cross out any one of the digits in the answer. Example: (4592 x 9 = /4/1328)
4. Have him or her add the remaining digits and you call out the answer.
   Example: 1 + 3 + 2 + 8 = (14)
5. Subtract in your head the called out number from the nearest multiple of 9 higher than the sum that was called out. Example: (2x9)-14 = 4.
   Tell the audience what digit is crossed out. (4).

実践例 6.5 Number Magic[2] （高校・大学生用）

1. Write the number "18" on a piece of paper before you start the trick. Say to the audience that you will predict the answer to the problem.
2. Instruct a volunteer to write any three digit number on the board. The first digit must be higher than the other two. Example: 834.
3. Have him or her reverse the order of the digits and subtract this number from the first 3-digit number. Example: 834 - 438 = 396.
4. Then tell him or her to add the digits. Example: 3 + 9 + 6 = 18
5. Check and confirm the answer with your prediction.

6.5 論理・数学的知能，視覚・空間的知能，博物的知能の組み合わせと4技能の統合的活動

小・中学生には，子どもの好奇心をそそる動物の絵，図，写真，コンピューター・アニメーション，ビデオなどの視覚に訴える教材を使います。絵と数字を組み合わせて足し算，引き算，分数，幾何学的図形をカラー・マジックで描いて数の概念を学びます。その活動では，自然に論理・数学的知能，視覚・空間的知能，博物的知能が活性化します。

1. 単語と数

モンティマジックの絵を見て，帽子からうさぎ，鼠，鳩が何匹でてくるかを質問します。

実践例 6.6 Dolphins - Number Magic （小学生用）

Monty takes two rabbits, three mice, and four birds from his hat. Read and circle.

There are seven birds/rabbits.
There are five birds/mice.
A bird/rabbit is on his head.

（出典：オクスフォード社　ドルフィンリーダーズ）

2. The concept of number: 数の概念

黒板に1-10までの数字を書いて，小さい数字と大きい数字の質問やプラスとマイナスの計算を指導します。答えは英語でノートに書いてクラスで一斉に答えます。この活動によって，数の概念をつかみます。

実践例6.7　数の概念　（小学生用）

1　2　3　4　5　6　7　8　9　10

T: What number is more than nine?　（9より大きい数？）
S: (Ten) is more than nine.　（10は9より大きい）
T: What number is less than two?　（2より小さい数？）
S: (One) is less than two.　（1は2より小さい）
T: Five and three make(s) eight.　（5プラス3は8）
S: Two and (Seven) make(s) nine.　（2プラス7は9）

---

3. Fraction Game: 分数ゲーム

分数の概念を分からせるために，下記のような円形図を描きます。そして，次の実践例のような分数ゲームの質問をして，クラスの一斉授業で行います。その後，例題を挙げて，ペアかグループで練習します。

実践例6.8　Fraction Game(1)　分数ゲーム(1)　（小・中学生用）

Look at the pictures, and answer the questions.

●●○○

T: What is half (of) four?　（4の半分？）
S: Half (of) four is two.　（4の半分は2）
T: What is half (of) four quarters?　（4分の4の半分？）
S: Half (of) four quarters is one [a] half.　（4分の4の半分は2分の1）
T: Half (of) a half is one [a] quarter.　（半分の半分は4分の1）

実践例 6.9 Fraction Game (2) 分数ゲーム (2) （小・中学生用）

分数の足し算の説明：
To add two fractions that have the same denominator.（分母が同じ分数を2つ足すことは）

Step 1　Add the numerators. 'Upstairs' are the numerators.（分子を足すことです。）

$$\frac{3}{8} + \frac{1}{8} = \frac{4}{8}$$

Step 2　Use the same denominator. 'Down' is the denominator.（同じ分母を使います。）

$$\frac{3}{8} + \frac{1}{8} = \frac{4}{8}$$

分数の足し算
Add the following fractions. The pictures may help you. You may also use your fraction strips.（次の分数を足しなさい。横のピザの絵を見ると分かりやすいでしょう。）

A half plus a half equals (is, makes) one.
　1/2 ＋ 1/2 ＝ (1)
A quarter (one fourths) plus two quarters (two fourths) equals three quarters (three fourths).
　1/4 ＋ 2/4 ＝ (3/4)
Two quarters plus two quarters equals one (four quarters).
　2/4 ＋ 2/4 ＝ (1 = 4/4)
Three eighths plus four eighths equals seven eighths.
　3/8 ＋ 4/8 ＝ (7/8)

Seafood Pizza
（シーフードピザ）

（出典：Christison, 1998）

4. Geometrical Figures：幾何学的計算

三角形や四辺形を英語で何と言うか図形を示しながら概念と表現を学びます。

実践例6.10　Geometrical Figures(1)：幾何学的計算(1)　（小・中学生用）

Cut the following quadrilateral into triangles. （次の四辺形を三角形にしなさい。）
If three sides of one triangle are＿＿＿＿（equal）to three sides of another triangle, the two triangles are＿＿＿＿＿（congruent）.
（1つの三角形の3つの面が，もう1つの三角形の3つの面と同じであるならば，その2つの三角形は合同である。）

実践例6.11　Geometrical Figures(2)：幾何学的計算(2)　（小・中学生用）

T: How many triangles are there?　（いくつの3角形がありますか？）
S: There are six triangles.　（6つの3角形があります。）
T: How many hexagons are there?
　（いくつの6角形がありますか？）
S: There is one hexagon.　（1つの6角形があります。）
T: How many trapezoid figures can you find?
　（いくつの台形がありますか？）
S: I can find ??

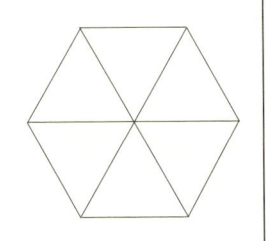

5. Guessing Game：推測ゲーム

視覚・空間的知能や博物的知能を生かして，いろんな語彙を思い浮かべ推測するために，段ボール箱にファッション用の帽子，ぬいぐるみの動物などを書いて入れておきます。

実践例6.12　Guessing Game：推測ゲーム　（小・中学生用）

What is in the box?
T: What is this?
S: Is this a box?
T: Yes, it is. This is a box. Perhaps this box has something in it, but we cannot see it. It is a shaped covering for the head worn for warmth, or as fashion item. What is it?
S: It's a broad-brimmed hat.

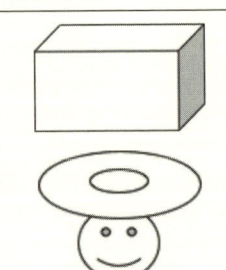

6.6 音楽的知能・身体運動的知能とリスニング＆スピーキング活動

　小学生や中学生は，歌，チャンツ，ミュージックのビートに合わせてリズミカルに踊ったり，しゃべったりします。歌詞なども作って音楽知能を発展させます。身体運動的知能は，音楽的知能，博物的知能，言語的知能を用いて，音楽や歌に合わせて踊り，身体を動かし，自然との語らい，文や言葉の表現を身体で表現します。

1. Mother Goose Jazz Chants

　読んで，聞いて，歌って，踊る伝承童謡「マザーグース」は，なぞなぞ，不思議歌，物語歌からなり，イギリスでは「ナーサリー・ライム」（子ども部屋の歌）と呼ばれています。マザーグースのメロディーやリズミカルな語呂を聞けば，子どもも大人も自ら身体を動かし始め，グループで手を繋ぎ，踊り始めます。

　マザーグースの物語には，イギリスの暗く恐ろしい儀式を思わせる暗い過去が背景にあります。「ロンドン橋」は人柱を立ててずっと橋を見守らせていたとか，あるいは *My fair lady* は女性が人柱にされたという有名な話がありますが，中世以降，ヨーロッパやアメリカで歌や映画になって，子どもの遊び歌として知られています。歌の内容を知ることによって，人にそのようなことをしてはいけないということも悟るようになります。「キラキラ星」は，「ABCの歌」に使われたり，モーツアルトによって変奏されたり，ルイス・キャロルの「不思議の国のアリス」の中で替え歌として登場しているということです。指導者も星を見つめて，「母と月夜はいつも良い！」とお母さんが言ったようなセリフをアドリブで入れるのも良いでしょう。Mother Goose Best Selection 45 のダンスの絵図は参考になります。

実践例6.13　London Bridge　ロンドン橋　（小学生用）

London Bridge is falling down,	ロンドン橋が倒れる
Falling down, falling down	倒れる，倒れる
London Bridge is falling down,	ロンドン橋が倒れる
My fair lady!	私の美しいおじょうさん
Build it up with iron bars,	ロンドン橋を鉄の棒でつくれ
Iron bars, iron bars,	鉄の棒で，鉄の棒で
Build it up with iron bars,	ロンドン橋を鉄の棒でつくれ
My fair lady!	私の美しいおじょうさん

①①の絵は，2人が手をつないでアーチを作り，他の皆は順々に
　London Bridge is falling down,
　falling down, falling down
　London Bridge is falling down
と歌いながら，その下をくぐっていく。

②②の絵は，My fair lady! の [lady] の時，アーチを作っている2人はすばやく手を下し，その時，下にいる人をはさんでつかまえる。つかまった人はアーチを作っている人と交代し，アーチを作り，①②を繰り返す。

図6.3　ロンドン橋のダンス絵図

（出典：なかはらじゅん編著，イラスト：糸久昇，2006, pp.36-37）

6.6 音楽的知能・身体運動的知能とリスニング＆スピーキング活動

実践例 6.14　Twinkle, Twinkle, Little Star キラキラ星　（小学生用）

Twinkle, Twinkle, little Star!	きらきら輝け，小さな星よ
How I wonder what you are!	お前が何ものなのか，とても不思議
Up above the world, so high,	この世界の真上に，そんなにも高く
Like a diamond in the sky,	まるで空のダイヤモンドだ
Twinkle, twinkle, little star!	きらきら輝け，小さな星よ
How I wonder what you are!!	お前が何ものなのか，とても不思議

① Twinkle, twinkle, little star!
と歌いながら両手を挙げたまま手首を回して「キラキラ」を表わす

② How I wonder で右手，左手の順に胸をあてる

③ What you are!
左右に傾ける

④ Up a-
左手を挙げる

⑤ -bove the
右手を挙げる

⑥ world so high
そのまま左右にゆれる

⑦ Like a diamond in the sky
両手を「キラキラ」と回しながら，その場で一周回る
（再度①-③を繰り返す）

図 6.4　Twinkle, Twinkle, Little Star キラキラ星の絵図
（出典：なかはらじゅん編著，イラスト：糸久昇，2006, pp.64-65）

2. Lyrical Songs: 日本の文部省唱歌,世界のポップ・ジャズ

グループで歌詞,作詞,作曲をします。小学生から大学生まで,日本の文部省唱歌,ポップ・ジャズなど,幅広くクラスみんなの馴染みのある歌を歌います。音楽の得意な学習者に歌ってもらって,全員で続けて歌います。

実践例 6.15　ふるさと My Dear Old Home　(小・中・高・大学生用)

作詞:高野辰之　作曲:岡野貞一　英訳者:不詳[3]

①うさぎ　追いし　かの山	Misty green hills of home, I knew you well,
小ぶな　つりし　かの川	Following rabbit trails, fishing the streams.
夢はいまも	Memories of blue waters
めぐりて	Come to meet me in my dreams.
忘れがたき　ふるさと	I never will forget my dear old home.
②いかにいます　父母	How are you, Mother and Father, too?
つつがなしや　友がき	How are my friends of old; I hope they're well.
雨に風に	Rain may fall and wind may blow
つけても	To mark the time across the years.
思いいずる　ふるさと	Still I'll remember you, my dear old home.
③志を　果たして	When what I've come to do is done at last,
いつの日にか　帰らん	Someday when it is done, I will return
山は青き	To the mountains misty green and
ふるさと	To the waters pure and sweet
水は清き　ふるさと	I will return to you, my dear old home.

6.7　博物的知能・視覚空間的知能と英語教材

子どもの好きな動物や植物を絵や実物を見て(see),聞いて(hear),触れて(touch),香り(smell),味わう(taste)という五感で感じ取り,植物・動物図鑑で確かめたりして,理解します。花や動物の名前の英単語を用いて,季節や国の特徴について聞いてみましょう。

1. Flower Quiz:

   実践例 6.16　My Favorite Flower（私の好きな花）　（小・中学生用）

   > T: Many beautiful flowers are in bloom.
   >   What flower do you like best? Draw your favorite flower.
   > S: 花の絵を描いて，隣の人にも聞く。
   > T: What flower is this?
   > S: This is a tulip/cherry blossoms/…
   > T: When does it fully bloom?
   > S: It blooms in May.
   > T: What country is the most famous for having tulips/cherry blossoms?
   > S: Holland/The Netherlands are famous for tulips.

   実践例 6.17　National Flowers（国花）　（小・中学生用）

   > T: The fileds are covered with yellow flowers in bloom.
   >   What are the yellow flowers?
   > S: They are dandelions…
   > T: What country is the most famous for having dandelions?
   > S: Japan and Scotland are famous for deandelions.

2. Animal Quiz:

   最初に世界地図を見せて，動物の種類とその国名を聞いてみましょう。学習者が動物の種類を想像できるように，身振り手振りを入れてリズミカルに文章を読みます。

   実践例 6.18　The Kind of Animal (1)　動物の種類 (1)　（小・中学生用）

   > T: An animal with a strong tail and back legs is unique to Australia. There are about 90 different kinds. The smallest is the rat size, only 15 centimeters high. The biggest is the red one which can grow taller than a man and weight 90 kilos. They are really fast and can run at 60 kilometers per hour. What is the animal?
   > T: It is a kangaroo.

   　　　　　　　　　　（出典：Champion 6, Bonnier Utbildning, Sweden）

実践例 6.19　The Kind of Animal(2)　動物の種類(2)　（小・中学生用）

T: I will give you animal quize. Listen very carefully, and answer what the animal is.
T: Some animals live in groups of 20-25 animals. They often stay together their whole lives. It's easier for them to live in groups. They can hunt together and they always help an animal in trouble. For example, the mother or another animal always hurries to the surface with a new-born baby. You see, the animals are mammals and they breathe with lungs. The new-born animal can only hold its breath for 30 seconds.
What are the some animals?
S: They are dolphins.

（出典：Champion 5, Bonnier Utbildning, Sweden）

6.8　対人的知能と内省的知能の英語教材

　対人的知能は，上記の英語教材のすべての実践の中で用いられます。興味ある題材を用いて，パラグラフ・リーディング，プロセス・ライティング，ペア・トーク，グループ・プロジェクト，ディベートなどによって多くの仲間と話し合い，討論したり，問題解決策を考えたりして人から学び，教え合いして，協同学習と相互作用によって対人的知能を伸ばします。対人的知能は，協同学習では役割分担に対する自己責任，問題解決のための交渉，調和など，将来のビジネスの仕事の基礎作りに役立ちます。協同学習によって人の考えを理解し，相手の意見は価値あるものと認め，尊重し，相手の必要性を認識するなど，コミュニケーション能力の育成を大切にします。すでに取り上げたように，ディベートなどは対人的知能，論理・数学的知能を生かして達成できるコミュニケーション能力の育成および論理的思考に効果的な指導法です。対人的知能はすべての知能と組み合わせてともに働く知能ですので，それぞれの活動において積極的に相互依存して，自己責任をもって，相手の立場を考えてどんな教材や活動にも参加することが基盤となります。
　しかし，内省的知能は，学習者が自分の経験から自分の能力の強い部分と弱い部分を知り，夢，目標，学習を促進させるために自分を省みて補うことができる知能です。学習者間での協同学習や授業で仲間とうまく協力してやっていくためには，学習方略の1つであるメタ認知方略を用いて，予習や復習など，

学習の準備をしておくことによって感情や行為をスムースにはたらかせることができます。ポートフォリオを用いて学習態度や目標について省みる機会を与えることもできます。内省的知能が強い学習者にとってペア・ワークやグループ・ワークが大変なこともありますので，次のような履歴書の作成などが効果的でしょう。各ユニットでさまざまな職業について指導し，学習者がそれぞれに適する特定の仕事についてグループで論じた後，実際に職業に従事するための応募書類の書き方と面接で成功する方法を考えて書き込みます。

実践例 6.20 Applications, Résumés, and Interviews（応募書類，履歴書，面接）

The following is the example of a cover letter for an interview. Write a cover letter of your own. Before writing with a partner, list what you think are the personality traits that can help a person succeed in a job interview. Then write down some important things you need to think about before a job interview; such as how to be more attractive, what special skills you have and what related experience you have, etc.

1-20, Kitanocho, Osaka city, Osaka
July 20, 2010

The Personel Department Manager
 Messrs. ABC Company, Ltd.
Osaka,

Dear Sir,

  Having seen your advertisement in today's Mainichi Daily News for a secretary, I hasten to write this letter of application for the post.
  I was born in 1980 and grauduated from the Osaka XY College in 2002. At university I belonged to our business club and attended business seminars. I can speak English fluently and my computer skills include Word and Excel.
  I have enclosed a copy of my current résumé. I shall be much obliged if you would accord me an opportunity of interview.

Yours sincerely,

Fumiko Suzuki
(Signature)

Phone: 06-6789-3456

6.9 まとめ

　コミュニケーション能力の育成を目指すには，文法訳読式では不十分であり，指導者と学習者の創造的思考(creative thinking)を生かして授業を活性化することが大切です。そのためには，学習者の個性や得意性を生かした協同学習による統合的英語指導法を行うことが重要であり，その実践例を各スキルの関連性を見ながら，MI理論に基づいて紹介してきました。本章では，さらに，小学校から大学に至るまでの学習者レベルに応じて，各知能を生かした教材を中心に指導法も紹介しました。それらのうちの一部は，ハーバード大学大学院プロジェクト・ゼロチーム，ハワイ大学CAPE，Kagan & Kagan，LIOJのセミナーで実践されたものです。最近では，McGraw-Hill ELT，Oxford University Press や Pearson Education Longman などから MI 理論に応じた子ども向けの教材も紹介されています。

　数字を用いて計算するなどの言語活動は，日本で実施されている「英語」という教科の中で行われている，文法や単語に焦点をあてた指導では不十分です。MI 理論では，言語的知能から視覚・空間的知能，音楽的知能，身体運動的知能，科学・博物的知能などを生かしたあらゆる学問分野の領域を導入することによって，英語学習の教材を幅広く選択することができますし，そうした教材は学習者にとっても変化に富んだものとなります。花や動物の絵などを見せたり，書かせたり，質問したり，褒めたりして創造的思考を高める指導を行います。また，小学校の頃から協同学習に慣れることによって，中学校から大学に至るまでに，個人の個性・得意性を尊重できるようになり，ポートフォリオなどの課題によって，外向的な学習者も内向的な学習者も対人的知能や内省的知能が向上すると考えられます。

注

1) LIOJ(Language Institute of Japan)のDirector, Ken Fujioka 提供(1990)。
2) 1)と同様。
3) 数十年前に大阪トーストマスターズクラブで配布された資料。

参考文献

青木久美子(2005).「学習スタイルの概念と理論-欧米の研究から学ぶ」『メディア教育研究』第2巻第1号.

荒木史子(2010). 情動とコミュニケーションの関係について. *JACET Kansai Journal, 12,* 80-91.

朝日新聞社(2009).「英語への意識調査,「苦手」中2の6割,うち7割は中1から」平成21年9月6日.

Armstrong, T.(1994). *Multiple intelligences in the classroom: for Supervision and curriculum development.* Alexandria, VA: ASCD.

Armstrong, T.(1999). *7 kinds of smart: Identifying and developing your multiple intelligences.* (A Plume Book) New York: New American Library.

Armstrong, T.(2000). *In their own way: Discovering and encouraging your child's multiple intelligences.* New York: Tarcher Penguin.

Asher, J.(1972). Children's first language as a model for second language learning. *Modern Language Journal, 56,* 133-139.

Ausubel, D. A.(1968). *Educational psychology: A cognitive view.* New York: Holt, Rinehart & Winston.

Baddeley, A. D.(1986). *Working memory.* Oxford, England: Oxford University Press.

Benesse教育研究開発センター(2009).「第1回中学校英語に関する基本調査(生徒調査)速報版」2009年8月22日検索. http://benesse.jp/berd/center/open/report/chu_eigo/seito_soku/index.html

Bermheden, C., Sandström, L., Wahlgrem, C., & Persson, J.(1995). *Champion 5, Textboken.* Stockholm: Bonnier Utbildning.

Bermheden, C., Sandström, L., & Wahlgrem, C.(1997). *Champion 6, Textboken.* Stockholm: Bonnier Utbildning.

Bialystok, E.(1982). On the relationship between knowing and using linguistic forms. *Applied Linguistics, 3*(3), 181-206.

Blythe, T., & Associates.(1998). *The teaching for understanding guide.* San Francisco: Jossey-Bass Publishers.

Bonnet. G.(Ed.).(2002). The assessment of pupils' skills in English in eight European countries. *A European project.* The European network of policy makers for the evaluation of education systems. Retrieved August 31, 2005, from http://cisad.adc.education.fr/reva/pdf/assessmentofenglish.pdf

Brown, H. D.(2000). *Teaching by principles*: *An interactive approach to language pedagogy.* Englewood Cliffs, NJ: Prentice Hall Regents.

Budden, J. (2005). *Multiple intelligences.* Retrieved November 22, 2005, from the British Council teaching English. http://www.teachingenglish.org.uk/articles/multiple-intelligences

Canale, M., & Swain, M. (1980). Theoretical bases of communicative approaches to second language teaching and testing. *Applied Linguistics, 1,* 1 − 47.

Carroll, J. B. (1972). *Lecturers on English language testing and teaching.* The Japan Association of College English Teachers. Tokyo: Taishukan Shoten. pp.96 − 103.

Carroll, J. B. (1973). Implications of aptitude test research and psycholinguistic theory for foreign language teaching. *Linguistics, 112,* 5 − 13.

Chomsky, N. (1957). *Syntactic structures.* The Hague: Mouton.

Chomsky, N. (1959). A review of B. F. Skinner's verbal behavior. *Language, 35,* 26 − 58.

Chomsky, N. (1965). *Aspects of the theory of syntax.* Cambridge, MA: MIT Press.

Chomsky, N. (1975). *Reflections on language.* New York: Panteon Books.

Christison, M. A. (1998). *Multiple intelligences and learning styles in second language teaching and learning.* TESOL Academy. Seattle, Washington, August 14 − 16, 1998.

Cummins, J. (1980). The cross-lingual dimensions of language proficiency: implications for bilingual education and the optimal age issue. *TESOL Quarterly, 14*(2), 177.

Cummins, J. (2000). Immersion education for the millennium: What we have learned from 30 years of research on second language immersion. Ontario Institute for studies in education of the University of Toronto. Retrieved August 27, 2002, from http://www.iteachilearn.com/Cummins/immersion2000.html

de Bot, K. (2004). Foreign language teaching and learning in the Netherlands. Retrieved August 31, 2005, from http://www.nlconfefrence. g/docs.

Dulay, H., & Burt, M. (1974). Natural sequences in child second language acquisition. *Language Learning, 24,* 37-53.

Dulay, H., Burt, M., & Krashen, S. (1982). *Language two.* New York: Oxford University Press. ［邦訳：牧野孝吉(1999).『第2言語の習得』東京：鷹書房弓プレス．］

Ellis, R. (1994). *The study of second language acquisition.* Oxford, England: Oxford University Press.

Ferris, D. (1995). Student reactions to teacher response in multiple-draft composition classrooms. *TESOL Quarterly, 29*(1), 33 − 53.

Ferris, D. (1997). The influence of teacher commentary on student revision. *TESOL Quarterly, 31*(2), 315 − 339.

Ferris, D. (1999). The case for grammar correction in L2 writing classes: A response to Truscott (1996). *Journal of Second Language Writing, 8*(1), 1 − 11.

Gardner, H. (1983). *Frames of mind. The theory of multiple intelligences.* New York: Basic Books.

Gardner, H. (1993). *Multiple intelligences: The theory and practice.* New York: Basic Books.

Gardner, H. (1999a). *Intelligence reframed: multiple intelligences for 21st Century.* New York: Basic

Books. [邦訳：松村暢隆 (2004)『MI：個性を生かす多重知能の理論』東京：新曜社]

Gardner, H. (1999b). *The disciplined mind: What all students should understand.* New York: Simon & Schusteer.

Grabe, W. (2004). Reading-writing relations: Theoretical perspectives and instructional practices. In D. Belcher, & A. Hirvela (Eds.), *Linking literacies: Perspectives on L2 reading-writing connections* (pp.15-47). Ann Arbor, MI: The University of Michigan Press.

Haley, M. H. (2004). Learner-centered instruction and the theory of multiple intelligences with second language learners. *Teachers college record, 106* (1), 163-180.

Hammond, N. (2009). Multiple intelligences in ELT: A new Model. Neilhammond.blogspot.com.

Harvard Graduate School of Education. (2005). *The project zero classroom 2005: Views on understanding.*

林桂子 (1993).「第1章序論」「第8章言語獲得」『英語の世界』藤井健夫編. 京都：昭和堂.

Hayashi, K. (1997). The influence of cognitive development in EFL/ESL (L2) learning and environmental variables. *Communication, Cognition, and Second Language Acquisition, 30* (1/2), 151-174.

Hayashi, K. (1998). Teacher feedback and peer response in student writing. *IATEFL Newsletter*, United Kingdom Issue. No.141.

林桂子 (1999a).「第1章序論1.3言語獲得　第10章言語獲得と外国語学習：ことばの獲得と学習のしくみ」『ことばの世界』藤井健夫・大島新共編. 大阪：大阪教育図書.

Hayashi, K. (1999b). Reading strategies and extensive reading in EFL classes. *RELC Journal, 30* (2), 114-132.

Hayashi, K. (1999c). The effects of listening and dictation activities on grammatical correction.『大学英語におけるライティング指導の課題：実践研究の報告(3)』大学英語教育学会 (JACET) 関西支部ライティング指導研究会紀要, 第4号, 33-42.

Hayashi, K. (2001). The effectiveness of collaborative learning. *The Japanese Learner.* Oxford, England: University of Oxford.

Hayashi, K. (2002). The relationship between vocabulary development and reading comprehension, and its pedagogic implications for vocabulary development.「語彙発達と読解の関係及び語彙発達の指導法」和歌山大学教育学部紀要―教育科学, 第52号, 135-146.

Hayashi, K. (2003). The effectiveness of video listening and one-sentence translation exercises on EFL student writing.『大学英語におけるライティング指導の課題：実践研究の報告(5)』大学英語教育学会 (JACET) 関西支部ライティング指導研究会紀要, 第6号, 19-31.

林桂子 (2004a).「第4章　オランダ」『世界の外国語教育政策・日本の外国語教育の再構築に向けて』大谷泰照・林桂子・相川真佐夫他編. 東京：東信堂.

林桂子 (2004b).『外国語学習に影響を及ぼす親と子のコミュニケーション―外国語学習・認知能力・親子言語相互交渉』東京：風間書房.

林桂子(2005).「第3章 IV 大学の英語教育」「第5章 IV大学生の場合」『日本の学校英語教育はどこへ行くの?』河合忠仁・鄭正雄・中西美惠・林桂子・吉川靖弘・崔陽植著. 東京:松柏社.

Hayashi, K.(2006a). The relationships among cognition, parental speech patterns, and foreign language ability, and multiple intelligence theory based foreign language teaching. *ACM international workshop on cognitive protheses and assisted communication*(*CPAC 2006*), Sydney, Australia. http://www.irc.atr.jp/cpac2006/cpac_proceedings.pdf (pp.47-51.)

林桂子(2006b).「オランダの外国語教育からのヒント」『英語教育』特集「世界の外国語教育,日本の英語教育」第54巻第12号, 20-22.

林桂子(2006c).「多重知能理論を応用した理解のための外国語指導―協同学習によるコミュニケーションの重要性」『言語文化と言語教育の精髄―堀井令以知教授傘寿記念論文集』吉村耕司編. 大阪:大阪教育図書.

林桂子(2006d).「多重知能理論の視点から考える協同学習によるライティング指導」広島:広島女学院大学英語英米文学研究紀要, 第14号, 165-192.

林桂子(2006e).「多重知能理論を生かした理解のための外国語指導」2006年度第46回JACET全国大会. 大阪:関西外国語大学. 発表資料.

林桂子(2007a).「親の話し方と子どもの英語(外国語)学習および多重知能理論を生かす英語指導法」『第24回広島女学院大学公開セミナー英語の世界と文化交流』広島:広島女学院大学.

林桂子(2007b).「多重知能理論を応用した英語教育法の開発」『平成18年度科学研究費補助金(萌芽研究)研究成果報告書 課題番号17652063』広島:広島女学院大学.

林桂子(2007c).「外国の事例からみた小中連携のあり方」『小学校と中学校を結ぶ―英語教育における小中連携』松川禮子・大下邦幸共編. 東京:高陵社.

林桂子(2007d).「多重知能理論を生かした4つのスキルの統合的アプローチ」(*Integrated Approach of Four Skills with Multiple Intelligences*)第46回(2007年度)JACET全国大会(2007年9月8日). 場所:安田女子大学. 平成17~18年度科学研究費補助金(萌芽研究)課題番号17652063.

林桂子(2008a).「脳科学と外国語指導法」『言語・文化研究の諸相―藤井健夫先生退任記念論集』中林眞佐男・林桂子・倉本充子他編著. 大阪:大阪教育図書. pp.171-191.

Hayashi, K.(2008b). Key principles of foreign language teaching for understanding in reading and writing through the theory of multiple intelligences. The 15th world congress of applied linguistics. AILA. 2008 in Essen, Germany. August 24-29, 2008.

林桂子(2009).「リーディングとライティングの統合的アプローチ―理解のための指導を目指して」大阪:JACET関西支部ライティング指導研究会紀要, 第8号, 1-14.

林桂子(2010).「オランダ―多言語社会における教育制度改革と英語力」「スウェーデン―ヴァイキングから福祉の国へ」『EUの言語教育政策―日本の外国語教育への示唆』大谷泰照・杉谷眞佐子・脇田博文・橋内武・林桂子・三好康子編著. 東京:くろしお出版.

林桂子(2011a).「多重知能理論の観点から考える英語教育―新連載第1回多重知能理論(MI理論)と英語教育」『英語教育』第60巻第1号,52-54.
林桂子(2011b).「多重知能理論の観点から考える英語教育―第2回英語学習における個人差を超えて」『英語教育』第60巻第2号,50-52.
林桂子(2011c).「多重知能理論の観点から考える英語教育―第3回MI理論を応用した外国語教育の海外の事例」『英語教育』第60巻第3号,54-56.
林桂子(2011d).「多重知能理論の観点から考える英語教育―第4回MI理論を応用した日本の事例」『英語教育』第60巻第4号,54-56.
林桂子(2011e).「多重知能理論の観点から考える英語教育―第5回MI理論を応用した統合的指導法の実践例」『英語教育』第60巻第5号,54-56.
林桂子・正木美知子・時岡ゆかり(2003).「大学における英作文指導のあり方―英作文実態調査の報告:第7次(2001-2003)JACET関西支部研究プロジェクト」『大学英語におけるライティング指導の課題―実践研究の報告(5)』第6号,1-18.
Hayashi, K., & Okuda, T.(2006). From reading to writing in EFL classes.『大学における英作文指導のあり方―英作文実態調査の報告』大学英語教育学会(JACET)関西支部ライティング指導研究会紀要,第7号,1-14.
林桂子・諏訪共香(1997).「英作文における語彙の影響とその獲得法―第一言語能力(日本語)との関係」『大学英語におけるライティング指導の課題―実践研究の報告』大学英語教育学会(JACET)関西支部ライティング指導研究会紀要,第2号,77-88.
波多野完治(1958).「英語学習とIQ」『英語教育』第7巻第9号,10.
Hetland, L.(2005). The teaching for understanding framework(TfU): A brief introduction. *The Project Zero Classroom 2005: Views on Understanding.* Cambridge, MA: Harvard Graduate School of Education Programs in Professional Education.
廣田輝子・岡田妙・奥村清彦・時岡ゆかり(1995).『大学における英作文指導のあり方:英作文実態調査の報告』大学英語教育学会(JACET)関西支部ライティング指導研究会紀要,第1号,3-12.
Horwitz, E. K. & Young, D. J.(1991). *Language anxiety: from theory and research to classroom implications.* Englewood cliffs, NJ: Prentice Hall.
Hulstijin, J. H., Hollander, M., & Greidanus, T.(1996). Incidental vocabulary learning by advanced foreign language students: the influence of marginal glosses, dictionary use, and reoccurrence of unknown words. *The Modern Language Journal, 80,* 327-339.
池上嘉彦(1991).『<英文法>を考える』東京:筑摩書房.
乾敏郎(1997).「言語機能の脳内ネットワーク」『心理学評論』第40号,287-299.心理学評論刊行会.
伊藤隆二(1976).「性格・知能心理学」詫摩武俊編『心理用語の基礎知識』東京:有斐閣.
JACET関西支部ライティング指導研究会(1998).Cテスト得点集計表.未発表資料.
Janopoulos, M.(1986). The relationship of pleasure reading and second language writing proficiency. *TESOL Quarterly, 20*(4), 764-768.

Jensen, E. (2005). *Teaching with the brain mind* (2nd ed.). Alexandria, VA: ASCD.
Kagan, S., & Kagan, M. (1998). *Multiple intelligences: The Complete MI Book*. San Clemente, CA: Kagan Cooperative Learning.
Kagan, S., & Kagan, L. (2004). *Thinking skills workbook*. Received at Kagan Workshops in Singapore, September 8-9, 2004.
Kagan, L., & Kagan, S. (2010a). *Brain-friendly teaching*. Workbook. San Clemente, CA: Kagan Publishing. Received at Kagan Workshop in Las Vegas, February 11-12, 2011.
Kagan, S., & Kagan, L. (2010b). The Kagans' multiple intelligences structures. Workbook. San Clemente, CA: Kagan Publishing. Received at Kagan Workshop in Las Vegas, February 11-12, 2011.
上條雅雄 (2005).「理解のための指導」The project zero classroom Teaching for understanding. ソニー教育財団ウェブサイト. 2005年8月20日検索. http://www-sec.sony-ef.or.jp/institute/gist.html
国際ビジネスコミュニケーション協会 (2011).『TOEICテスト DATA & ANALYSIS 2010』2011年7月22日検索. http://www.toeic.or.jp.
小池生夫 (2008).『第二言語習得研究を基盤とする小,中,高,大の連携をはかる英語教育の先導的基盤研究 (小池科研)』(第3回教育再生懇談会合宿審議 英語教育についてのヒアリング資料). 2011年7月22日検索. http://www.kantei.go.jp/jp/singi/kyouiku_kondan/kaisai/dai3/2seku/2s-siryou2.pdf
国立教育政策研究所 (2011).「研究資料」「10 外国語」2011年4月28日検索. http://www.nier.go.jp/kiso/sisitu/siryou1/3-10.pdf
国立教育政策研究所教育課程研究センター (2002).『平成13年度高等学校教育課程実施状況調査』東京:ぎょうせい.
国立教育政策研究所教育課程研究センター (2003).『平成13年度小中学校教育課程実施状況調査報告書中学校英語』東京:ぎょうせい.
Krashen, S. (1973). Lateralization, language learning, and the critical period: Some new evidence. *Language Learning 23*, 63-74.
Krashen, S., & Terrell, T. (1983). *The natural approach: Language acquisition in the classroom*. New York: Prentice Hall.
Krashen, S. (1985). *The input hypothesis: Issues and implications*. New York: Longman.
Krashen, S., & Terrell, T. (2000). *The natural approach: language acquisition in the classroom*. Essex, England: Pearson Education Longman.
加藤祥造 (2008).『英語名言集』2010年9月6日検索. http://www.kkgs.net/maxim/19.html
京都大学霊長類研究所 (2009).「脳の神経細胞 (ニューロン) の特徴, 樹状突起, 軸索」2009年10月18日検索. http://www.pri.kyoto-u.ac.jp/brain/brain/10-1/index-10-1.html
Larsen-Freeman, D., & Long, M. (1991). *An introduction to second language acquisition research*. London: Longman.
Lalande, J. F., II. (1982). Reducing composition errors: An experiment. *Modern Language Journal, 66*, 140-149.

Laufer, B. (1992). How much lexis is necessary for reading comprehension? In P. J. Arnaud & H. Béjoint (Eds.), *Vocabulary and applied linguistics* (pp.126-132). London: Macmillan.

Lightbown, P., & Spada, N. (1999). *How languages are learned*. New York: Oxford University Press.

Malarcher, C., Morita A., & Harada S. (2006). *Intermediate faster reading*. Tokyo: Seibido.

正木美知子(1998).「英作文のクラスにおける自己修正(Self-Correction)の試み」『大学英語におけるライティング指導の課題：実践研究の報告(2)』第3号, 11-18.

Mason, B., & Krashen, S. (1997a). Extensive reading in English as a foreign language. *System, 25*(1), 91-102.

Mason, B., & Krashen, S. (1997b). Can extensive reading help unmotivated students of EFL improve? *ITL Review of Applied Linguistics, 117-118*, 79-84.

McGraw-Hill E. (2009). *ELT 2010 English Language Teaching*. Tokyo: McGraw Hill Education.

緑川日出子(2007).「第5章 「英語力」と「日常の英語使用に関する意識」の比較研究(日本・韓国)」『東アジア高校英語GTEC調査2006報告書』Benesse教育研究開発センター. 2011年8月17日検索. http://benesse.jp/berd/center/open/report/eastasia_gtec/hon/pdf/data_07.pdf

Miller, G. A. (1956). The magical number seven, plus or minus two: Some limits on our capacity for processing information. *Psychological Review, 63*, 81-97.

文部科学省(2008).「学習指導要領 改訂のポイント(中学校 外国語)」2011年7月25日検索. http://www.hyogo-c.ed.jp/~gimu-bo/kyouikukatei/tyu/tyu11gaikokugo_point.pdf

文部科学省(2009a).「第1節 国際社会で活躍する人材の育成」「第4節 教育振興基本計画の策定に向けて」『平成19年度文部科学白書』2009年2月2日検索. http://www.mext.go.jp/b_menu/hakusho/html/hpab200701/002/010/003.htm

文部科学省(2009b).「高等学校学習指導要領」2011年7月25日検索. http://www.mext.go.jp/b_menu/shuppan/sonota/990301d.htm

文部科学省(2009c).「英語教育改革総合プラン(新規)」「達成目標2-1-5」」2009年7月24日検索. http://www.mext.go.jp/a_menu/hyouka/kekka/08100105/004/018.htm

文部科学省(2009d).「教員免許制度の概要―教員を目指す皆さんへ」2009年9月26日検索. http://www.mext.go.jp/a_menu/shotou/kyoin/main13_a2.htm

なかはらじゅん編著(2006). Mother Goose Best Selection 45. 東京：いずみ書房.

中沢一俊(2005).「なぜ，ものを覚えていられるのか」『脳はどこまでわかったか』井原康夫編著. 東京：朝日新聞社. pp.159-183.

Nation, P. (1983). Testing and teaching vocabulary. *Guidelines, 5*(1), 12-25.

Nation, P. (1990). *Teaching & Learning Vocabulary*. Boston: Heinle & Heinle Publishers.

二五義博(2007).「多重知能理論を利用したクロスカリキュラム的視点からの英語教育」第46回(2007年度)JACET全国大会要綱. 発表資料.

Nishijima, H., Hayashi, K., Masaki, M., Kuru, Y., & Kinshi, K.(2007). Developing a writing rubric for classroom use in Japanese higher education. *JACET Journal*, 45, 109-115.
Nishimoto, T., & B. Porter, (1999). *Both sides now*. Tokyo: Seibido.
Obler, L. K., & Gjerlow, K.(1999). *Language and the brain*. Cambridge, England: Cambridge University Press. ［監訳：若林茂則，共訳割田杏子(2002).『言語と脳』東京：新曜社］
大石晴美(2006).『脳科学からの第二言語習得論』京都：昭和堂.
大津由紀雄(2007).『英語学習7つの誤解』(生活人新書) 東京：日本放送出版協会.
小野武年(2005).「心とは何なのだろうか」『脳はどこまでわかったか』井原康夫編著. 東京：朝日新聞社. pp.51-70.
Okumura, K.(1997). Summary writing in the reading classroom.『大学英語におけるライティング指導の課題：実践研究の報告』第2号, 13-24.
苧阪満里子(2000).「第8章 ワーキングメモリと言語理解の脳内機能」『脳とワーキングメモリ』苧阪直行編著. 京都：京都大学学術出版会.
大谷泰照・杉谷眞佐子・脇田博文・橋内武・林桂子・三好康子編著(2010).『EUの言語教育政策―日本の外国語教育への示唆』東京：くろしお出版.
Oxford University Press(2007). *Mother Goose Jazz Chants*. Tokyo: Oxford University Press.
Oxford University Press(2009). *Oxford 2010, Oxford University Press ELT Catalogue*. Tokyo: Oxford University Press.
Oxford, R.(1990). *Language learning strategies: What every teacher should know*. New York: Newbury House Harper & Row.
Oyama, S.(1976). A sensitive period in the acquisition of a non-native phonological system. *Journal of Psycholinguistic Research*, 5, 261-85.
Pearson Education Longman ELT(2007). *Nellie's English Books*. Tokyo: Pearson Education Longman.
Piaget, J.(1964). *Six études de psychologie*(pp.105-153). Paris: Denoël. ［邦訳：滝沢武久(1988)『思考の心理学』みすず書房.］
Pieneman, M.(1984). Psychological constraints on the teachability of languages. *Studies in Second Language Acquisition* 6(2), 186-214.
Richards, J., & Rodgers, T.(2007). *Approaches and methods in language teaching*(2nd ed.). New York: Cambridge University Press.
Riding, R., & Sadler-Smith, E.(1997). Cognitive style and learning strategies: some implications for training design. *International Journal of Training and Development 1*, 3.
Riding, R., & Rayner, S.(1998). *Cognitive styles and learning strategies: Understanding style differences in learning and behavior*. London: David Fulton.
Robb, T., Ross, S., & Shortreed, I.(1986). Salience of feedback on error and its effect on EFL writing quality. *TESOL Quarterly*, 20(1), 83-93.
酒井邦嘉(2002).『言語の脳科学』(中公新書) 東京：中央公論新社.

酒井邦嘉(2008).「英語力アップ・長期学習カギ　脳の部位に働き」2008年11月6日．朝日新聞．

瀬川茂子(2005).「脳はどこまでわかったか」『脳はどこまでわかったか』井原康夫編著．東京：朝日新聞社．pp.9-25.

Sakikawa, Y.(1999). The effects of summary writing on developing low-level learners' writing abilities.『大学におけるライティング指導の課題―実践研究の報告』大学英語教育学会(JACET)関西支部ライティング指導研究会紀要，第4号，23-32.

佐藤学・和歌山大学教育学部附属小学校(2009).『質の高い学びを創る・授業改革への挑戦　新学習指導要領を超えて』東京：東洋館出版社．

Scarcella, R. C., & Oxford, R. L.(1992). *The tapestry of language learning.* Boston: Heinle & Heinle Publishers.

Schachter, J.(1974). An error in error analysis. *Language Learning, 24*(2), 205-14.

Semke, H. D.(1984). Effects of the red pen. *Foreign Language Annals, 17,* 195-202.

島崎敏樹・宮坂松衛(1966).「脳と心」『脳の働き』田宮信雄・南雲仁一・野田春彦・丸尾文治編．東京：共立出版．

Sherwood Smith, M. S.(1981). Consciousness-raising and the second language learner. *Applied Linguistics, 2,* 159-69.

Sherwood Smith, M. S.(1993). Input enhancement in instructed SLA: theoretical bases. *Studies in Second Language Acquisition, 15*(2), 165-79.

Skehan, P.(1998). *A cognitive approach to language learning.* Oxford, England: Oxford University Press.

Skolverket(2006). *Curriculum for the compulsory school system, the pre-school class and the leisure-time centre Lpo 94.* Stockholm: Fritzes kundservice.

Swain, M.(1985). Communicative competence:some roles of comprehensible input and comprehensible output in its development. In S. Gass, & C. Madden(Eds.), *Input in second language acquisition.* Rowley, MA: Newbury House.

詫摩武俊(1976).「性格・知能心理学」『心理用語の基礎知識』東洋・大山正・詫摩武俊・藤永保編著．東京：有斐閣．

鄭正雄(2005).「韓国の初等学校の英語教育」『日本の学校英語教育はどこへ行くの？』河合忠仁・鄭正雄・中西美恵・林桂子・吉川靖弘著．東京：松柏社．

Thirteen edoneline(2006). Cooperative and collaborative learning: explanation. Retreived November 30, 2006, from http://www.thirteen.org/edonline/concept2class/coopcollab/index_3.html

Tierney, R., & Shanahan, T.(1991). Research on the reading-writing relationship: Interactions, transactions, and outcomes. In R. Barr, M. L. Kamil, P. B. Mosenthal, & P. D. Pearson(Eds.), *Handbook of reading research 2*(pp.246-280). New York: Longman.

投野由紀夫(2008).「アジア各国と日本の英語教科書比較」『第2言語獲得研究を基盤とす

る小，中，高，大の連携をはかる英語教育の先導的基礎研究(小池科研)』(教育再生懇談会会議資料.) 2011年7月25日検索. http://www.kantei.go.jp/jp/singi/kyouiku_kondan/kaisai/dai3/2seku/2s-siryou3.pdf

戸田達史(2005).「頭が良いってどういうことだろう」『脳はどこまでわかったか』井原康夫編著. 東京：朝日新聞社.

Tokioka, Y.(1997). Student improvement in quality and quality through speed-writing.『大学におけるライティング指導の課題：実践研究の報告』大学英語教育学会(JACET)関西支部ライティング指導研究会紀要，第2号，35–42.

Truscott, J.(1996). Review article: The case against grammar correction in L2 writing classes. *Language Learning, 46*(2), 327–369.

津本忠治(2005).「早期教育はほんとうに意味があるのだろうか」『脳はどこまでわかったか』井原康夫編著. 東京：朝日新聞社. pp.25–48.

読売新聞社(2006).「脳！特別企画展　内なる不思議の世界へBrain!」(NPO法人脳の世紀推進会議・文部科学省特定領域研究「統合脳」5領域) 東京：読売新聞社.

Yoshimura, T.(1999). Reliability of the C-test. 大学英語教育学会(JACET)関西支部第5次(1997–1999)研究プロジェクトライティング指導研究会紀要，第4号．*Teaching writing in colleges and universities: practical reports, 3,* 73–80.

Via, Richard A. (1976). *English in three acts. Honolulu.* Hawaii: The University Press of Hawaii.

Vygotsky, L. S.(1962). *Thought and language.* Cambridge, MA: MIT Press.［邦訳：柴田義松(1987)『言語と思考』東京：明治図書］

Vygotsky, L. S.(1978). *Mind in Society.* Cambridge, MA: Harvard University Press.

渡邊時夫(2004).「日本の英語教育―これからどうなる？　－小学校への導入が不可欠－」(英語教育リレーコラム) http://tb.sanseido.co.jp/english/column/relay_bc/20041101.html

Wenden, A., & Rubin, J.(Eds.).(1987). *Learner strategies in language learning.* Englewood Cliffs, NJ: Prentice Hall International.

Writing Research Group, JACET Kansai Chapter(Ed.).(1999). Pre-test and post-test materials. *Teaching writing in colleges and universities: Practical reports, 3,* 81-86.

Zamel, V.(1985). Responding to student writing. *TESOL Quarterly, 19*(1), 79–102.

Zamel, V.(1987). Recent research on writing pedagogy. *TESOL Quarterly, 21,* 697–715.

索 引

欧文

Armstrong, T. 28, 73, 82-83
Benesse 9
BICS & CALP 3, 44,
Burt, M. 70
CEFR 149
Christison, M. A. 73, 85, 185
CLT 16, 71, 78
Dulay, H. 70
Ferris, D. 75
Gardner, H. ix, x, 27,29, 42, 78, 89, 94, 97, 101, 105, 211
Haley, M. H. 83
Hammond, N. 42, 85
IQ(知能指数) 1, 27-28, 34, 37-40
Kagan & Kagan 73, 90-93, 184-185
Krashen, S. 70, 74
Larsen-Freeman, D. 75
Long, M. 75
MIと外国語活動 86
MI理論 ix, 1, 78, 146-148
MI理論と心の構成 89
Piaget, J. 13, 31, 85, 101-102
Pieneman, M. 74, 76,
Truscott, J. 75
Vygotsky, L. S. 101-102, 104

邦文

カ行
外国語教授法の変遷 67-79
概念・機能シラバス 71
学習方略 43
獲得と学習 70
韓国 14, 15, 113
記憶 53, 54-56, 59-64, 90-91, 98, 115
気づき 75, 85, 95
教育目標 109
協同学習 x, 72, 90, 104, 130, 183-186, 200
言語獲得(LAD)とMI理論 101
個性化教育 2-3, 109-112, 119
コミュニケーションとは何か 96

サ行
指導語数 109-115
推測力と語彙力 63

タ行
統合的指導法 155, 169, 173, 182-186

ナ行
脳の一側化 62, 63
脳の働き 51-65

ハ行
文法指導の役割・文法知識 73, 74
文法修正(フィードバック) 141-144
文法の指導法 75-77
扁桃体(情動) 58, 90
ポートフォリオ 148-151

マ行
メディア(TV, インターネット) 20, 21, 24-26

ラ行
ライティング指導法 137-153
リーディング指導法 121-136
理解のための外国語学習・指導の7つの原理 95-106, 170
ルーブリック 149, 151, 152

ヤ行
ヨーロッパ 15-18, 23
4技能の統合的育成 21, 22, 25

あとがき

　2005年7月20日から26日までHarvard Graduate School of Education, The Project Zero Classroom 2005: View on Understandingがハーバード大学で開催されました。そのセミナーの講演でプロジェクト・ゼロ運営委員長であるGardner先生は，「PISAやTIMSSという国際到達度テストでそれぞれの国が世界第何位と争っている。しかし，人間にとってもっとも大切なことは「人格」である」と述べられました。人を育てる教育界で「No.1になれ」「有名国公私立大学をめざせ」と競争を煽りたてる学歴偏重社会の昨今，「人格の形成」や「個性」を重んじる教育者がおられたことに深い感銘を受けました。

　子どもは人との会話・相互作用および協同学習によって成長します。いかにTechnologyが発達しようとも，人間の心やことばを深く理解するためには，協同学習を欠かすことはできないでしょう。グローバル化の中で，人の多様性を認め，尊重し，質の高いコミュニケーションが必要となっています。

　日本では，大学入試の基準は偏差値にあり，英語教育はTOEIC, TOEFL, 英検などの資格試験に振り回されて，個人の潜在的能力，生活や文化の中で培われてきた知能や個性はどこかに置き去りにされてしまっています。本書は，見落されがちになっている個人の強い知能を生かし，弱い能力を強くするMI理論を提唱されたGardner先生の考え方に共鳴し，外国語としての日本の英語教育への応用を試みたものです。MI理論を応用した理解のための7つの基本的原理（APEC3I）を生かして，協同学習によってバランスのとれた統合的指導ができれば，コミュニケーション能力・英語力は高まると確信しています。

　日本の英語（外国語）教育の発展とともに，皆様のますますのご発展をお祈りいたしております。

　　　　　　　　　　　　　　　　　　　　　　　　　　　　　　林　桂子

Professor Howard Gardner と著者
(2006 年 8 月 6 日　東京大学にて)

Dr. Spencer Kagan,　筆者,　Mr. Rob Jutras
(2011 年 2 月 20 日　Workshop, Red Rock Hotel 会場にて)

◆著者紹介◆

林　桂子（はやし・けいこ）

博士（英語学）。元和歌山大学教授，現広島女学院大学言語文化研究科教授。
専門は，言語獲得，英語教授法，言語教育政策。
主な著書：

- *The environmental factors in second language acquisition and learning-The effects of parental speech on cognitive development*（関西外国語大学出版，1995）
- *Form-focused instruction and second language proficiency. RELC Journal*, 1995.
- 『外国語学習に影響を及ぼす親と子のコミュニケーション』（風間書房，2004）
- 『EUの言語教育政策』（共著，くろしお出版，2010）
- 「多重知能理論から考える英語教育」『英語教育』第60巻第1号－第6号．（大修館書店，2011）

など，単著2冊，共著12冊，論文43篇。

MI理論を応用した新英語指導法
― 個性を尊重し理解を深めあう協同学習 ―

発　行	2011年11月1日　第1刷発行
著　者	林　桂子
装　丁	折原カズヒロ
発行所	株式会社　くろしお出版 〒113-0033　東京都文京区本郷3-21-10 phone 03-5684-3389　fax 03-5684-4762 http://www.9640.jp/　e-mail: kurosio@9640.jp
印刷所	シナノ書籍印刷株式会社

© Keiko Hayashi 2011, Printed in Japan
ISBN 978-4-87424-531-6　C1082

●乱丁・落丁はおとりかえいたします。本書の無断転載・複製を禁じます。